信息管理与信息系统专业系列丛书

互联网+创新型“十四五”精品教材

信息检索与利用

（微课版）

主　编　初作玮　胡慧霞　王晓茜
副主编　李　博　李永升　姜星华　芦百川　吴怀林

哈爾濱工程大學出版社
Harbin Engineering University Press

内 容 简 介

本书共 10 章，主要包括信息检索知识入门、网络信息资源检索、图书馆信息资源检索、数据信息检索、事实信息检索、特种文献信息检索，以及信息检索在论文创作、账号运营、求职就业和日常生活中的应用。

本书图片精美丰富，讲解深入浅出，实用性强，既可作为应用型本科、职业院校信息检索类课程的教材，也可供信息管理人员、科技人员及其他感兴趣的读者阅读参考。

图书在版编目（CIP）数据

信息检索与利用 ：微课版 / 初作玮，胡慧霞，王晓茜主编. - 哈尔滨 ：哈尔滨工程大学出版社，2024.3

ISBN 978-7-5661-4344-0

I. ①信… II. ①初… ②胡… ③王… III. ①信息检索 IV. ①G254.9

中国国家版本馆 CIP 数据核字（2024）第 067788 号

信息检索与利用（微课版）

XINXI JIANSUO YU LIYONG（WEIKE BAN）

策划编辑 张林峰
责任编辑 田 婧

出版发行 哈尔滨工程大学出版社
社 址 哈尔滨市南岗区南通大街 145 号
邮政编码 150001
发行电话 0451-82519328
传 真 0451-82519699
经 销 新华书店
印 刷 唐山唐文印刷有限公司
开 本 787 mm×1 092 mm 1/16
印 张 15
字 数 384 千字
版 次 2024 年 3 月第 1 版
印 次 2024 年 3 月第 1 次印刷
书 号 ISBN 978-7-5661-4344-0
定 价 59.80 元
http://www.hrbeupress.com
E-mail:heupress@hrbeu.edu.cn

目　录

第 1 章　信息检索知识入门

第 2 章　网络信息资源检索

第 3 章　图书馆信息资源检索

第 4 章　数据信息检索

第 5 章　事实信息检索

第 6 章　特种文献信息检索

第 7 章　信息检索在论文创作中的应用

第 8 章　信息检索在账号运营中的应用

第 9 章　信息检索在求职就业中的应用

第 10 章　信息检索在日常生活中的应用

第 1 章 信息检索知识入门

信息检索是一种通过在大规模数据集中查找信息以满足用户信息需求的过程，在这个过程中，不仅要明确自身的信息需求，还要懂得借助相关的技巧提高检索的效率。本章将主要介绍信息检索的入门知识，帮助读者快速了解信息检索。

本章重点

- 信息的常见分类方法
- 信息检索的基础知识
- 网络信息的检索技术
- 信息检索词的选择技巧

思政目标

- 树立学习意识，帮学生掌握信息的检索方法
- 培养动手能力，让学生学会自主检索信息

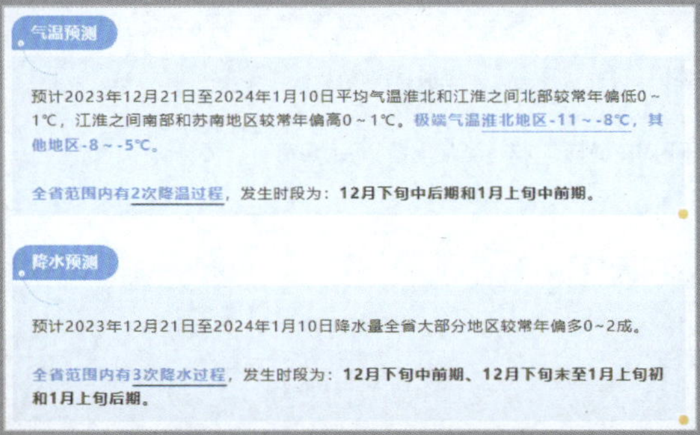

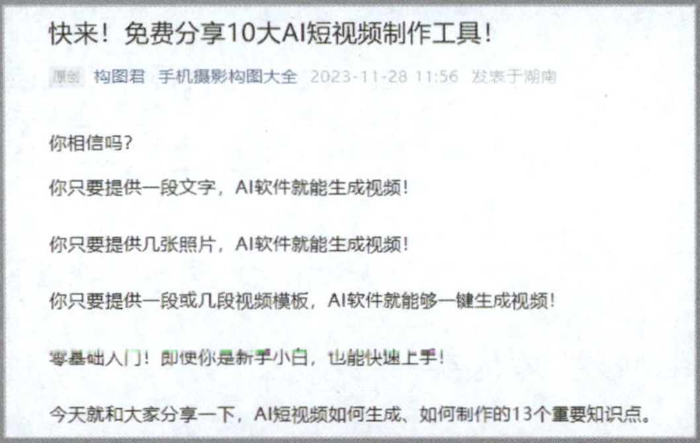

1.1 信息的常见分类方法

信息的概念有广义和狭义之分。广义上的信息可以理解为对于某个系统或环境有用的信号、数据、事实、知识和观点等；狭义的信息是指用文献记录下来的信息。本书中的信息指的就是广义上的信息。下面通过信息的分类方法，带读者更好地认识信息。

1.1.1 按时间分类

按时间分类

从当前这个时间节点来看，信息可以分为以下 3 类。下面分别进行讲解。

1．历史信息

历史信息指的是过去时期的各种记录、文献、资料，以及通过这些记录传递的有关过去事件、社会、文化等方面的信息。

2．现时信息

现时信息是指与当前时刻相关的各种数据、消息和事实等信息。这些信息通常是即时或近期产生的，反映了当前社会、科技、政治、经济等方面的状态和变化。

3．预测信息

预测信息是指对未来事件、趋势，或发展的猜测、分析和估计等方面的信息。这类信息通常基于当前和历史数据、趋势、模型等，用于尝试预测未来可能发生的情况。

图 1-1 为某地区的近期天气预报，该天气预报发布时，该图中的这些信息便属于预测信息。但等以后再看，图中的信息便属于历史信息。

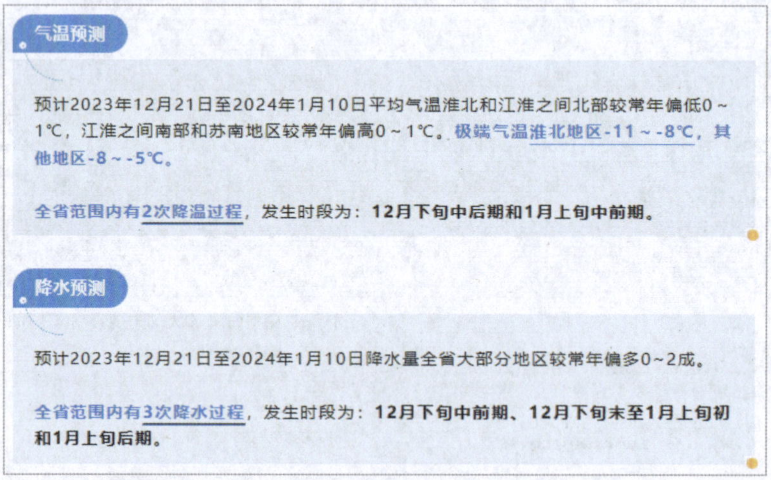

图 1-1　某地区的近期天气预报

1.1.2 按载体分类

按照所用载体的不同，信息可以分为以下 4 类。下面分别进行讲解。

1. 文字信息

文字信息是以书写或印刷形式呈现的信息，通常包括字母、数字、符号和其他字符组成的文本。这种形式的信息可以是手写的，也可以是通过计算机或其他设备生成的。

按载体分类

2. 图形信息

图形信息是以图形、图像、图表等形式呈现的信息。与文字信息不同，图形信息主要通过可视化的方式进行传达，以图像的形式呈现数据、思想、概念等。

3. 视频信息

视频信息是以运动图像的形式呈现的信息，通常包括一系列连续的图像帧，以及伴随的声音信息。视频是一种多媒体形式，结合了视觉和听觉元素，因此能够更生动、全面地传达信息。

4. 音频信息

音频信息是以声音的形式呈现的信息，涉及声波的录制、存储和播放。音频是一种重要的多媒体形式，能够传递语音、音乐、环境声音等各种声音信号。

当然，同样的信息在传播时可能也会用到不同的信息，这就导致信息类别的变化。例如，图 1-2 为某微信公众号文章的部分内容，用户在微信公众号上看这篇文章时，该图中的信息为文字信息。而读者是通过这张图来获取其中的信息，因此图中的信息便变成了图形信息。

快来！免费分享10大AI短视频制作工具！

原创　构图君　手机摄影构图大全　2023-11-28 11:56　发表于湖南

你相信吗？

你只要提供一段文字，AI软件就能生成视频！

你只要提供几张照片，AI软件就能生成视频！

你只要提供一段或几段视频模板，AI软件就能够一键生成视频！

零基础入门！即使你是新手小白，也能快速上手！

今天就和大家分享一下，AI短视频如何生成、如何制作的13个重要知识点。

图 1-2　某微信公众号文章的部分内容

1.1.3　按用处分类

根据对于接收者的用处，信息可以分为以下 3 类。下面分别进行讲解。

按用处分类

1. 有用信息

有用信息指的是对接收者有实际价值和应用意义的信息。有用信息不仅能够提供事实和数据，而且能够帮助人们做出决策，或者推动行动。

2．无用信息

无用信息指的是那些对接收者当前的需求或目标，没有实际价值，无助于解决问题、提高理解或促使行动的信息。无用信息可能是不准确、过时、与接收者关注点不相关，或者在特定上下文中毫无意义的信息。

3．干扰信息

干扰信息是指一种对正常信息产生负面影响的信息。这类信息可能导致混淆、误导、中断正常活动，甚至损害沟通和决策的过程。看到干扰信息之后，接收者的思想可能会受到干扰，进而采取不明智的行动。

图 1-3 为电影的实时票房信息。如果想了解 2023 年 12 月 11 日 11 点 3 分的电影实时票房信息，那么该图中的信息就是有用信息；如果想了解 2023 年 12 月 10 日的电影票房信息，那么该图中的信息就是无用信息。

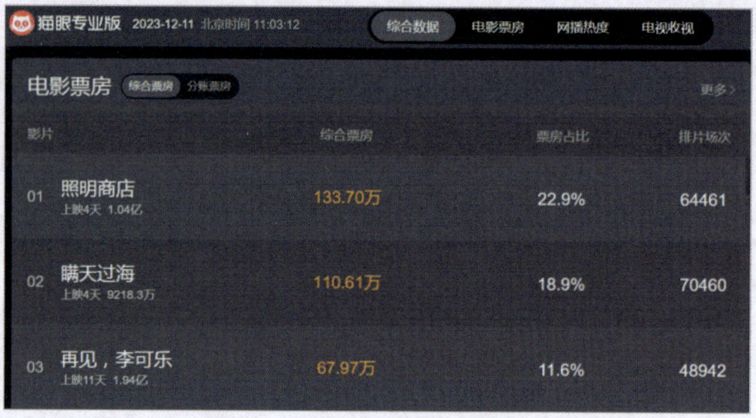

图 1-3 电影的实时票房信息

1.1.4 按内容分类

按内容分类

按照所呈现的内容，信息可以分为以下 3 类。下面分别进行讲解。

1．消息

消息通常是以口头、书面、图像、声音等形式进行信息的传递。发送消息的目的是将信息从一个发件人传递给一个或多个收件人，以实现沟通和交流。

2．资料

资料指的是以某种形式记录的事实、信息或观测结果。它通常是通过观察、测量或收集而来，具有一定的结构和上下文，可以用于分析、研究和支持决策。

3．知识

知识是指对事物、概念、事实等的理解和认识，是通过学习、经验、思考等途径获得的信息的深层次处理。知识不仅包括事实性的信息，还涉及对信息的理解、应用和推导。

例如，为了及时传递信息，有的人可能会通过微信、QQ 等社交软件与人交流，这些交流的信息便属于消息。

1.1.5　按获取方式分类

按获取方式分类

按照获取方式的不同，信息可以分为以下 4 类。下面分别进行讲解。

1．口语信息

口语信息是通过口头语言获取的信息。这类信息的传播，通常涉及说话和倾听的过程。与书面语言不同，口语信息更加直接、实时，常常包含口音、语速、语调等口音特征。

2．体语信息

体语（即身体语言）信息是指通过身体的动作、姿态、表情和其他非语言的身体行为获取的信息。这种非语言的沟通方式可以强调、补充或者替代口头语言。体语信息在面对面交流、演讲、演艺表演等各种场景中都起到重要作用。

3．实物信息

实物信息指的是通过物体、实际存在的事物或实体来获取的信息。这种信息传递方式不依赖于语言，而是通过观察和直接感知来获取。实物信息可以包括物体的形状、颜色、大小、纹理等特征，以及物体的位置、运动状态等。

4．文献信息

文献信息指的是通过书籍、期刊、论文、报告等书面材料，获取的有关特定主题或领域的信息。这些文献通常由学者、研究人员、专业作者等创作，用于传递知识、研究发现、观点和理论等。文献信息在学术研究、教育、决策制定等领域中具有重要价值。

例如，大学生在写毕业论文时，通常需要通过查阅论文、书籍或期刊获取信息，此时获得的这些信息便属于文献信息。

1.2　信息检索的基础知识

虽然很多人都听说过信息检索，但是大部分人对于信息检索的了解是比较有限的。本节将重点讲解信息检索的一些基础知识，增加读者对信息检索的了解程度。

1.2.1　信息检索的原理

信息检索的原理

信息检索的原理，就是根据用户的信息需求，从特定的信息集合中查找到相关的内容。在了解信息检索的原理时，需要重点关注以下 3 点。

1．信息需求

信息需求就是由于特定目的、问题、决策或任务而产生的，对于某些信息的需求。信息需求是信息检索的出发点，只有明确了自己的需求，才能快速、准确地找到想要的信息。

2．信息集合

信息集合是指关于某个主题信息的集合，信息集合的目的是为了给用户提供一个有组织、全面的信息资源，以满足其特定的信息需求。信息集合可以包含大范围的信息，也可以包含小范围的信息。

3．内容查找

在做信息检索时，内容查找是一个将找到的信息与信息需求进行匹配的过程。在这个过程中，可能需要将需求进一步细化，从而找到更能满足自身需求的信息。

1.2.2　信息检索的分类

信息检索的分类

通常来说，信息检索可以按检索内容和检索方式进行分类。下面分别进行讲解。

1．按检索内容分类

按检索的内容，信息检索可以分为以下 3 类。

（1）数据信息检索。数据信息检索是指从大规模数据中集中查找、过滤和提取有关特定主题或问题的信息。与传统的文本信息检索相比，数据信息检索更侧重于结构化数据的检索，例如数据库中的表格、数据集、文件等。

（2）事实信息检索。事实信息检索是指从各种信息源中检索、获取和验证特定事实或真实事件的信息。这种类型的检索涉及获取确凿的、可验证的信息，而不仅仅是观点、意见或主观性的描述。

（3）文献信息检索。文献信息检索是指从各种学术、科技、文化、社会等文献资源中，检索、获取特定主题或问题的相关信息。这种检索通常涉及学术论文、期刊文章、图书、会议论文等文献形式。

2．按检索方式分类

按检索的方式，信息检索可以分为以下两类。

（1）手工检索。手工检索是指通过人工、手动的方式在各种信息源中查找和获取信息。这种方法不依赖于自动化工具或计算机算法，而是依赖于个体的感知、判断和搜索能力。

（2）计算机检索。计算机检索是指利用计算机技术和算法，来自动化地从大规模的信息库中检索、过滤和获取相关信息。这种检索方法基于计算机系统的能力，能够更迅速、准确地处理和分析大量的信息。

1.2.3　信息检索的语言

信息检索的语言

信息检索的语言涵盖了用户查询内容和检索系统返回结果中的各种语言，包括查询语言和检索结果的呈现语言等。常见的信息检索语言有以下几种。

1. 自然语言

自然语言是指人们通过口头或书面的形式用来交流和表达思想的语言。它是由语音和文字组成的，是人际交流和信息传递的主要方式之一。自然语言是多样的，每个文化和社群都有其自己的语言，而且自然语言通常是演变而来的，反映了社会、历史和文化的特点。通常在检索信息时，只需使用自然语言即可。

2. 人工语言

人工语言是由人类创造出来的语言，通常不是自然演变而来，而是经过有意设计和制定。与自然语言相比，人工语言通常更规范、精确，而且可以具有较低的歧义性。常见的人工语言包括编程语言、数学语言、逻辑语言和标记语言。

3. 分类语言

在信息检索领域中，分类语言通常是指用于组织和表示信息的术语、标签或主题。分类语言有助于构建信息检索系统，使用户能够更有效地搜索和浏览大量信息。它们也支持信息的组织和管理，为用户提供更精确、相关的搜索结果。

例如，在搜索引擎中检索信息时，经常会使用关键词直接进行搜索，如图 1-4 所示。此时，这个用来检索信息的关键词便属于检索语言。更具体一点来说，图 1-4 中使用的关键词“手机摄影”属于自然语言的范畴。

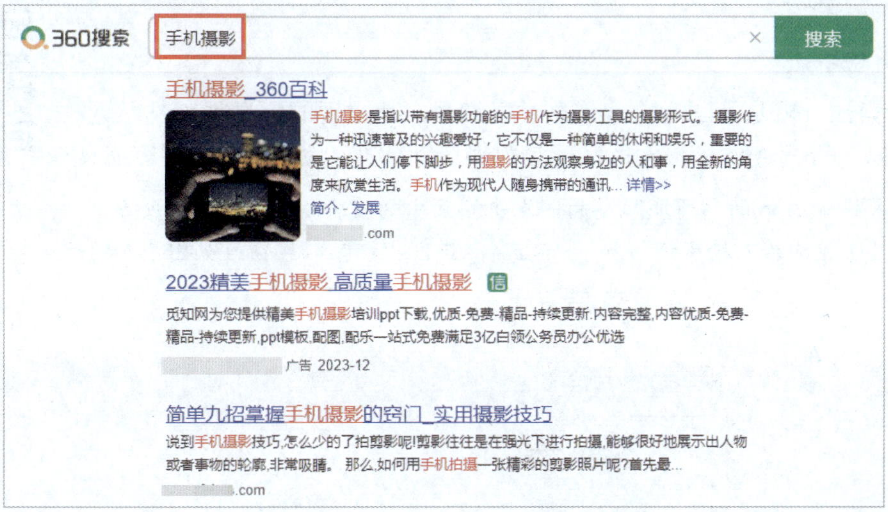

图 1-4　使用关键词检索信息

1.2.4　信息检索的系统

信息检索的系统

信息检索系统是一种用于组织、存储和检索信息的软件系统。这些系统旨在帮助用户找到与其信息需求相关的文档、数据或资源。信息检索系统的组成部分包括搜索引擎、用户接口、查询处理、排序和排名等。

信息检索系统的设计和实现是一个复杂的任务，涉及信息检索理论、计算机科学、人机交互等多个领域。不同的应用场景可能需要不同类型的信息检索系统，例如，Web 搜索引擎、文档管理系统、电子图书馆等。随着技术的不断发展，信息检索系统也在不断演进以满足用户日益复杂的信息需求。

1.2.5 信息检索的方法

信息检索的方法有很多，用户可以根据自身的需求选择合适的检索方法。常用的信息检索方法有以下 4 种。

1. 直接检索法

直接检索法，就是使用检索工具直接对信息进行检索。例如，当不知道如何读某个汉字时，可以用偏旁查找法在字典中找到这个汉字，并查看对应的汉语拼音。

2. 间接检索法

间接检索法，就是使用检索工具间接地查找相关信息。例如，当不知道要在视频网站中查看哪部电影时，可以让网站按评分从高到低的顺序对电影进行排序，然后选择排序靠前的电影进行观看。

3. 回溯检索法

回溯检索法，就是根据已知的信息进行追溯，从而获取更多对自己有用的信息。例如，在写论文时，可以通过关键词搜索，找到相关的论文，并通过这些论文的参考文献找到更多与论文主题相关的文章。

4. 细分检索法

细分检索法，就是不断对检索信息进行细分，让出现的信息越来越贴近需求。下面以在抖音 App 中检索商品信息为例，介绍细分检索法的使用方法。

细分检索法

Step 01 进入抖音 App 的“商城”界面，点击界面中的搜索框，如图 1-5 所示。

Step 02 在搜索框中输入检索词，如“女装”，点击“搜索”按钮，如图 1-6 所示。

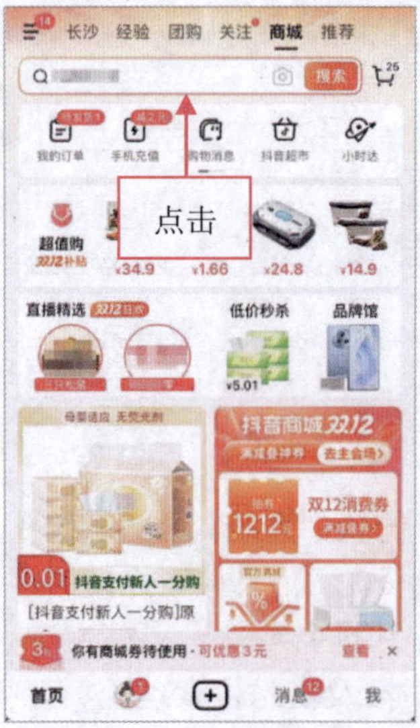

图 1-5 点击搜索框

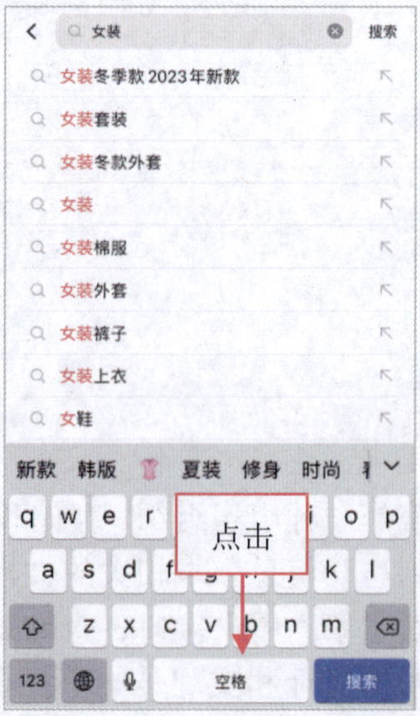

图 1-6 点击“搜索”按钮

Step 03 执行操作后，会出现女装的搜索结果，选择对应的“热门品类”，如选择“羽绒服”选项，如图 1-7 所示，对搜索结果进行细分。

Step 04 执行操作后，系统将会呈现女性羽绒服的搜索结果，选择对应的“热门风格”，如选择“简约风”选项，如图 1-8 所示，对搜索结果再次进行细分。

图 1-7　选择“羽绒服”选项

图 1-8　选择“简约风”选项

Step 05 执行操作后，系统将会呈现简约风女性羽绒服的搜索结果，点击需要查看的商品的封面图，如图 1-9 所示。

Step 06 执行操作后，即可进入“商品详情”界面，查看对应商品的详情信息，如图 1-10 所示。

图 1-9　点击需要查看的商品的封面图

图 1-10　查看对应商品的详情信息

Step 07 如果用户对该商品比较满意，可以将其加入购物车，或者直接进行购买；如果还要查看其他的同类商品，可以点击＜按钮，返回上个界面，并从该界面中选择需要查看的商品。

1.2.6 信息检索的流程

信息检索的流程

信息检索的流程包含多个步骤，具体如图 1-11 所示。

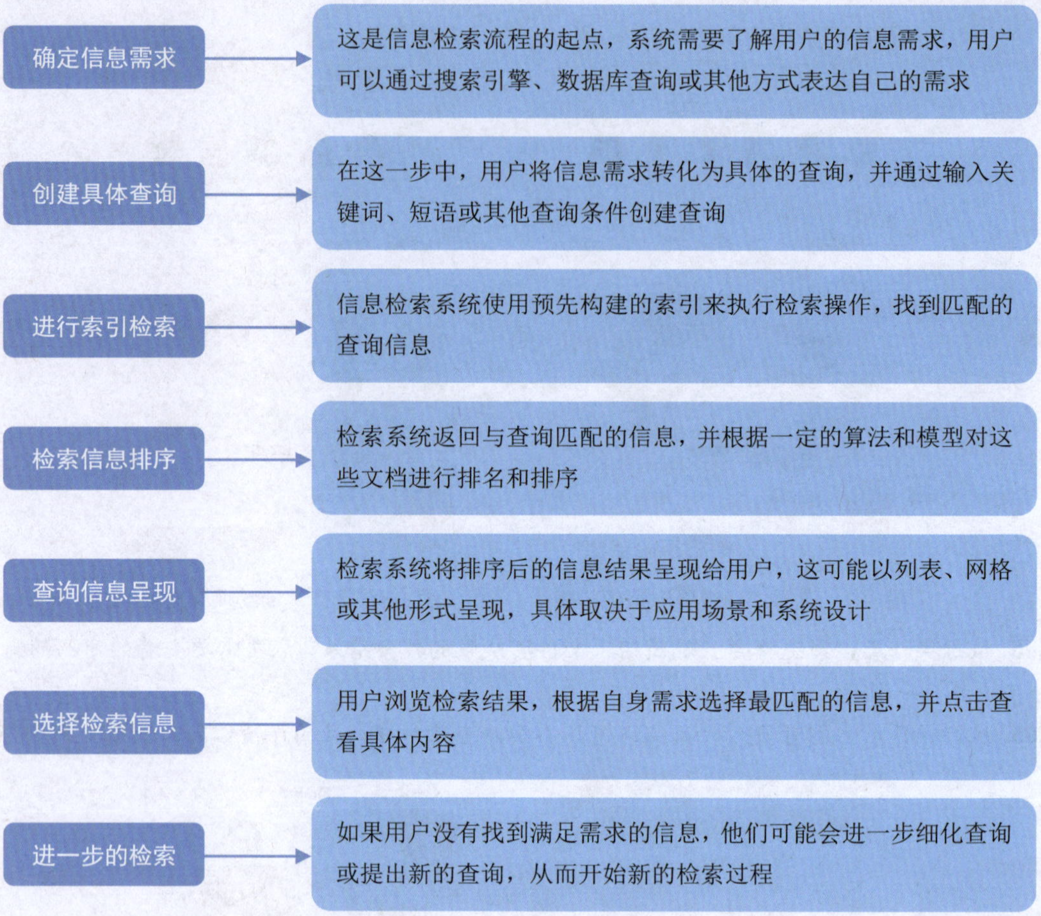

图 1-11　信息检索的流程

1.2.7 信息检索的效果分析

信息检索的效果分析

信息检索的效果分析是评估信息检索系统性能的关键步骤。这种分析涉及对检索结果进行定量和定性评估，以确定系统是否有效地满足用户的信息需求。在分析信息检索的效果时，需要重点把握以下 4 点。

1．准确性

准确性是指检索结果中与用户需求相关的内容所占的比例。如果信息检索的准确性比较高，就代表所选的信息检索工具是比较可靠的；反之，如果信息检索的准确性比较低，就代表所选的信息检索工具是不太可靠的，以后检索信息时不宜再选择该检索工具。

2．召回率

召回率是指在所有相关的内容中，系统成功检索到的内容所占的比例。较高的召回率表示系统能够找到更多的相关内容。

3．F1 分数

F1 分数是准确性和召回率的调和平均值。它在关注准确性和召回率的同时，提供了一个综合性的度量。

4．排名质量

在用户浏览检索结果时，相关的内容应该排在前面，以提高用户的满意度。但是，部分网站为了提高收入，会将付费的推广信息优先进行展示，这就导致有的无用内容也排在了检索结果的前面，降低了检索结果的排名质量。

1.3　网络信息的检索技术

在使用网络检索信息时，需要用到一些网络技术，以便更好地找到想要的信息。本节将主要介绍几种常见的网络信息检索技术。

1.3.1　截词检索

截词检索，简单来说，就是输入词汇的部分信息将其作为词干，然后借助词干在检索系统中查找所需的信息。截词检索通常可以分为 4 种。

1．后截断检索

后截断检索是指使用检索词的前半部分（后半部分省去或使用截词符代替），检索并查看该词汇的相关信息。例如，在搜索引擎中输入 conten*（有的搜索引擎中只需输入 conten 即可），检索 contentious（有争论的）的信息，就属于后截断检索。下面以 360 为例，介绍后截断检索的具体操作方法。

后截断检索

Step 01　进入 360 搜索的官网默认页面，在搜索框中输入检索词的前半段，如 bet，选择要检索信息的词汇对应的选项，如图 1-12 所示。

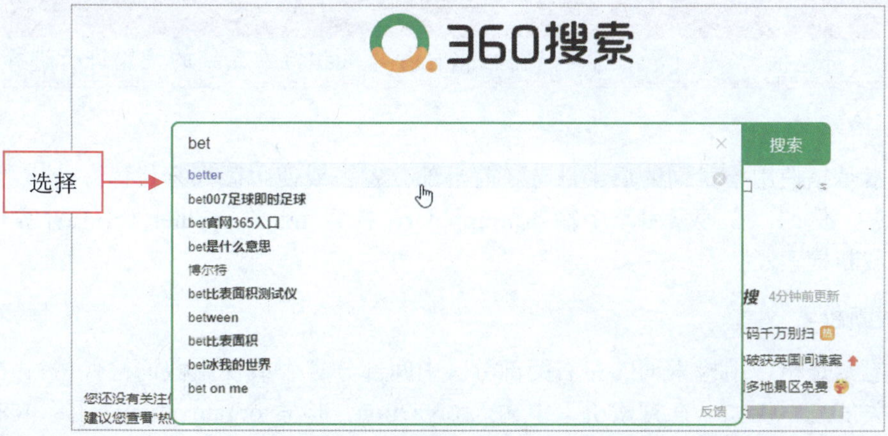

图 1-12　选择要检索信息的词汇对应的选项

Step 02 执行操作后，即可使用所选的词汇搜索信息，单击想要查看的信息的对应链接，如图 1-13 所示。

图 1-13 单击想要查看的信息的对应链接

Step 03 执行操作后，即可跳转至对应网页，查看相关的信息，如图 1-14 所示。

图 1-14 查看相关的信息

> **▶ 专家指点**
>
> 常见的截词符包括*、?、!等，用户只需根据自身需求和检索系统的设置进行选择即可。

2．前截断检索

前截断检索是指使用检索词的后半部分（前半部分省去或使用截词符代替），检索并查看该词汇的相关信息。例如，在搜索引擎中输入*computer，检索 minicomputer（小心计算机）的信息，就属于前截断检索。

3．中间截断检索

中间截断检索是指使用检索词的左右两部分（中间部分省去或使用截词符代替），检索并查看该词汇的相关信息。例如，在搜索引擎中输入 orga?tion，检索 organization（组织）的信息，就属于中间截断检索。

4．前后截断检索

前后截断检索是指使用检索词的中间部分（左右部分省去或使用截词符代替），检索并查看该词汇的相关信息。例如，在搜索引擎中输入*agem*，检索 management（经理人）的信息，就属于前后截断检索。

1.3.2　字段检索

字段检索

字段检索，就是选定检索信息所在的字段，然后再从该字段中查找所需的信息。下面将介绍字段检索的具体操作方法。

Step 01 在搜索引擎中输入检索词，单击“搜索”按钮，进行信息的搜索，单击对应按钮，如单击“视频”按钮，如图 1-15 所示，切换至对应字段。

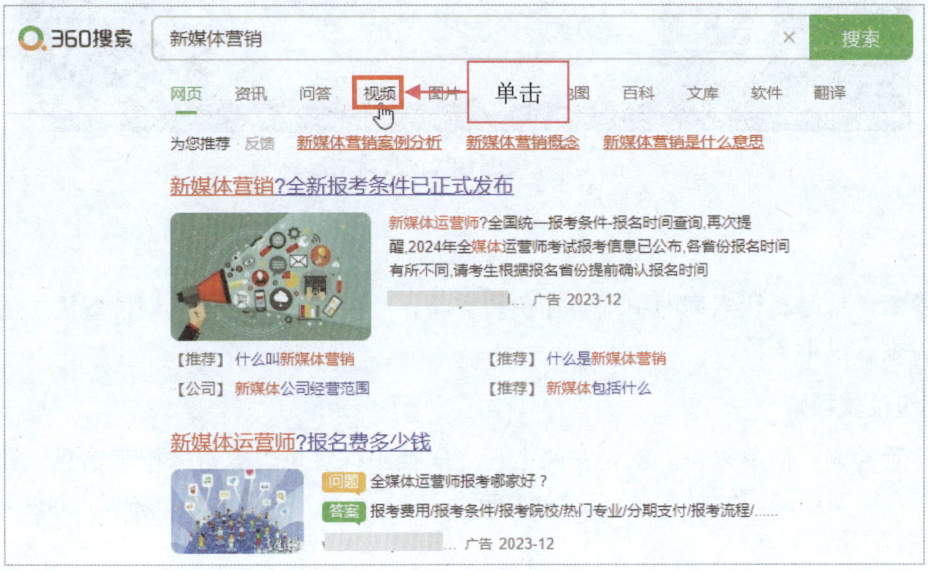

图 1-15　单击“视频”按钮

Step 02 执行操作后，即可切换至对应字段，并使用输入的词汇搜索信息，单击想要查看的信息的对应链接，如图 1-16 所示。

图 1-16　单击想要查看的信息的对应链接

Step 03 执行操作后，即可跳转至对应网页，查看相关的视频信息，如图 1-17 所示。

图 1-17 查看相关的视频信息

1.3.3 位置检索

位置检索，就是在检索词的中间添加位置算符，用以检索满足检索词位置需求的信息。常见的位置检索有以下 3 种。

1. 词级位置检索

词级位置检索，简单来说，就是在两个词之间使用词级位置算符来检索信息。在进行词级位置检索时，需要用到的位置算符主要有两种：一种是（W）算符；另一种是（N）算法。下面分别进行讲解。

（1）（W）算符。这里的 W 是 With（和）的缩写，使用这种算符就表示两侧的检索词必须按前后顺序出现在检索信息中，并且检索词之间除了空格和标点之外，不允许出现其他的词。当然，用户也可以在括号内加入数字，表示检索词之间允许出现的词汇数量。例如，（5W）表示的就是在两个检索词之间最多允许出现 5 个词。

（2）（N）算符。这里的 N 是 Near（靠近）的缩写，使用这种算符就表示两侧的检索词不用按前后顺序出现在检索信息中，并且检索词之间除了空格和标点之外，不允许出现其他的词。当然，这种算符也可以在括号中加入数字来限定允许出现的词汇数量。

那么，要如何使用算符进行词级位置检索呢？下面以（W）算符的使用为例，讲解具体的操作方法。

词级位置检索

Step 01 在搜索引擎中输入带有（W）算符的检索词，如 note（W）book，单击“搜索”按钮，进行信息的搜索，单击想要查看的信息的对应链接，如图 1-18 所示。

Step 02 执行操作后，即可跳转至对应网页，借助（W）算符查看相关的信息，如图 1-19 所示。

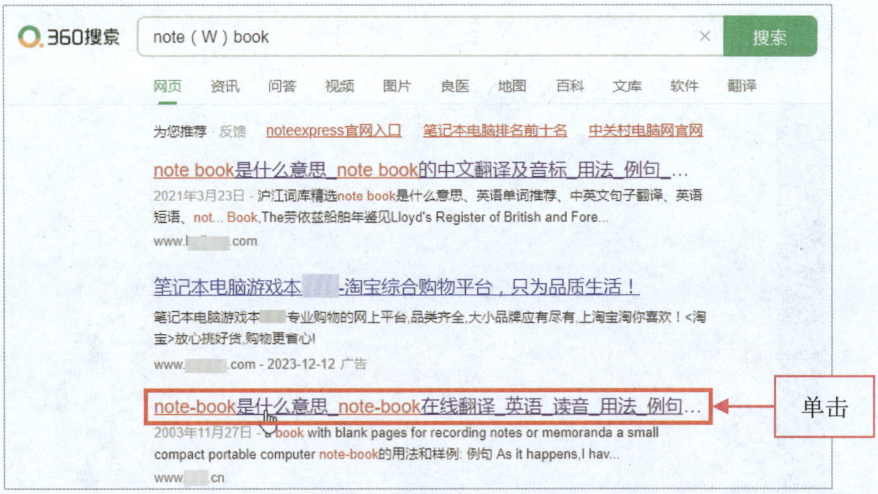

图 1-18　单击想要查看的信息的对应链接

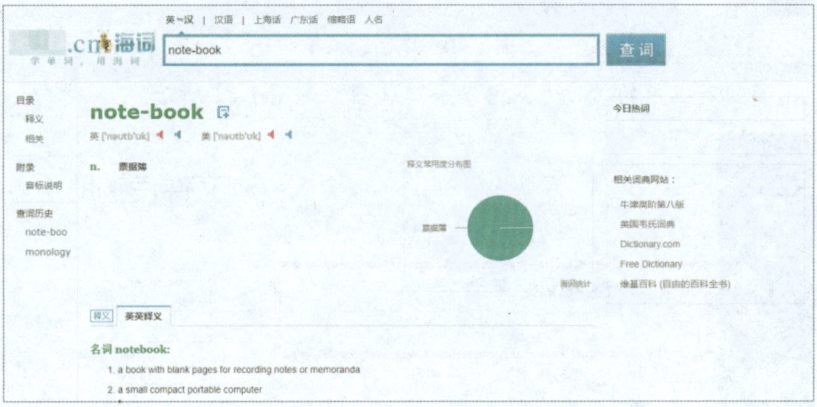

图 1-19　借助（W）算符查看相关的信息

2．字段级位置检索

字段级位置检索，就是在两个词之间使用字段级位置算符来检索信息。字段级算符通常用（F）表示，这里的 F 是 field（领域）的缩写。例如，bus（F）taxi 表示的就是在同一个字段中，bus（公交车）和 taxi（的士）这两个词都出现了。

3．子字段级位置检索

子字段级位置检索，也叫“自然句级位置检索”，是指在两个词之间使用子字段级位置算符来检索信息。子字段级算符通常用（S）表示，这里的 S 是 Subfield（子领域）或 Sentence（句子）的缩写。例如，bus（S）taxi 表示的就是在同一个子字段中（即同一个句子或短语中），bus 和 taxi 这两个词都出现了。

1.3.4　相关词检索

相关词检索

相关词检索，简单来说，就是输入一个词汇，然后使用该词汇的关联词检索信息，让检索变得更加具体。下面介绍使用相关词检索信息的操作步骤。

Step 01 打开检索工具并进入对应界面，如进入微信网页版的“聊天”界面，单击界面中的搜索框，如图 1-20 所示。

图 1-20　单击搜索框

Step 02 选择弹出的列表框中的“搜索网络结果”选项，如图 1-21 所示。

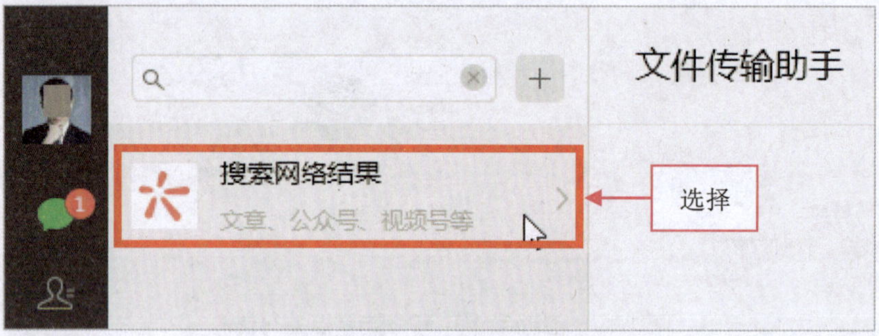

图 1-21　选择“搜索网络结果”选项

Step 03 执行操作后，进入“搜一搜”界面，在搜索框中输入检索词，如输入“手机摄影”，选择系统推荐的关键词对应的选项，如选择“手机摄影技巧”选项，如图 1-22 所示。

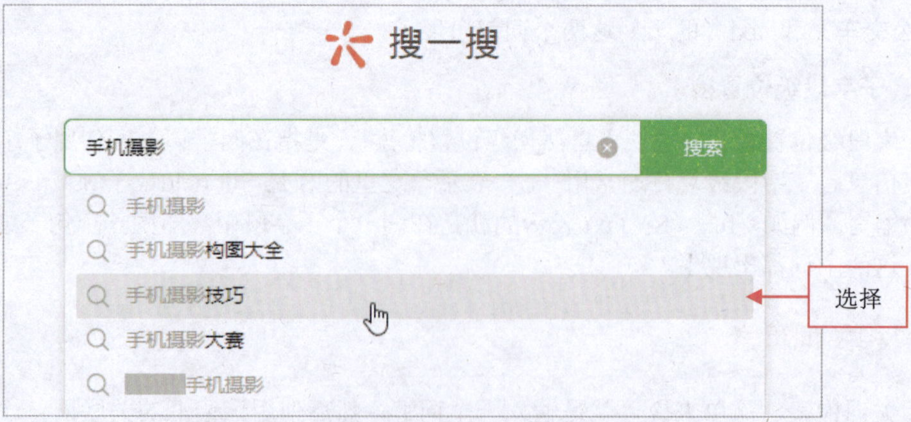

图 1-22　选择“手机摄影技巧”选项

Step 04 执行操作后，即可使用所选的关键词搜索内容，单击需要查看的内容，如图 1-23 所示。

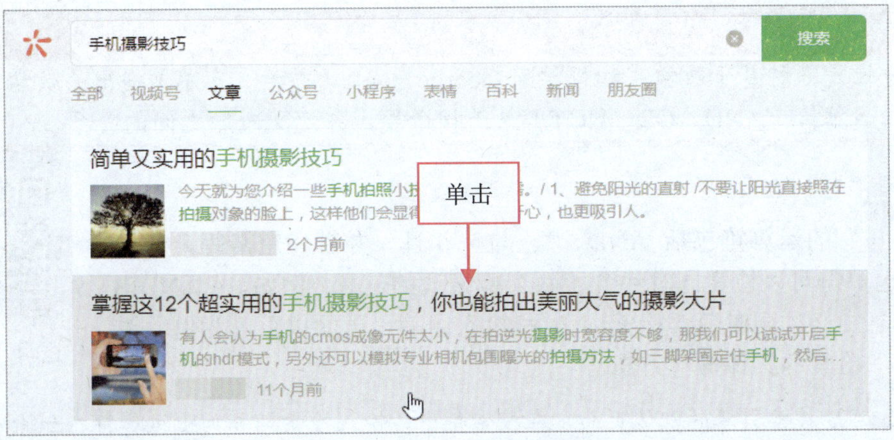

图 1-23 单击需要查看的内容

Step 05 执行操作后，即可跳转至新界面，查看对应文章的具体内容，如图 1-24 所示。

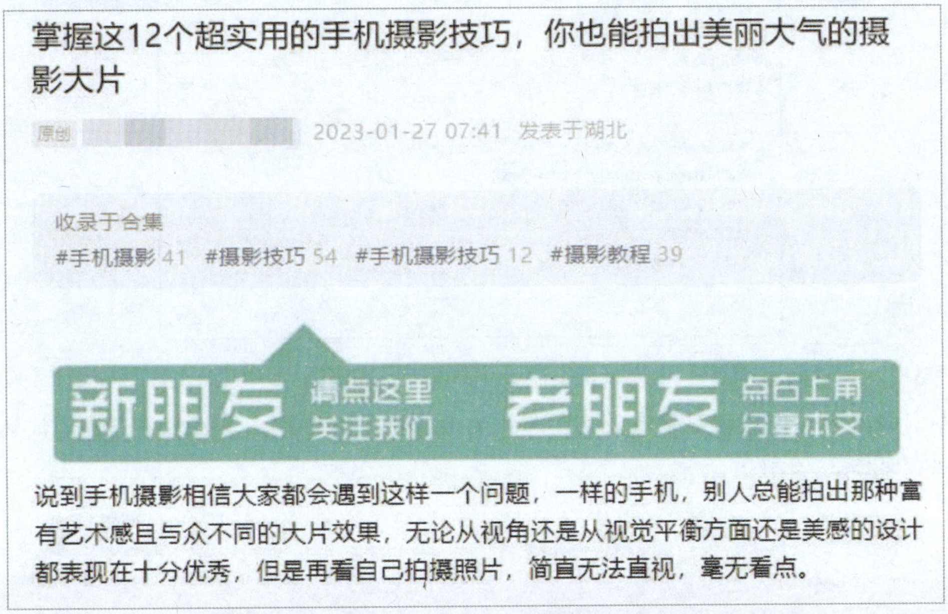

图 1-24 查看对应文章的具体内容

▶ 专家指点

截词检索和相关词检索有点类似，只是截词检索是将词的一部分作为检索词，而相关词检索则是先输入检索词，再选择系统推荐的相关词汇进行信息检索。另外，截词检索主要用于英文信息的检索，而相关词检索在中文信息检索中用得比较多。

1.3.5 布尔逻辑检索

布尔逻辑检索是一种基于布尔逻辑运算符的信息检索方法。它使用逻辑运算符来组合查询中的检索词，以确定检索信息是否匹配用户的查询需求。下面主要讲解布尔逻辑检索的几种常见方式。

> **▶ 专家指点**
>
> 布尔逻辑是一种基于数学家和哲学家 George Boole（乔治·布尔）提出的数学逻辑系统。它使用逻辑运算符（AND、OR、NOT）来连接命题，并定义命题之间的关系。

1. 逻辑“与”检索

逻辑“与”的运算符包括 AND、*、与、并且、并含和空格等，使用逻辑“与”运算符可以检索同时包含了两个检索词的信息。例如，A AND B 表示检索信息中必须同时包含检索词 A 和检索词 B。下面以百度为例，讲解逻辑“与”检索的具体操作方法。

逻辑“与”检索

Step 01 进入百度搜索引擎的默认页面，在搜索框中，输入检索词并加上运算符，如输入“苹果 西瓜”，单击“百度一下”按钮，如图 1-25 所示。

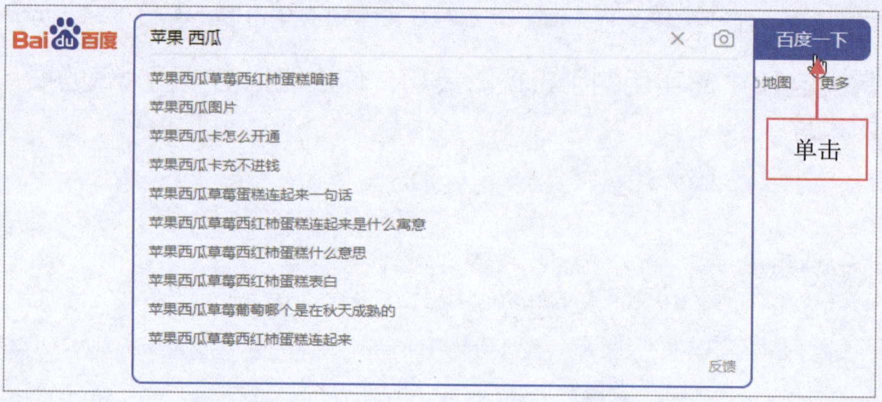

图 1-25 单击“百度一下”按钮

Step 02 执行操作后，即可使用带有逻辑“与”的运算符检索信息，单击想要查看的信息的对应链接，如图 1-26 所示。

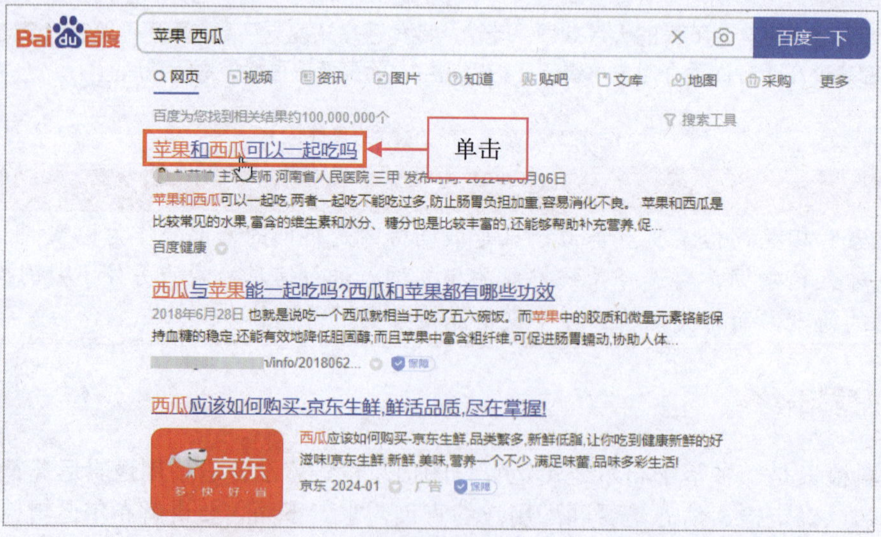

图 1-26 单击想要查看的信息的对应链接

Step 03 执行操作后，即可跳转至对应网页，查看相关的信息，如图 1-27 所示。

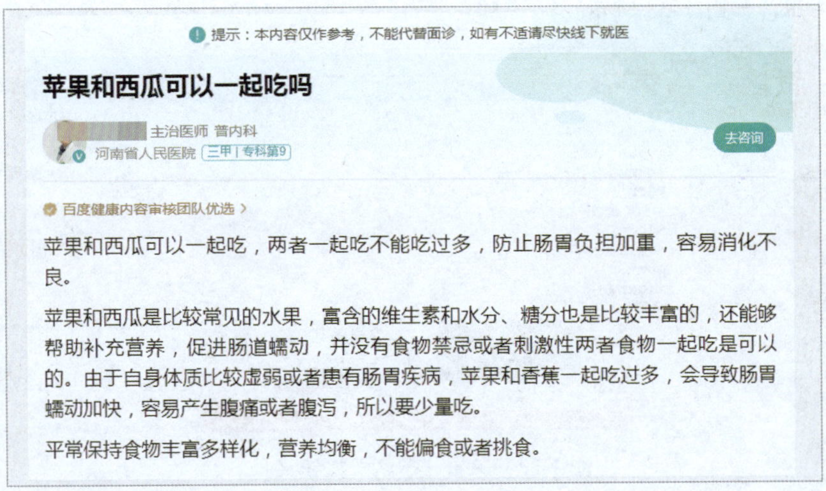

图 1-27 查看相关的信息

2. 逻辑“或”检索

逻辑“或”的运算符包括 OR、＋、|、或者和或含等，使用逻辑“或”运算符可以检索包含了其中一个检索词的信息。例如，A OR B 表示检索信息中必须包含检索词 A 或检索词 B。

3. 逻辑“非”检索

逻辑“非”的运算符包括 NOT、－、非和不含等，使用逻辑“非”运算符可以检索包含了前一个检索词且不包含后一个检索词的信息。例如，A NOT B 表示检索信息中必须包含检索词 A 且不包含检索词 B。

1.4 信息检索词的选择技巧

在做信息检索时，通常需要借助检索词来查找相关信息，检索词很大程度上就决定了能检索到的信息。为了帮助读者更好地找到合适的检索词，本节将主要讲解检索词的选择技巧。

1.4.1 检索词的选择原则

检索词不是想当然地进行选择就可以了，用户如果要想找到更合适的检索词，需要遵守以下 4 个原则。

1. 描述准确

所谓“描述准确”，就是所选的检索词要能够准确地描述自己想要检索的信息。例如，想要检索冬季的女装信息，不应笼统地将“女装”作为检索词，而应该将检索词确定为“冬季女装”。下面从“描述准确”的角度讲解检索词的选择和信息的检索方法。

描述准确

Step 01 进入要检索信息的网站，如“淘宝”，在搜索框中输入检索词，如输入“男鞋”，单击“搜索”按钮，如图 1-28 所示。

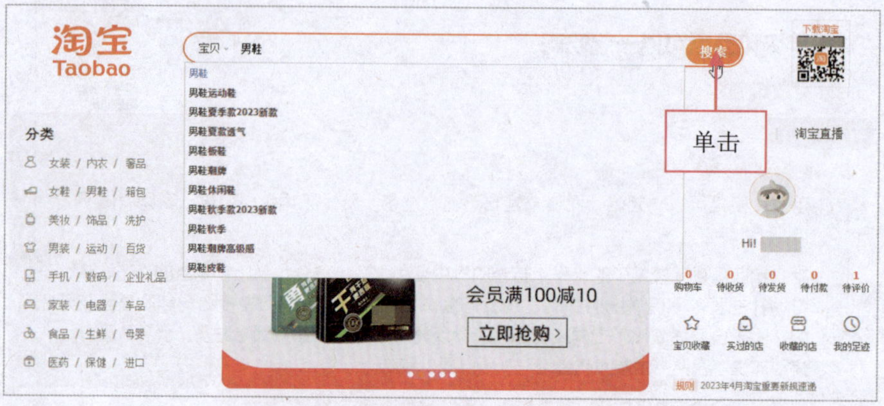

图 1-28　单击“搜索”按钮（1）

Step 02 执行操作后，即可使用检索词“男鞋”搜索商品信息，如图 1-29 所示，此时会出现各种类型的男鞋。

图 1-29　使用检索词“男鞋”搜索商品信息

Step 03 如果用户是想要查看网站中的男士马丁靴，可以将检索词调整为描述更加准确的“男士马丁靴”，并单击“搜索”按钮，如图 1-30 所示。

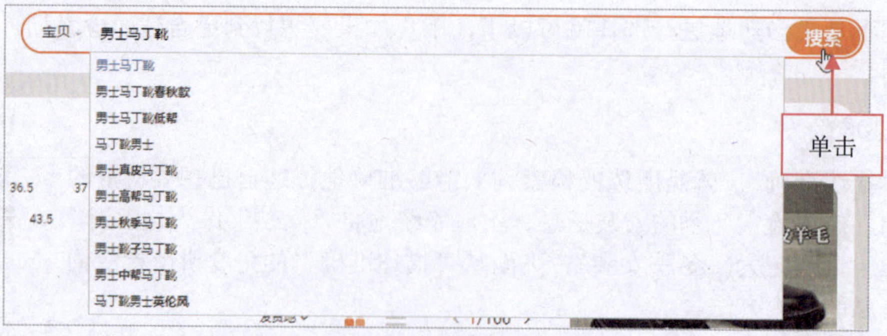

图 1-30　单击“搜索”按钮（2）

Step 04 执行操作后，即可使用检索词“男士马丁靴”搜索商品信息，单击对应商品的封面，如图 1-31 所示。

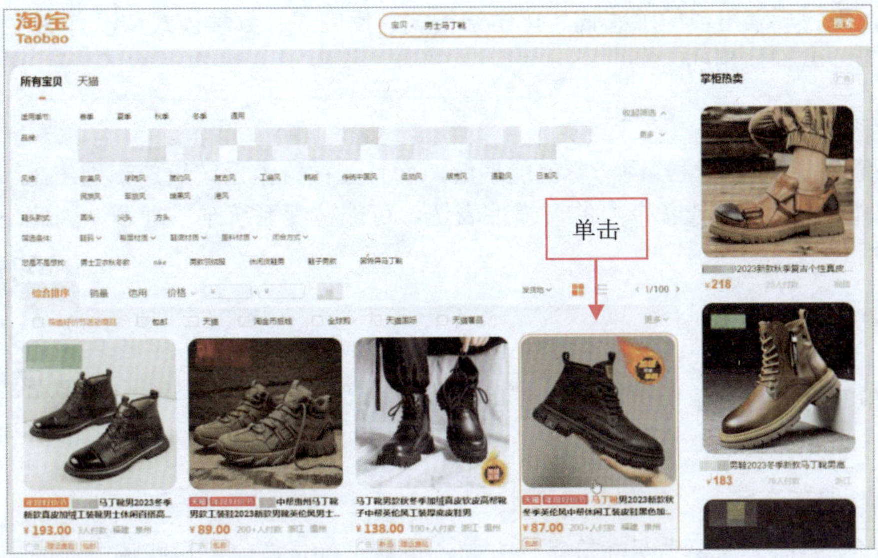

图 1-31　单击对应商品的封面

Step 05 执行操作后，即可跳转至新页面，查看对应商品的相关信息，如图 1-32 所示。

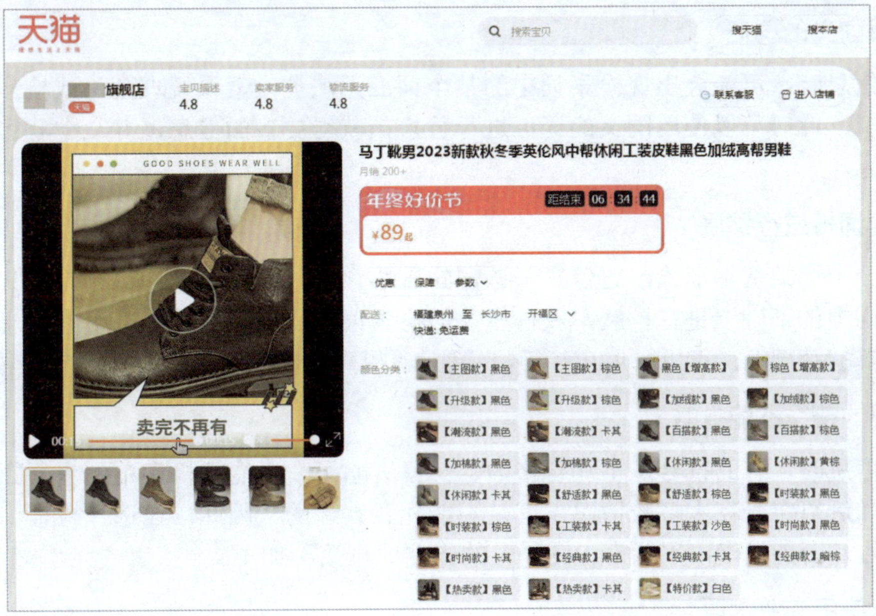

图 1-32　查看对应商品的相关信息

2．全面概括

全面概括是指所选的检索词能够全面概括所需的信息，避免因为检索词不够全面，造成有的信息无法被检索到。例如，想要检索男士的背包信息，不应将“男士双肩包”作为检索词，因为男士背包分为很多种，男士双肩包只是其中的一种，也就是说，“男士双肩包”是无法全面概括“男士背包”的。

3．符合规范

符合规范是指所选的检索词必须符合相关平台的要求，否则可能会无法准确检索到想要的信息。例如，平台严禁出现的敏感词、化学结构式、反应式、数学公式和没有切实意义的词汇，都是不宜作为检索词使用的。

4．简单易懂

简单易懂是指所选的检索词一看就能理解，而且能被检索系统快速识别出来。需要特别注意的是，有的本土化语言或者个人的习惯性表达，可能检索系统难以理解，因此不宜将其作为检索词来使用。

1.4.2 检索词的选择要点

检索词的选择要点

在选择检索词时，为了快速找到符合需求的检索词，需要注意以下 5 个要点。

1．明确检索的方向

在检索信息之前，需要先明确检索的方向，也就是确定自己要寻找哪方面的信息，这样可以避免因方向的错误，导致检索词的选择出现偏差。例如，要检索运动鞋，可以将颜色、品牌和功能的相关词汇综合起来，作为最终的检索词（如“XX 品牌的白色减震运动鞋”）。

2．多用同义的词汇

在检索信息时，可能会出现检索词中的某个词汇无法被检索系统理解，或检索到的信息比较有限的情况，此时可以使用同义的词汇进行替换，获得更多的信息，并从中获得更能满足自身需求的信息。

3．围绕词根进行扩展

词根是一个词的基本形式，它包含了该词的核心含义，并通常是词汇家族中其他形式的基础。可以在词根的基础上进行扩展，获得相关的检索词，从而获取更多的检索信息。例如，在词根“摄影”的基础上，可以扩展出“手机摄影”“摄影作品”和“摄影构图”等检索词。

4．必要的符号不能省略

在检索信息时，有的符号是不能省略的，一旦省略了，可能就检索不到想要的信息了。例如，截词符和运算符号在大多数情况下就是不能随意省略的。因此，在选择检索词时，一定要分析相关符号是否能省略，不能为了图一时的方便就直接不加了。

5．适当使用专业术语

很多领域中都有一些专业的术语，在检索词中加入专业术语，通常可以搜索到更加专业的信息，这主要是因为很多专业人士在编写信息时，会习惯性地使用专业性的词汇。例如，“景别”“构图”和“景深”等都属于摄影领域的专业术语，很多摄影类文章中都可以看到这些词汇。

1.4.3　检索词的选择方法

选择检索词是进行信息检索的重要步骤，它直接影响着检索结果的准确性和相关性。下面介绍选择检索词的常用方法。

1．直奔主题法

直奔主题法，就是根据所需的信息总结出要搜索的主题，然后围绕主题确定检索词。例如，当需要检索手机摄影类图书时，那么主题就是“手机摄影”，此时便可以将检索词确定为“手机摄影”，并在专门的图书销售网站中使用该检索词查找图书信息。

2．需求分割法

有时候，要检索的信息可能比较复杂，此时便可以将需求进行分割，把复杂的需求简化。例如，当需要检索共享汽车的发展现状和未来趋势时，可以将需求分割为“共享汽车的发展现状”和“共享汽车的未来趋势”，并将其作为检索词分别查找内容。下面以检索 AI 文案和 AI 绘画的制作技巧为例，介绍需求分割法在检索信息时的具体使用方法。

需求分割法

Step 01 根据要检索的信息，将检索词分割为“AI 文案的制作技巧”和“AI 绘画的制作技巧”，在搜索引擎中输入“AI 文案的制作技巧”，单击“搜索”按钮，单击想要查看的信息对应的链接，如图 1-33 所示。

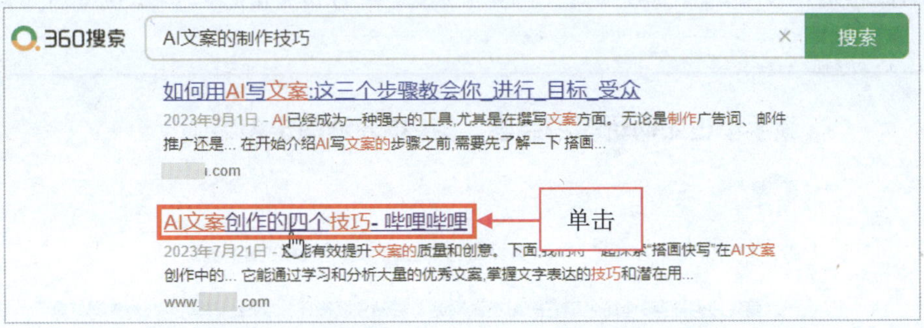

图 1-33　单击想要查看的信息对应的链接（1）

Step 02 执行操作后，即可跳转至对应网页，查看 AI 文案制作的相关信息，如图 1-34 所示。

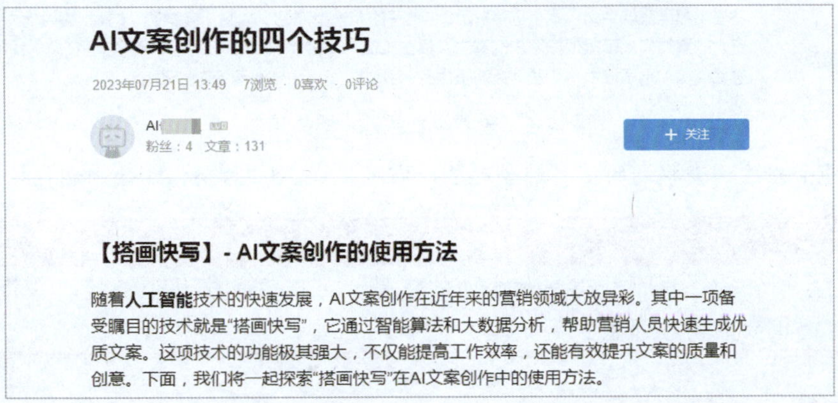

图 1-34　查看 AI 文案制作的相关信息

Step 03 在搜索引擎中，输入“AI 绘画的制作技巧”，单击“搜索”按钮，单击想要查看的信息对应的链接，如图 1-35 所示。

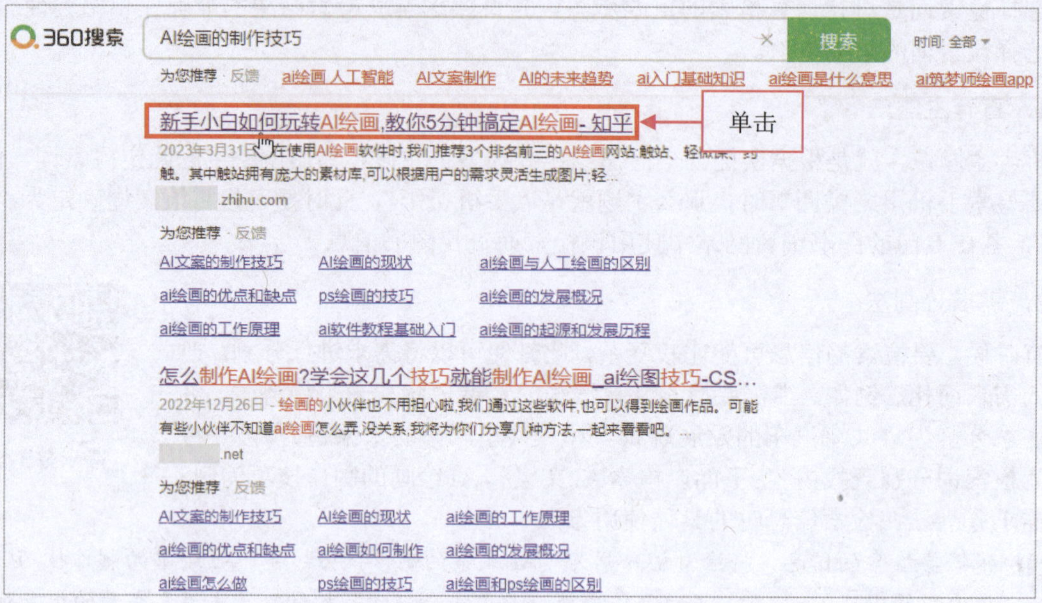

图 1-35　单击想要查看的信息对应的链接（2）

Step 04 执行操作后，即可跳转至对应网页，查看 AI 绘画的相关信息，如图 1-36 所示。

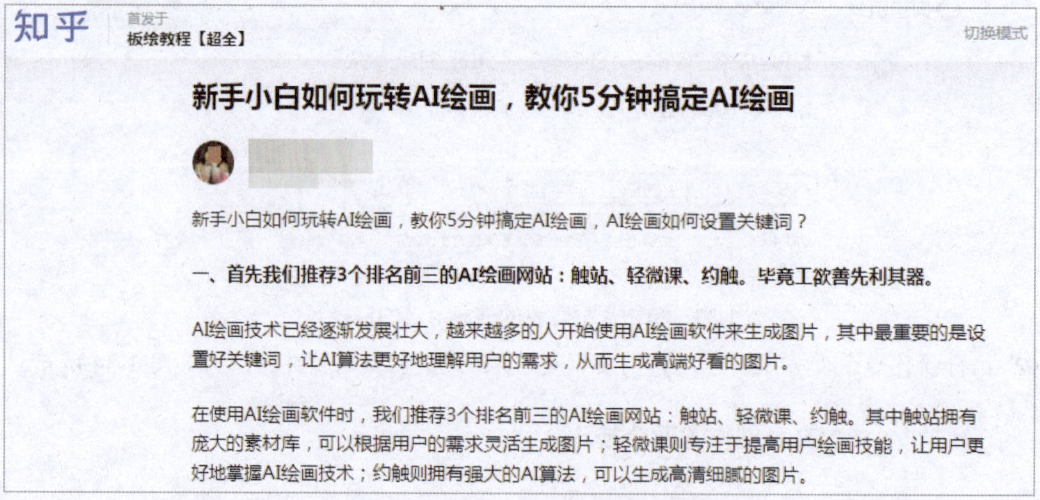

图 1-36　查看 AI 绘画的相关信息

Step 05 将用两个检索词查找到的信息综合起来，即可完成 AI 文案和 AI 绘画制作技巧的检索。

> **▶ 专家指点**
>
> 在检索信息时，为了保证获得更加全面的信息，可以多单击几个链接，并将这些链接中的内容综合，把重要的内容都整合到一起。

本章小结

本章主要介绍了信息检索的入门知识，包括信息的常见分类方法、信息检索的基础知识、网络信息的检索技术和信息检索词的选择技巧。希望通过本章的学习，读者能够熟练掌握信息检索的基础知识，快速入门信息检索。

课后习题

课后习题

鉴于本章知识的重要性，本节将通过课后习题，帮助读者进行简单的知识回顾和补充，以便读者更好地掌握所学知识。

1．信息检索的常见方法有哪些？

2．使用字段检索查看“抖音”的百科信息，效果如图 1-37 所示。

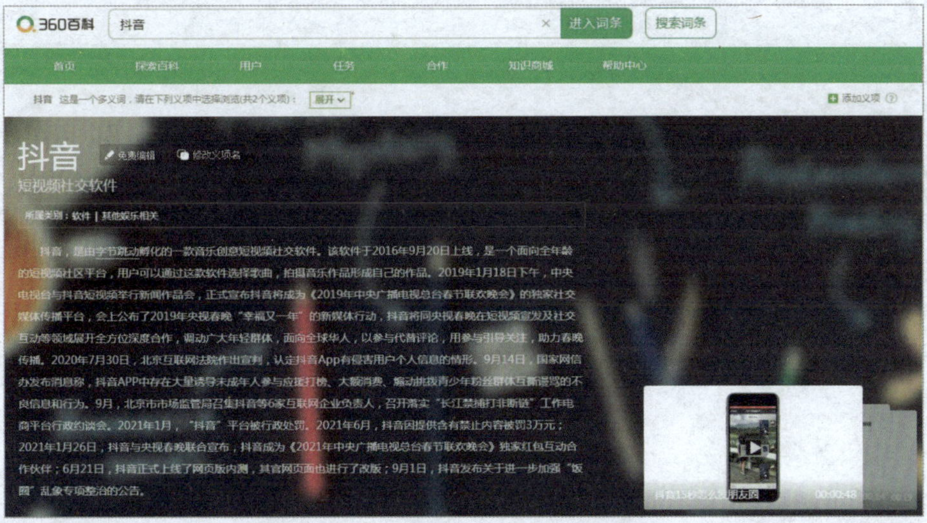

图 1-37　“抖音”的百科信息

第 2 章

网络信息资源检索

网络上包含了各种各样的信息资源，这些信息资源能满足大多数人的信息检索需求，因此很多人都会通过网络来检索信息。本章将主要讲解网络信息检索资源的相关知识，帮助读者更好地检索到所需的网络信息。

本章重点

- 网络信息资源的基础知识
- 网络信息资源的检索工具
- 常见网络信息资源的检索
- 网络信息资源的检索技巧

思政目标

- 提升学生的人文素养，让学生成功接收正确的网络信息
- 加强学生的品德教育，引导学生正确地检索和发布信息

2.1　网络信息资源的基础知识

进行网络信息的检索之前，需要先对网络信息资源有所了解。本节将主要讲解网络信息资源的基础知识，帮助读者快速认识网络信息资源。

2.1.1　网络信息资源的概念

网络信息资源的概念

网络信息资源是指存储在互联网上，并通过网络访问的各种信息形式。这些资源以数字形式存在，包括文字、图像、音频、视频等多种媒体类型。这些信息资源可以通过各种平台、网站和服务来获取，用户可以通过互联网检索、浏览和利用这些资源。

网络信息资源的范围非常广泛，从全球性的搜索引擎、社交媒体平台，到特定领域的学术数据库、在线图书馆，都可以被视为网络信息资源。这些资源对于个人、学术研究、商业、娱乐等领域都具有重要的价值，为用户提供了便捷的获取和分享信息的途径。

2.1.2　网络信息资源的类别

网络信息资源的类别

网络上的信息资源大致可以分为 6 种。下面分别进行讲解。

1．专题信息资源

专题信息资源是针对特定主题或领域而收集、整理的一类信息资源。这类资源旨在为用户提供深入、全面、有组织的关于特定主题的信息。例如，音频网站提供的信息基本都是音频，因此这些音频信息资源便属于专题信息资源。

2．个人信息资源

个人信息资源指的是由个人创建、产生或拥有的信息，这些信息通常与个人的身份、兴趣、经验等密切相关。图 2-1 为某条微信朋友圈的内容，这条微信朋友圈表达了个人的想法，很显然它便属于个人信息资源的范畴。

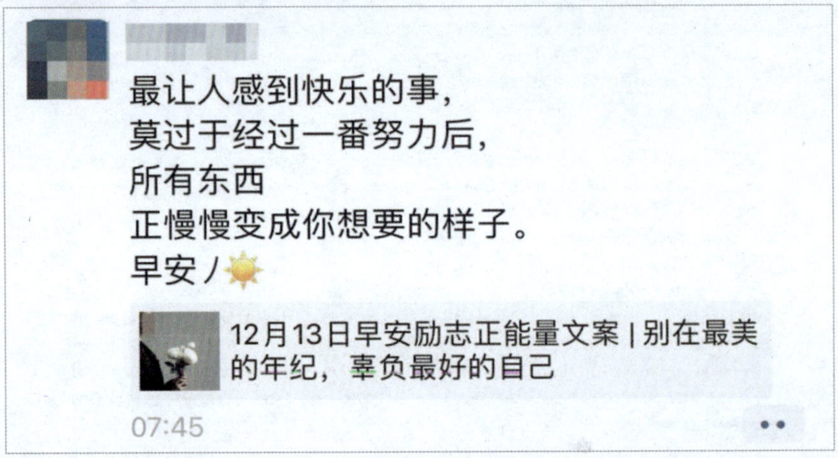

图 2-1　某条微信朋友圈的内容

3．企业信息资源

企业信息资源是指由企业创建、获取、管理和利用的各种信息。这些信息涵盖了企业内外的多个方面，包括运营、产品、财务、人力资源、客户关系等。企业信息资源对于企业的决策制定、业务运营和创新发展都起到关键作用。图 2-2 为某企业在官网上发布的产品信息，该信息便属于企业信息资源。

图 2-2　某企业在官网上发布的产品信息

4．机构信息资源

机构信息资源指的是由各类组织、机构或机关创建、获取、管理和利用的信息。这些信息资源对于机构的运营、决策制定和服务提供都具有重要作用。机构通常会借助信息技术和信息管理系统来有效地收集、存储、分析和利用这些信息，以提高工作效率和决策的准确性。图 2-3 为某检测机构的简介信息，该信息便属于机构信息资源。

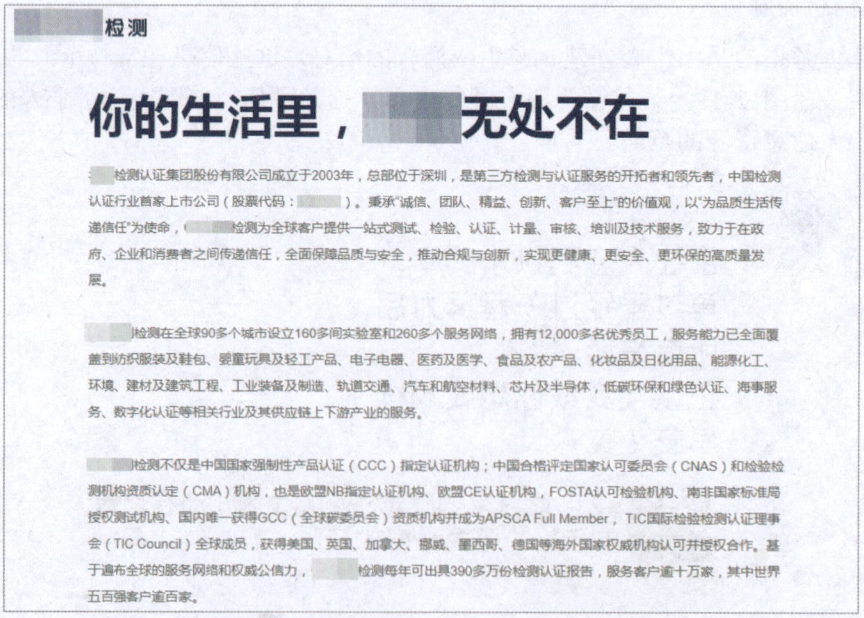

检测

你的生活里，无处不在

检测认证集团股份有限公司成立于2003年，总部位于深圳，是第三方检测与认证服务的开拓者和领先者，中国检测认证行业首家上市公司（股票代码：）。秉承"诚信、团队、精益、创新、客户至上"的价值观，以"为品质生活传递信任"为使命，检测为全球客户提供一站式测试、检验、认证、计量、审核、培训及技术服务，致力于在政府、企业和消费者之间传递信任，全面保障品质与安全，推动合规与创新，实现更健康、更安全、更环保的高质量发展。

检测在全球90多个城市设立160多间实验室和260多个服务网络，拥有12,000多名优秀员工，服务能力已全面覆盖到纺织服装及鞋包、婴童玩具及轻工产品、电子电器、医药及医学、食品及农产品、化妆品及日化用品、能源化工、环境、建材及建筑工程、工业装备及制造、轨道交通、汽车和航空材料、芯片及半导体，低碳环保和绿色认证、海事服务、数字化认证等相关行业及其供应链上下游产业的服务。

检测不仅是中国国家强制性产品认证（CCC）指定认证机构；中国合格评定国家认可委员会（CNAS）和检验检测机构资质认定（CMA）机构，也是欧盟NB指定认证机构、欧盟CE认证机构，FOSTA认可检验机构、南非国家标准局授权测试机构、国内唯一获得GCC（全球碳委员会）资质机构并成为APSCA Full Member，TIC国际检验检测认证理事会（TIC Council）全球成员，获得美国、英国、加拿大、挪威、墨西哥、德国等海外国家权威机构认可并授权合作。基于遍布全球的服务网络和权威公信力，检测每年可出具390多万份检测认证报告，服务客户逾十万家，其中世界五百强客户逾百家。

图 2-3　某企业在官网上发布的产品信息

5．高校信息资源

高校信息资源是指由高等教育机构创建、获取、管理和利用的各种信息。这些信息资源涵盖了高校内外的多个方面，包括学术研究、学生管理、教育教学、校园生活等。高校通常通过信息化建设、学校管理系统等手段，有效地管理和利用这些信息资源，提高学校运行效率和服务水平。图 2-4 为某大学在官网上发布的学术活动信息，该信息便属于高校信息资源。

图 2-4　某大学在官网上发布的学术活动信息

6．政府信息资源

政府信息资源指的是由政府机关创建、获取、管理和利用的各类信息，这些信息涵盖了政府内外的多个方面，包括行政管理、公共服务、法规制度、社会经济等。政府通常会采用信息化手段，建设政务信息系统、电子政务平台等，以提高信息的透明度、便捷性和效率。图 2-5 为湖南省政府在官网上发布的文件信息，该信息便属于政府信息资源。

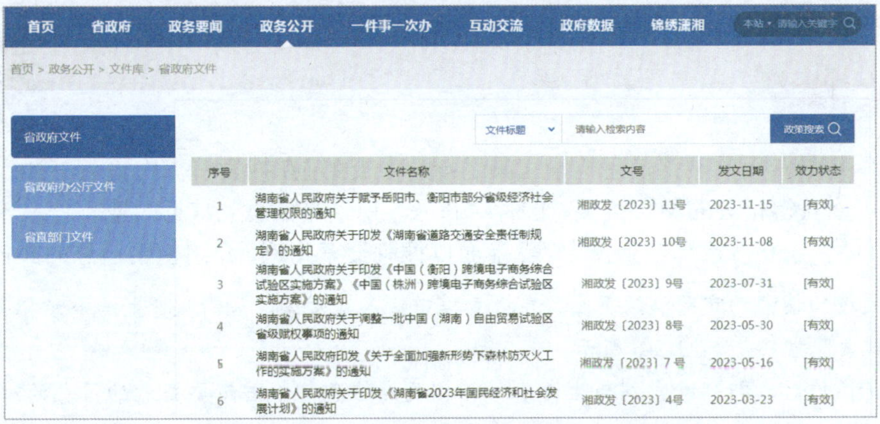

图 2-5　湖南省政府在官网上发布的文件信息

2.1.3 网络信息资源的特点

网络信息
资源的特点

网络信息资源具有一些独特的特点，这些特点反映了其在数字化、全球化时代的特殊性质。下面介绍网络信息资源的主要特点。

1．实时性

网络信息可以实时更新和传播，用户能够在网上获取最新的新闻、事件、数据等，实现信息的即时性。

2．全球性

网络信息资源可以在全球范围内传播和获取，突破了地域限制，使得信息可以实现无界传播，增加了可供检索的信息量。

3．多样性

网络信息资源包括文本、图像、音频、视频等多种形式，丰富多样的内容形式满足了用户多元化的信息需求。

4．互动性

用户可以通过各种方式与他人进行网络信息的互动，例如，可以在网上发布个人信息，也可以分享并评论他人发布的信息。

5．可搜索性

网络信息资源可以通过搜索引擎等工具方便地进行检索和查找，提高了信息的可访问性。例如，用户只需在搜索引擎中输入检索词并单击“搜索”按钮，便可检索相关的信息。

2.2 网络信息资源的检索工具

网络信息资源的检索工具是帮助用户在互联网上找到并获取所需信息的工具。本节将主要介绍几种常用的网络信息资源检索工具。

2.2.1 搜索引擎

搜索引擎

搜索引擎是最常用的网络信息检索工具之一。用户通过在搜索引擎中输入检索词，可以获得相关的网页链接、图片、新闻、视频等信息。常见的搜索引擎包括百度、360 搜索和搜狗搜索等。下面以搜狗搜索为例，介绍检索信息的具体操作方法。

Step 01 进入搜狗搜索的官网默认页面，在搜索框中输入检索词，如输入“生活小妙招”，单击“搜狗搜索”按钮，如图 2-6 所示。

Step 02 执行操作后，即可检索到与生活小妙招相关的信息，单击想要查看的信息的对应链接，如图 2-7 所示。

图 2-6　单击“搜狗搜索”按钮

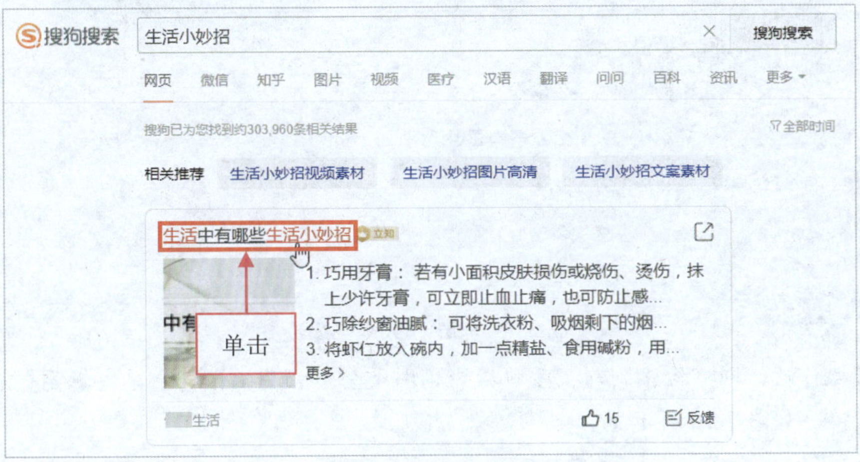

图 2-7　单击想要查看的信息的对应链接

Step 03 执行操作后，即可跳转至对应网页，查看相关的信息，如图 2-8 所示。

图 2-8　查看相关的信息

2.2.2 社交平台

社交平台是一种在线的、数字化的交流和互动平台，通过互联网连接用户，使其能够分享信息、交流观点、建立社交关系和参与各种活动。这些平台提供了多种方式让用户进行社交，包括文字、图像、音频和视频等多种形式的内容。下面以微信为例，介绍检索信息的具体操作方法。

社交平台

Step 01 进入微信的“搜一搜”界面，在搜索框中输入检索词，如输入“手机摄影构图大全”，单击“搜索”按钮，如图 2-9 所示。

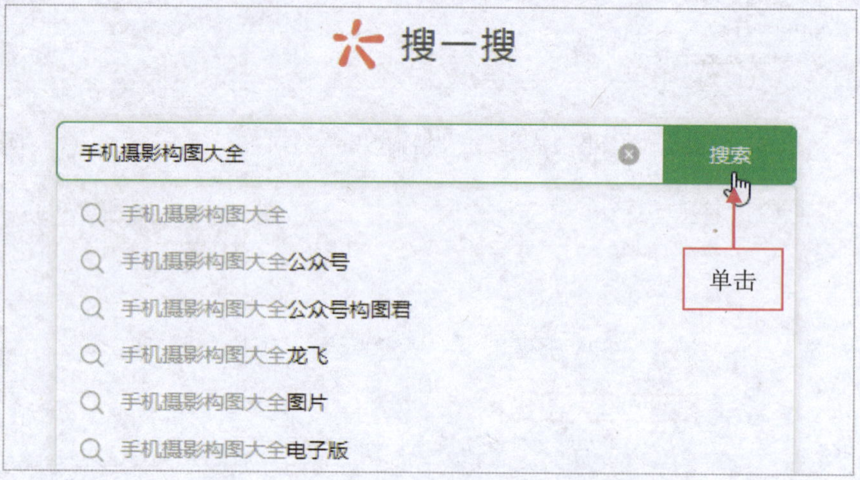

图 2-9 单击“搜索”按钮

Step 02 执行操作后，即可检索到与“手机摄影构图大全”相关的信息，单击想要查看的信息的对应链接，如图 2-10 所示。

图 2-10 单击想要查看的信息的对应链接

Step 03 执行操作后，即可跳转至对应网页，查看相关的信息，如图 2-11 所示。

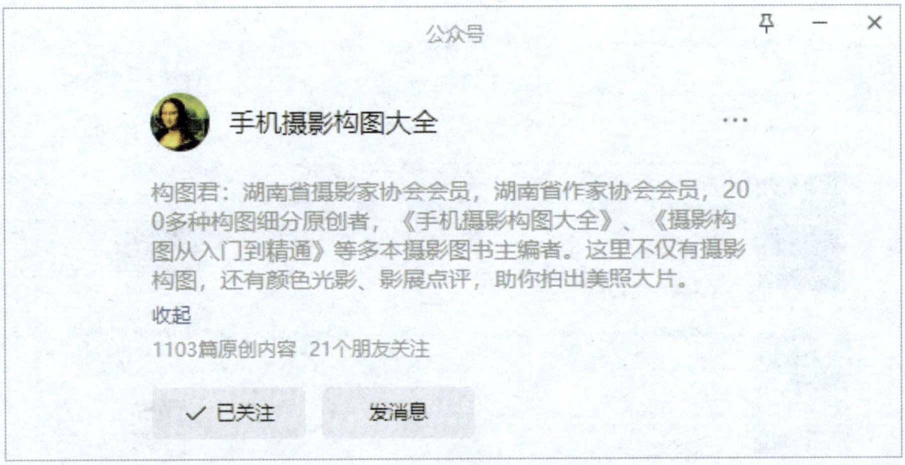

图 2-11　查看相关的信息

2.2.3　官方网站

官方网站

在互联网上，官方网站通常是指一个组织、公司、政府机构、个人等正式发布信息、提供服务或展示内容的网站。官方网站的特点包括具有权威性、正式性和官方认可，并且通常是该组织或机构的官方在线代表。下面以当当网为例，介绍检索信息的具体操作方法。

Step 01 进入当当网的官网默认页面，在搜索框中输入检索词，如“构图君”，单击🔍按钮，如图 2-12 所示。

图 2-12　单击🔍按钮

Step 02 执行操作后，即可检索到与构图君相关的图书，单击想要查看的图书信息的对应链接，如图 2-13 所示。

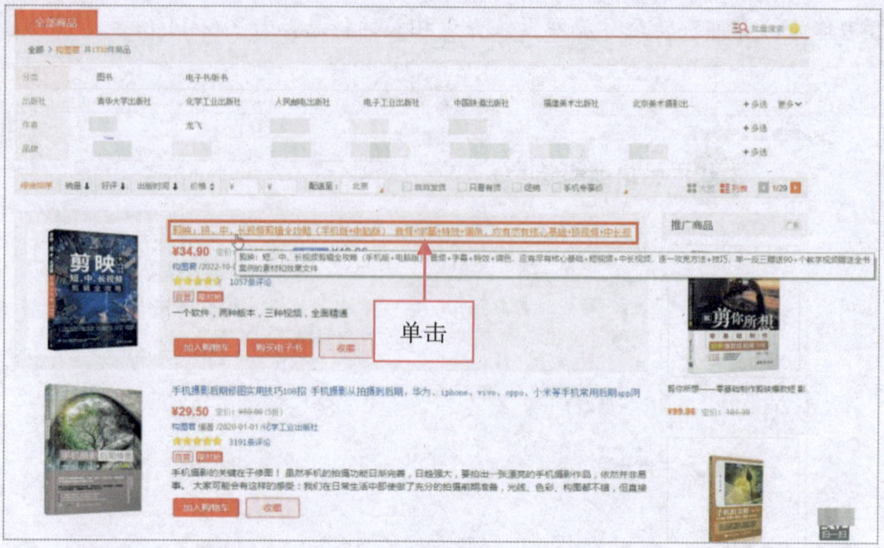

图 2-13　单击想要查看的图书信息的对应链接

Step 03 执行操作后，即可跳转至对应网页，查看图书的相关信息，如图 2-14 所示。

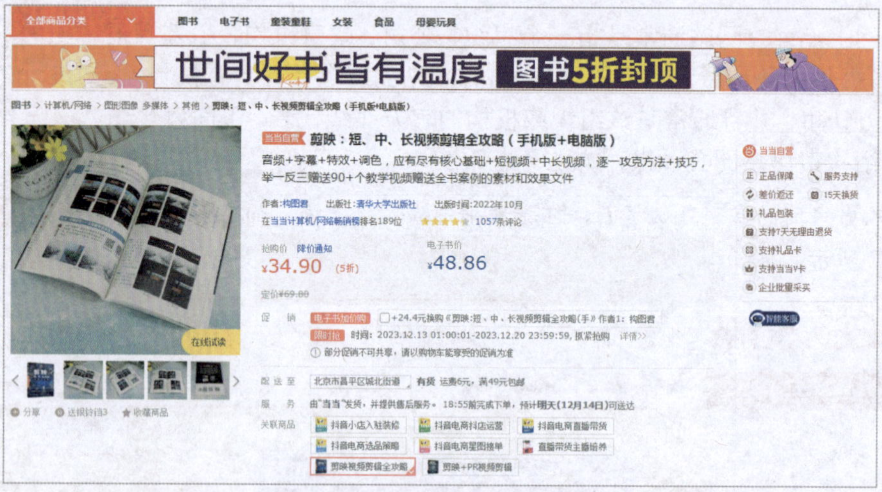

图 2-14　查看图书的相关信息

2.2.4　下载软件

下载软件

下载工具是一类用于从互联网上获取文件、数据或媒体的软件应用程序。借助这一类工具，用户能够更轻松地查看和下载所需的信息。需要注意的是，在下载任何文件时，用户应当遵守相关法规和版权法，确保下载内容的合法性。下面以迅雷为例，介绍检索信息的具体操作方法。

Step 01 下载迅雷客户端之后，进入其“下载”界面，在搜索框中输入检索词，如输入“公民凯恩”，如图 2-15 所示。

Step 02 按【Enter】键确认，即可检索到与“公民凯恩”相关的信息，单击想要查看的信息的对应链接，如图 2-16 所示。

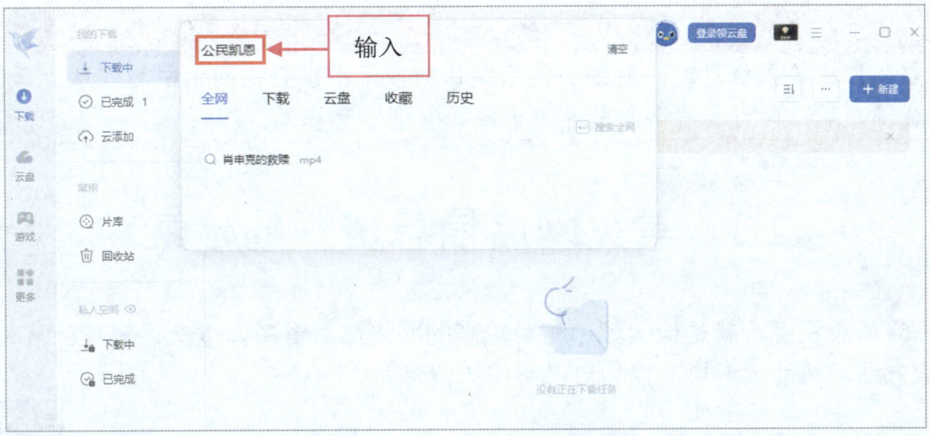

图 2-15　输入“公民凯恩”

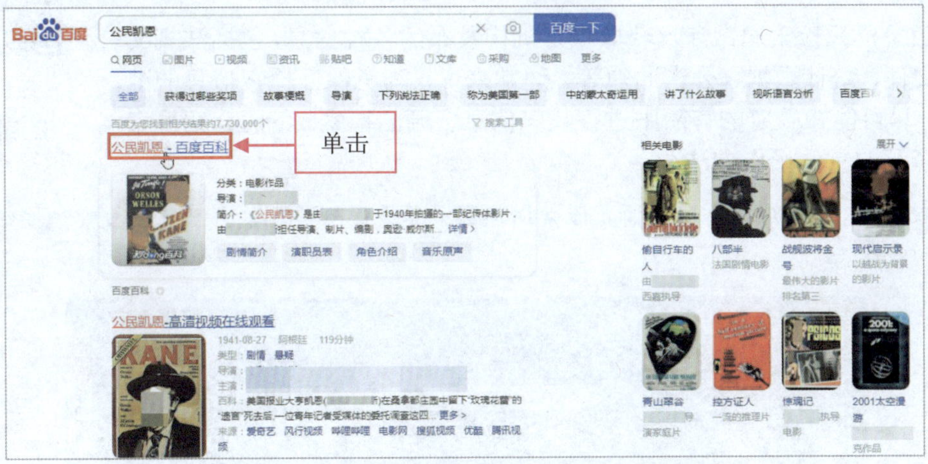

图 2-16　单击想要查看的信息的对应链接

Step 03 执行操作后，即可跳转至对应网页，查看相关的信息，如图 2-17 所示。

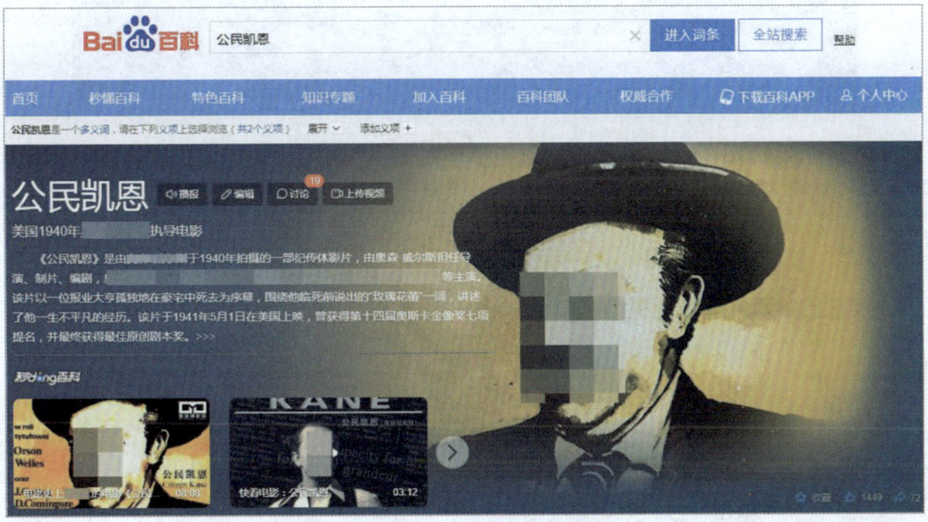

图 2-17　查看相关的信息

> **专家指点**
>
> 在下载软件中检索信息时，系统会使用默认的搜索引擎查找网站中的信息。只是当用户找到下载资源之后，即可利用下载软件来下载并管理信息资源。

2.3 常见网络信息资源的检索

常见网络信息资源，就是检索频率相对较高的网络信息资源。本节讲解几种常见网络信息资源的检索方法，帮助读者快速找到自己所需的信息。

2.3.1 政府信息资源的检索

政府信息资源

资源的检索

政府信息资源检索通常涉及获取政府机构发布的各种信息，包括法规文件、政策文件、统计数据、公告通知等。通常来说，为了保证检索信息的准确性，应该尽可能在政府的官网中进行政府信息资源的检索。下面介绍检索政府信息资源的具体操作方法。

Step 01 进入某人民政府的官网，输入检索词，如“养老保险”，单击“点击搜索”按钮，如图 2-18 所示。

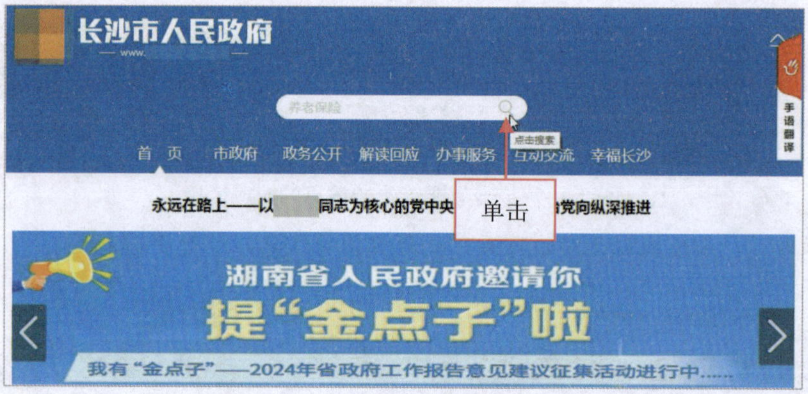

图 2-18　单击“点击搜索”按钮

Step 02 即可检索到与“养老保险”相关的信息，单击想要查看的信息的对应链接，如图 2-19 所示。

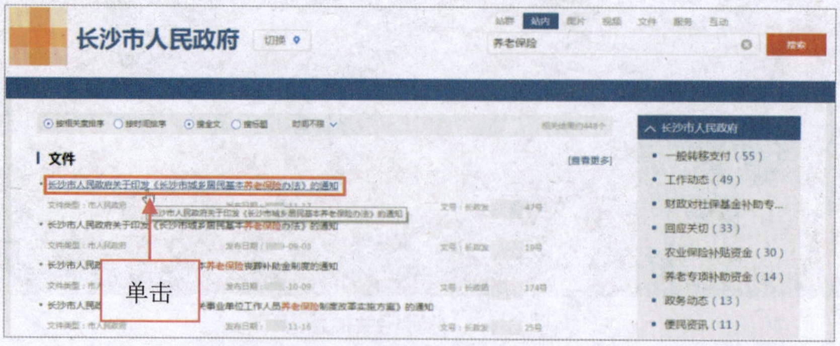

图 2-19　单击想要查看的信息的对应链接

Step 03 执行操作后，即可跳转至对应网页，查看政府部门发布的养老保险信息，如图 2-20 所示。

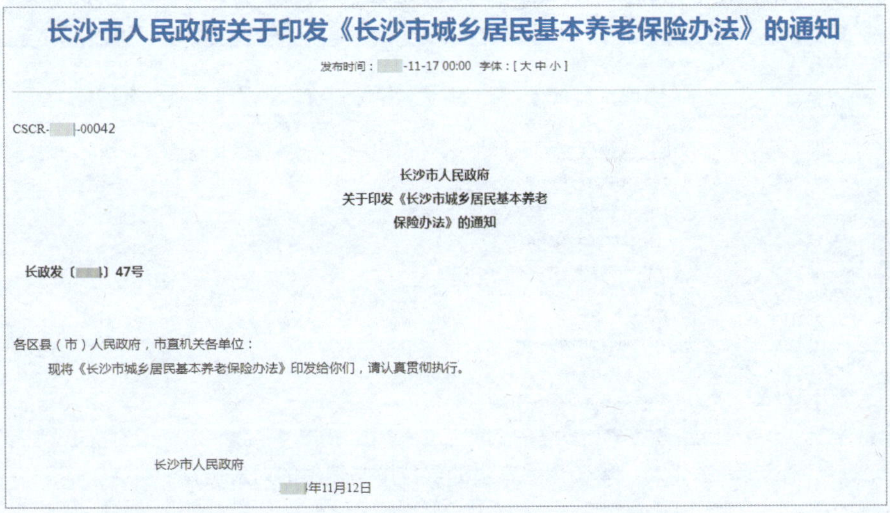
长沙市人民政府关于印发《长沙市城乡居民基本养老保险办法》的通知

发布时间：[redacted]-11-17 00:00　字体：[大 中 小]

CSCR-[redacted]-00042

长沙市人民政府
关于印发《长沙市城乡居民基本养老
保险办法》的通知

长政发〔[redacted]〕47号

各区县（市）人民政府，市直机关各单位：

现将《长沙市城乡居民基本养老保险办法》印发给你们，请认真贯彻执行。

长沙市人民政府

[redacted]年11月12日

图 2-20　查看政府部门发布的养老保险信息

2.3.2　学术信息资源的检索

学术信息资源的检索

学术信息检索是一种获取学术领域相关信息的方法，可以帮助用户找到相关论文、期刊文章等。在进行学术信息检索时，为了确保文献的质量和可信度，需要了解文献的来源和作者的背景。下面以中国知网为例，介绍检索学术信息资源的具体操作方法。

Step 01 进入中国知网的官网默认页面，选中要检索的信息资源对应的复选框，如选中“学位论文”复选框，输入检索词，如“现代汉语”，单击 Q 按钮，如图 2-21 所示。

图 2-21　单击 Q 按钮

Step 02 执行操作，即可检索到与“现代汉语”相关的学位论文信息，单击想要查看的学位论文信息的对应链接，如图 2-22 所示。

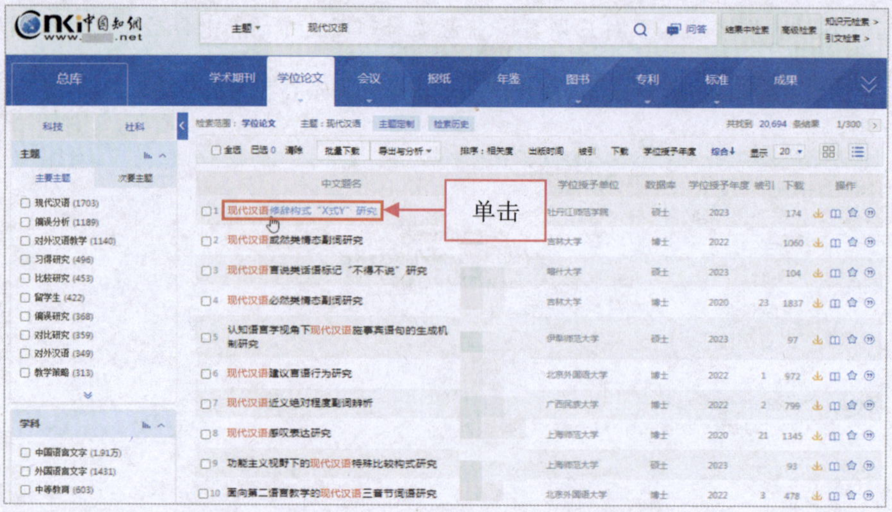

图 2-22　单击想要查看的学位论文信息的对应链接

Step 03 执行操作后，即可跳转至对应网页，查看相关的学位论文信息，如图 2-23 所示。

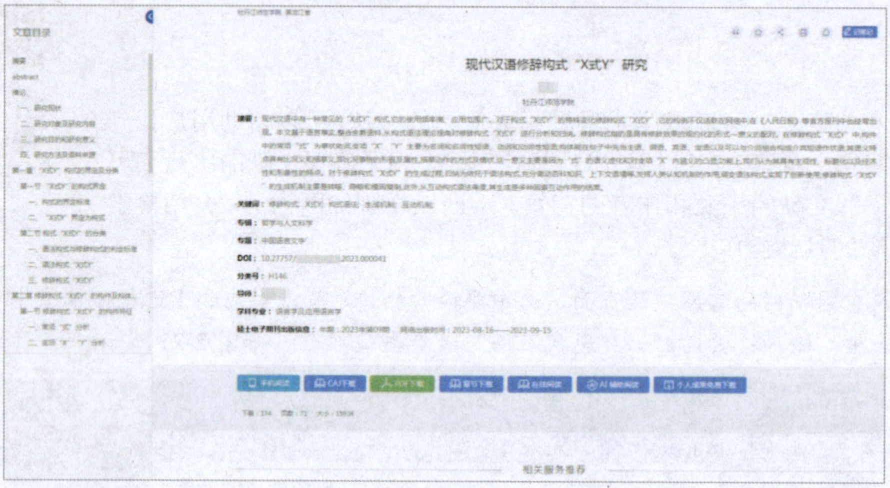

图 2-23　查看相关的学位论文信息

2.3.3　行业信息资源的检索

行业信息资源的检索

行业信息资源是指为了了解、分析和研究特定行业而提供的各种信息。这些资源涵盖了关于行业内公司、市场趋势、竞争格局、技术创新、法规变化等方面的信息。在检索行业信息时，要多方面收集并核实信息来源，确保信息的可靠性和全面性。下面以中国交通运输协会为例，介绍检索行业信息资源的具体操作方法。

Step 01 进入中国交通运输协会的官网默认页面，输入检索词，如输入“铁路建设”，单击🔍按钮，如图 2-24 所示。

Step 02 执行操作，即可检索到与“铁路建设”相关的行业信息，单击想要查看的行业信息的对应链接，如图 2-25 所示。

图 2-24　单击🔍按钮

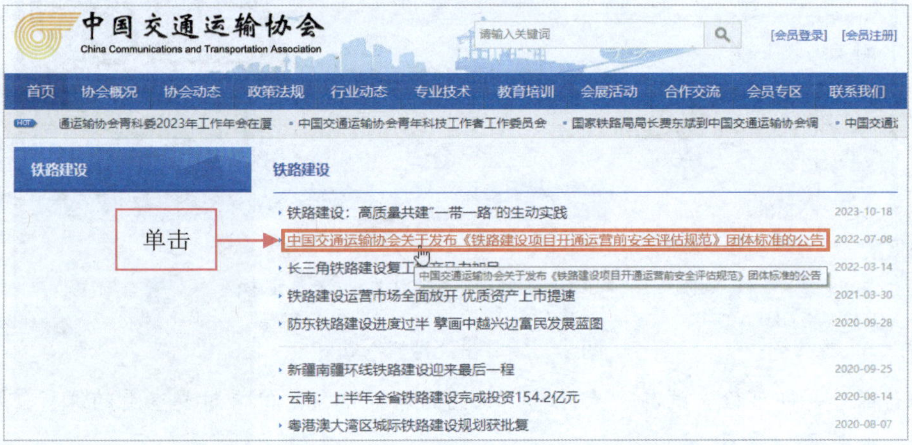

图 2-25　单击想要查看的行业信息的对应链接

Step 03 执行操作后，即可跳转至对应网页，查看相关的行业信息，如图 2-26 所示。

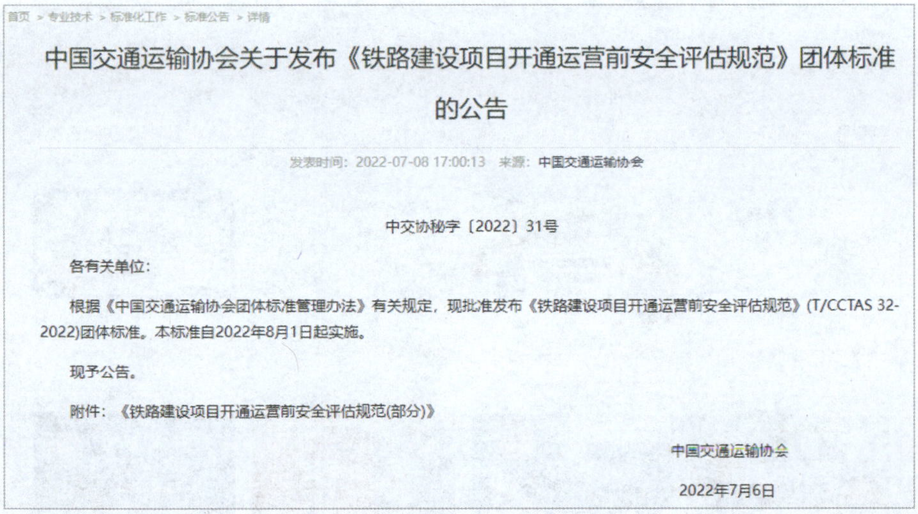

图 2-26　查看相关的行业信息

2.3.4 学习信息资源的检索

学习信息资源的检索旨在获取与学科、课程或研究主题相关的各种学术和教育资源。在检索学习信息资源时，要根据具体学科或主题选择合适的资源，并注意引用和验证信息的可信性。下面以腾讯课堂为例，介绍检索学习信息资源的具体操作方法。

学习信息资源的检索

Step 01 进入腾讯课堂的官网默认页面，在搜索框中输入检索词，如输入“专升本”，单击“搜索”按钮，如图 2-27 所示。

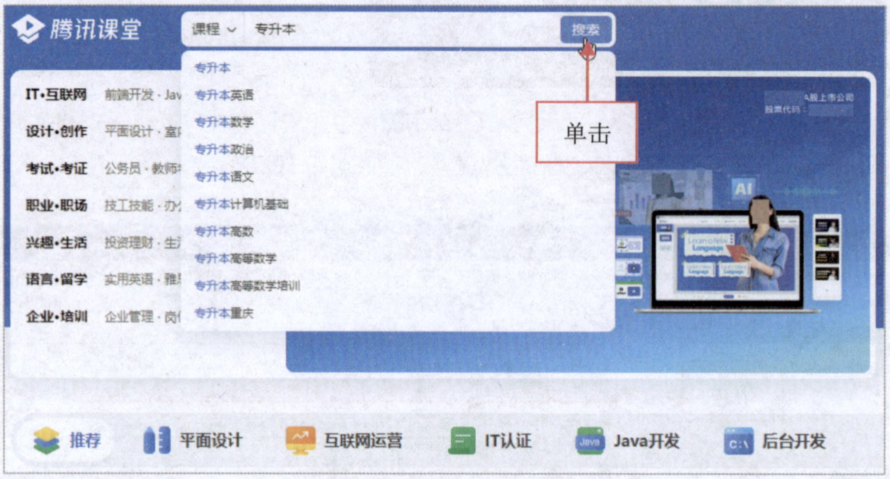

图 2-27 单击“搜索”按钮

Step 02 执行操作，即可检索到与“专升本”相关的课程信息，单击想要查看的课程信息的对应链接，如图 2-28 所示。

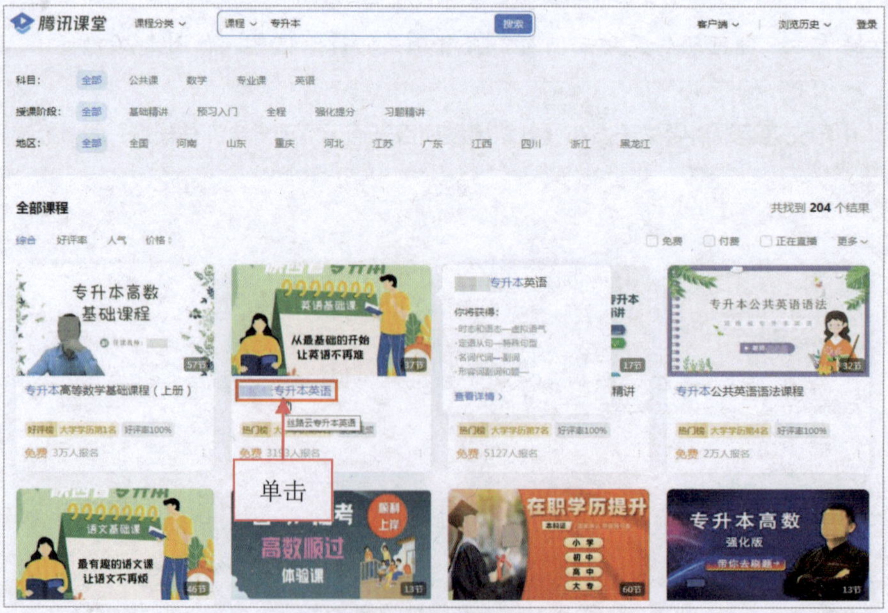

图 2-28 单击想要查看的课程信息的对应链接

Step 03 执行操作后，即可跳转至对应网页，查看相关的课程信息，如图 2-29 所示。

图 2-29　查看相关的课程信息

2.3.5　购物信息资源的检索

购物信息资源的检索主要涉及寻找关于产品、价格、品牌、用户评价等方面的信息，以便做出更好的购物决策。在检索购物信息时，要谨慎对待来源，尽可能获取多方面的信息，以便做出明智的购物决策。下面以京东为例，介绍检索购物信息资源的具体操作方法。

购物信息资源的检索

Step 01 进入京东的官网默认页面，在搜索框中输入检索词，如输入“男士保暖长袜”，单击按钮，如图 2-30 所示。

图 2-30　单击按钮

Step 02 执行操作，即可检索到与“男士保暖长袜”相关的购物信息，单击想要查看的购物信息的对应链接，如图 2-31 所示。

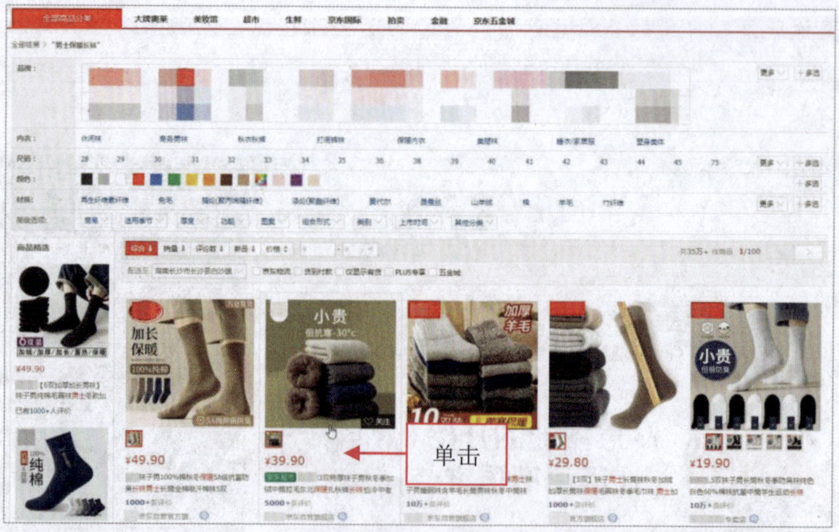

图 2-31　单击想要查看的购物信息的对应链接

Step 03　执行操作后，即可跳转至对应网页，查看相关的购物信息，如图 2-32 所示。

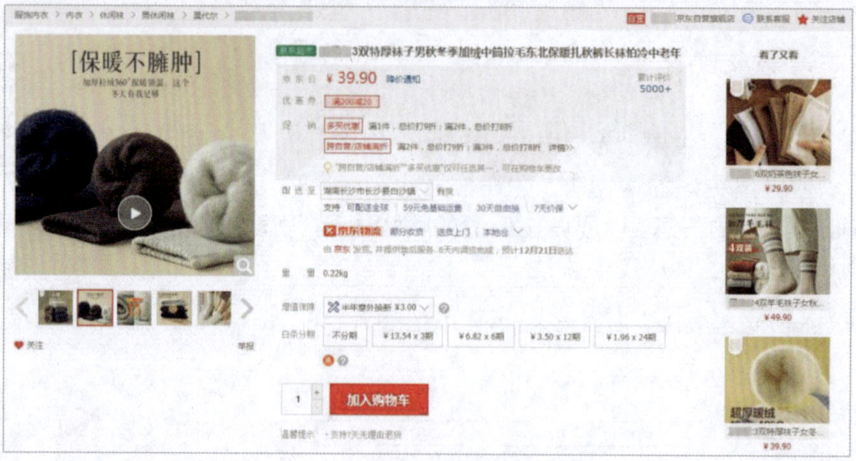

图 2-32　查看相关的购物信息

2.3.6　知识分享信息资源的检索

知识分享
信息资源的检索

知识分享信息资源指的是关于知识分享的各种信息和资料，这些资源包括关于知识分享的理论、实践、工具和案例研究等方面的信息。在检索信息时，要根据具体的需求和研究方向选择合适的资源，并充分利用多个渠道获取全面的信息。下面以抖音为例，介绍检索购物信息资源的具体操作方法。

Step 01　进入抖音官网的“推荐”页面，在搜索框中输入检索词，如输入“科学小知识分享”，单击“搜索”按钮，如图 2-33 所示。

Step 02　执行操作，即可检索到与“科学小知识分享”相关的信息，切换至“视频”选项卡，单击想要查看的视频，如图 2-34 所示。

Step 03　执行操作后，即可跳转至对应网页，查看相关的知识分享信息，如图 2-35 所示。

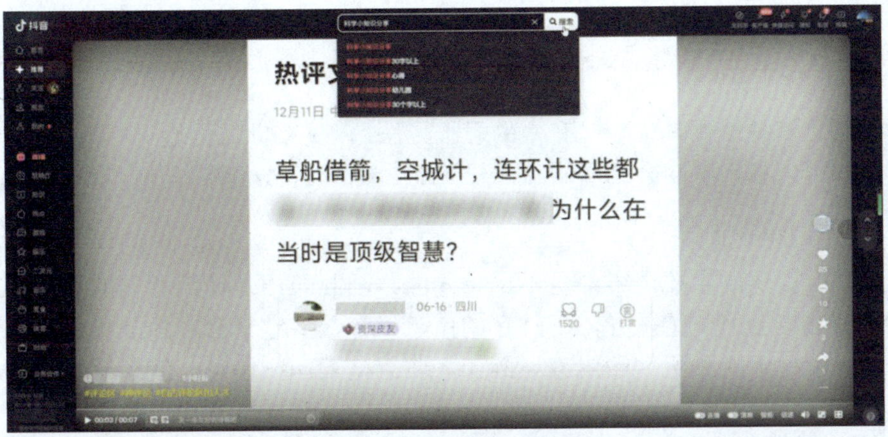

图 2-33　单击“搜索”按钮

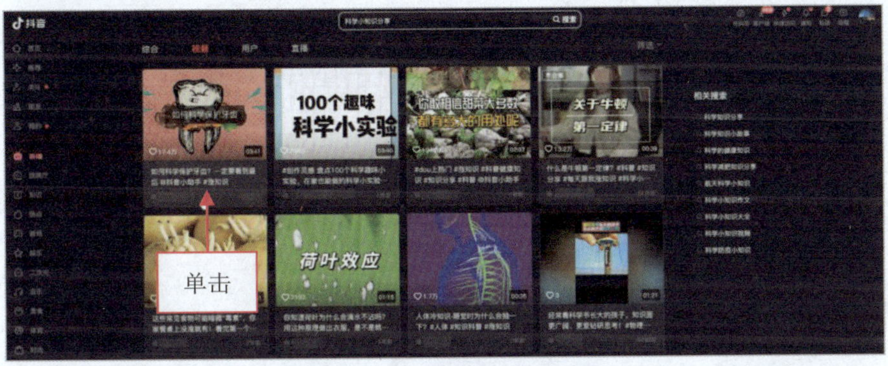

图 2-34　单击想要查看的视频

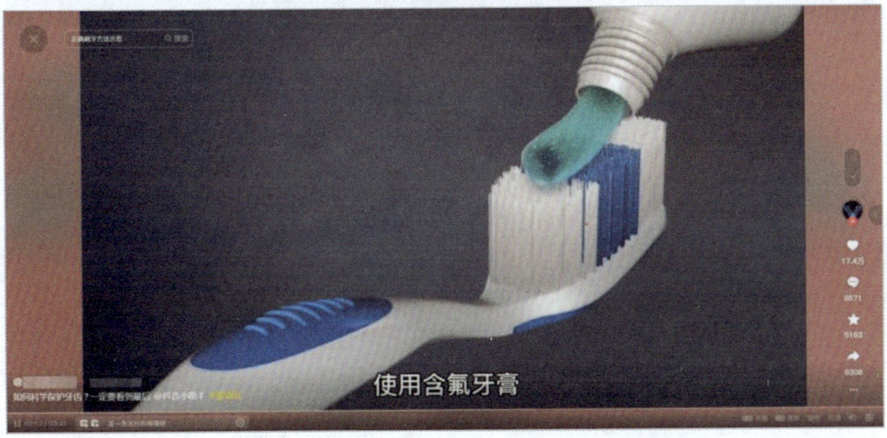

图 2-35　查看相关的查看相关的知识分享信息

2.4　网络信息资源的检索技巧

在网络中检索信息资源时，如果掌握了一些技巧，就能更快地找到自己所需的信息。本节将主要介绍网络信息资源的检索技巧。

2.4.1 网络信息资源的检索思维

网络信息资源的检索思维

使用网络信息资源需要具备一些有效的思维方法，以更有针对性地进行检索、评估和利用信息。下面介绍网络信息资源的 3 种检索思维。

1．找到合适的检索平台

每个检索平台提供的主要内容都是不尽相同的，因此即便是使用相同的检索词，不同的平台提供的检索信息也会有一定差异。而且有的信息只有在特定平台中才能检索到，如果所选的平台不合适，可能检索不到所需的内容。例如，要想检索购物信息，就应该将国内知名的电商平台作为检索平台。

2．分析检索信息的特征

在网络上检索信息之前，可以先分析一下所需信息的特征，然后根据特征进行检索。例如，当要检索文学奖的获奖作品时，便可以将文学奖的名称作为一种特征，使用检索词“××文学奖获奖作品”查找信息。

3．学会将检索需求分解

有时候需要在网络上检索的信息包含了多种不同的内容，此时便可以将这些不同的内容分解开来，再分别进行检索。例如，当需要检索旅游攻略时，可以分别检索景点、交通、住宿、美食和穿着等方面的信息。

2.4.2 网络信息资源的检索途径

通过网络推荐获取检索途径

在检索网络信息时，需要先获取检索途径。那么，要如何获取检索途径呢？下面介绍网络信息资源检索途径的常见获取渠道。

1．通过网络推荐获取检索途径

有的网络页面中会为用户推荐一些网站，用户可以使用这些网站来检索信息。下面以 360 导航为例，介绍通过网络推荐获取检索途径并检索信息的具体操作方法。

Step 01 进入 360 导航的官网默认页面，根据自身需求单击要作为检索工具的网站，如将鼠标放置在左侧导航栏的“影视 · 腾讯视频”一栏上，单击弹出的列表框中的“爱奇艺”按钮，如图 2-36 所示。

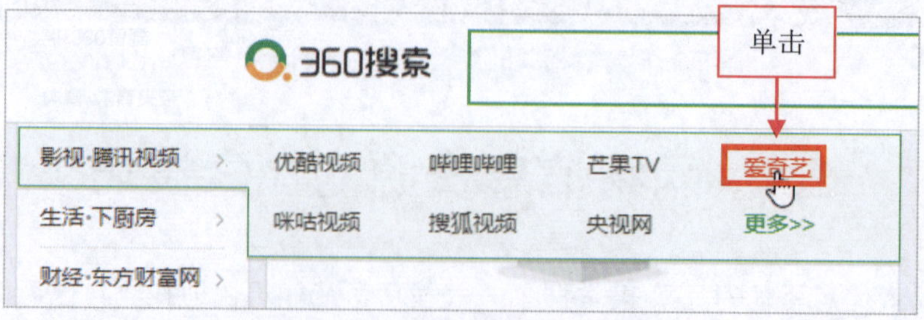

图 2-36 单击“爱奇艺”按钮

Step 02 执行操作，即可进入“iQIYI 爱奇艺”的“首页”页面，在搜索框中输入检索词，如输入“高分经典电影”，单击按钮，如图 2-37 所示。

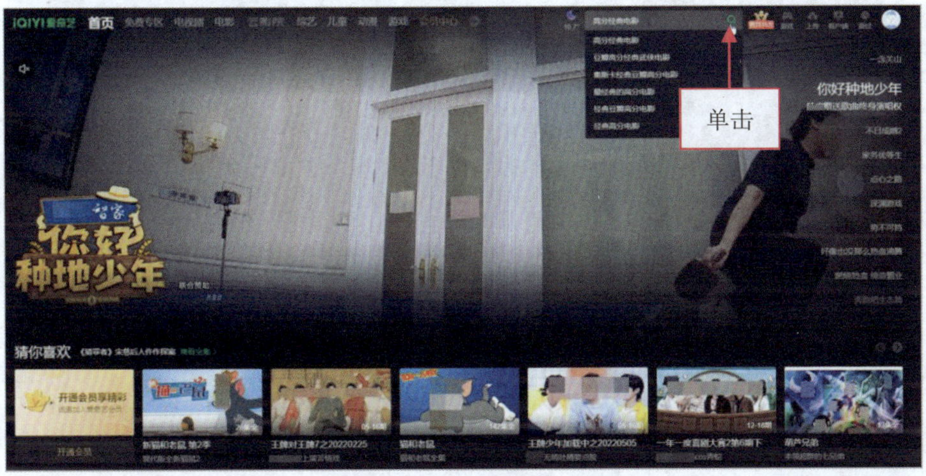

图 2-37　单击按钮

Step 03 执行操作后，即可检索到与“高分经典电影”相关的信息，单击想要查看的电影的海报，如图 2-38 所示。

图 2-38　单击想要查看的电影的海报

Step 04 执行操作后，即可跳转至对应网页，观看所选的电影，如图 2-39 所示。

▶ 专家指点

在很多网站和软件中，查看视频内容需要登录账号并开通会员，否则有的视频可能无法查看，或者只能试看几分钟。对此，用户可以根据自身需求决定接下来的操作，如果一定要在该网站或软件中查看这个视频，就可登录账号并开通会员；如果可以去其他网站或软件看，或者这个视频也可不看，那么就没必要登录账号、开通会员。

图 2-39　观看所选的电影

2．通过他人推荐获取检索途径

当需要检索某些信息，但是却不知道去哪里检索时，可以询问一下周围的人。周围人可能会根据自身的经验给用户推荐一些检索途径，此时便可以使用这些推荐的检索途径来查找信息。通常来说，他人推荐的检索途径都是经过了验证的，因此相对可靠。

3．通过自身积累获取检索途径

每个人在日常的生活和工作中，都会积累一些经验。在检索信息时，很多人都会根据自己的经验，选择经常使用的途径检索信息。例如，如果经常使用腾讯视频观看视频信息，那么就会将腾讯视频作为首要的视频检索途径。

2.4.3　网络信息检索的求助方法

当不清楚如何在网络中检索到自己所需的信息时，可以主动进行求助。下面讲解网络信息检索的常见求助方式。

1．向内容创作者求助

内容创作者既然能够将相关内容创作出来，就说明他能找到对应的信息。因此，当无法检索到某方面的信息，但却看到内容创作者发布的内容中包含了这些信息时，便可以想办法联系内容创作者，并寻求其帮助。例如，当看到购买的图书中出现了自己检索不到的信息时，可以通过图书上提供的联系方式（如微信二维码、邮箱）向图书的作者求助。

2．向公共咨询站点求助

公共咨询站点是提供给公众的在线平台，用于获取信息、提出并解决问题、寻求建议和参与社区讨论等。这些站点通常由政府、非营利组织、社区团体或其他相关实体管理。常见的公共咨询站点包括政府公共服务门户、教育咨询站点、法律援助和法律咨询站点等。可以根据要检索的信息查找公共咨询站点，并咨询如何进行检索。

3．向论坛或问答社区求助

网络上有各种论坛、贴吧和问答社区，可以将自己想要检索的信息变成问题，然后通过这些平台向他人求助。下面以百度贴吧为例，介绍向论坛或问答社区求助的具体操作方法。

向论坛或问答社区求助

Step 01 进入百度贴吧的官网默认页面，在搜索框中输入要检索的信息所属的类别，例如要检索关于小说的信息，只需输入“小说”即可，在搜索框下方的列表框中，选择对应的贴吧，如图 2-40 所示。

Step 02 执行操作，即可进入对应的贴吧，单击右侧的“发贴”按钮，如图 2-41 所示，将自己要检索的信息作为贴子进行发布。

图 2-40　选择对应的贴吧

图 2-41　单击“发贴”按钮

Step 03 执行操作后，会弹出发贴面板，在该面板中输入要检索的信息，单击“发表”按钮，如图 2-42 所示。

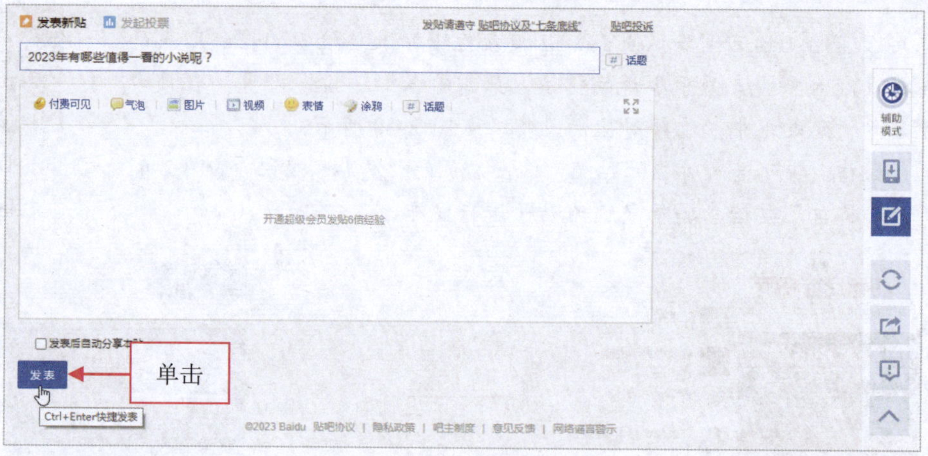

图 2-42　单击“发表”按钮

Step 04 执行操作后，如果显示“发表成功”，就说明贴子发布成功了，如图 2-43 所示。此时，便通过发表贴子发布了求助信息，只需等待贴吧成员的回复，即可获得想要检索的信息。

图 2-43　贴子发布成功

2.4.4　国外网站和资料信息的查找技巧

与国内的信息不同，国外网站和资料等信息可能不那么容易被找到。那么，如何才能更好地找到国外网站和资料信息呢？下面介绍几种实用的技巧。

1．使用国际版的域名

中国国内将“.cn”作为国家顶级域名，使用该域名可能只能检索到国内发布的信息。如果要检索国外的网站和资料，可以将域名调整为国际版的域名（如“.com”“.org”“.net”），这样更容易检索到国外的信息。

2．选择合适的检索语言

国内的信息以汉语为主，而国外的信息则可能会以信息发布者的常用语言为主。这一点很好理解，很多信息就是为了让懂本国语言的人看的。如果擅长多种语言，就可以尝试使用不同语言进行检索，这样可能会获得更多国外的信息。

3．使用国际化的搜索引擎

国内的搜索引擎主要是为本国人民提供服务的，其中包含的国外网站和资料信息可能不是很多。而利用谷歌（Google）和必应（Bing）等国际化的搜索引擎，则可以更好地检索到国际范围内的信息。下面以谷歌引擎为例，介绍进入国外网站的操作方法。

使用国际化的搜索引擎

Step 01 进入谷歌搜索引擎的默认页面，在搜索框中输入检索词，如输入 ChatGPT，如图 2-44 所示。

图 2-44　输入 ChatGPT

Step 02 按【Enter】键确认，即可检索到与 ChatGPT 相关的信息，单击 ChatGPT 官网对应的链接，如图 2-45 所示。

图 2-45　单击 ChatGPT 官网对应的链接

Step 03 执行操作后，即可进入 ChatGPT 的官网默认页面，如图 2-46 所示。

图 2-46　进入 ChatGPT 的官网默认页面

本章小结

本章主要介绍了网络信息资源检索的相关知识，包括网络信息资源的基础知识、网络信息资源的检索工具、常见网络信息资源的检索和网络信息资源的检索技巧。希望通过本章的学习，读者能够熟练掌握网络信息资源检索的基础知识和操作技巧。

课后习题

课后习题 1　　课后习题 2

鉴于本章知识的重要性，本节将通过课后习题，帮助读者进行简单的知识回顾和补充，以便读者更好地掌握所学知识。

1．使用搜索引擎查找“摄影构图”的相关信息，效果如图 2-47 所示。

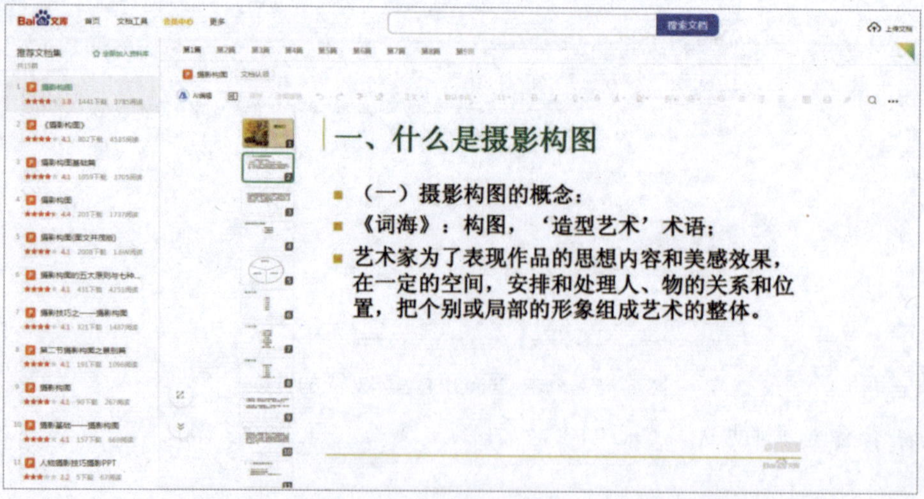

图 2-47　使用搜索引擎查找“摄影构图”的相关信息

2．在腾讯课堂中检索“小学语文”的相关课程，效果如图 2-48 所示。

图 2-48　在腾讯课堂中检索“小学语文”的相关课程

第 3 章
图书馆信息资源检索

图书馆中提供了丰富的信息资源，人们不仅可以通过实体的图书馆检索信息，还可以通过线上的图书馆检索信息。本章将主要讲解图书馆信息检索资源的相关知识，帮助读者更好地检索到所需的信息。

本章重点

- 图书馆信息资源的基础知识
- 图书馆信息资源的检索技巧
- 图书馆发现系统的基础知识

思政目标

- 认真搭建教育渠道，利用图书馆信息资源对学生进行正确的引导
- 树立核心价值观，通过图书信息资源让学生更好地接受思想熏陶

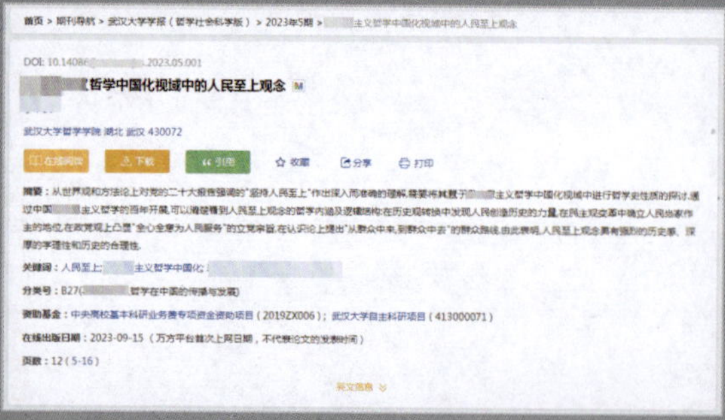

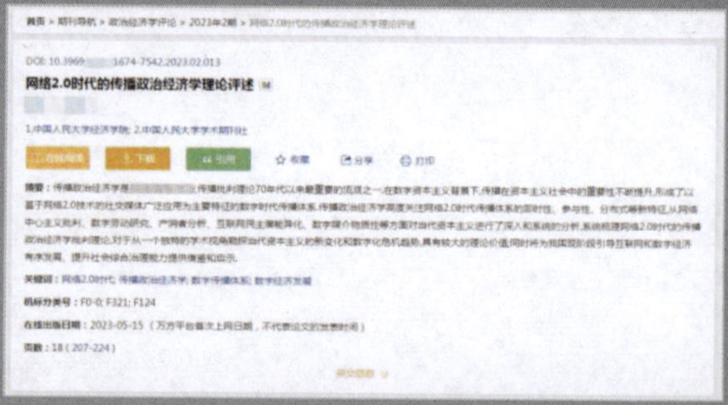

3.1　图书馆信息资源的基础知识

在正式通过图书馆检索信息之前，需要对图书馆的基础知识有所了解。本节将介绍图书馆的基础知识，帮助读者快速增加相关的认知。

3.1.1　图书馆的概念

图书馆的概念

图书馆是一种集中收藏、保管、管理和借阅图书、期刊、报纸、音像资料等各类文献信息资源的公共机构。图书馆的主要目标是为社会提供广泛的知识服务，促进学术研究、教育和文化传承。图书馆作为一个重要的文献信息机构，发挥着知识传承、文化促进、学术支持等多重作用，是社会学术和文化生活中不可或缺的组成部分。

3.1.2　图书馆的功能和服务

图书馆的功能和服务

图书馆具有多种功能和服务，旨在为用户提供广泛的信息资源、学术支持和文化活动。下面就来介绍图书馆的主要功能和主要服务。

1．图书馆的主要功能

图书馆具有多种主要功能，其目的是为用户提供广泛的信息资源，支持学术研究、教育和社会文化的发展。图 3-1 为图书馆的主要功能。

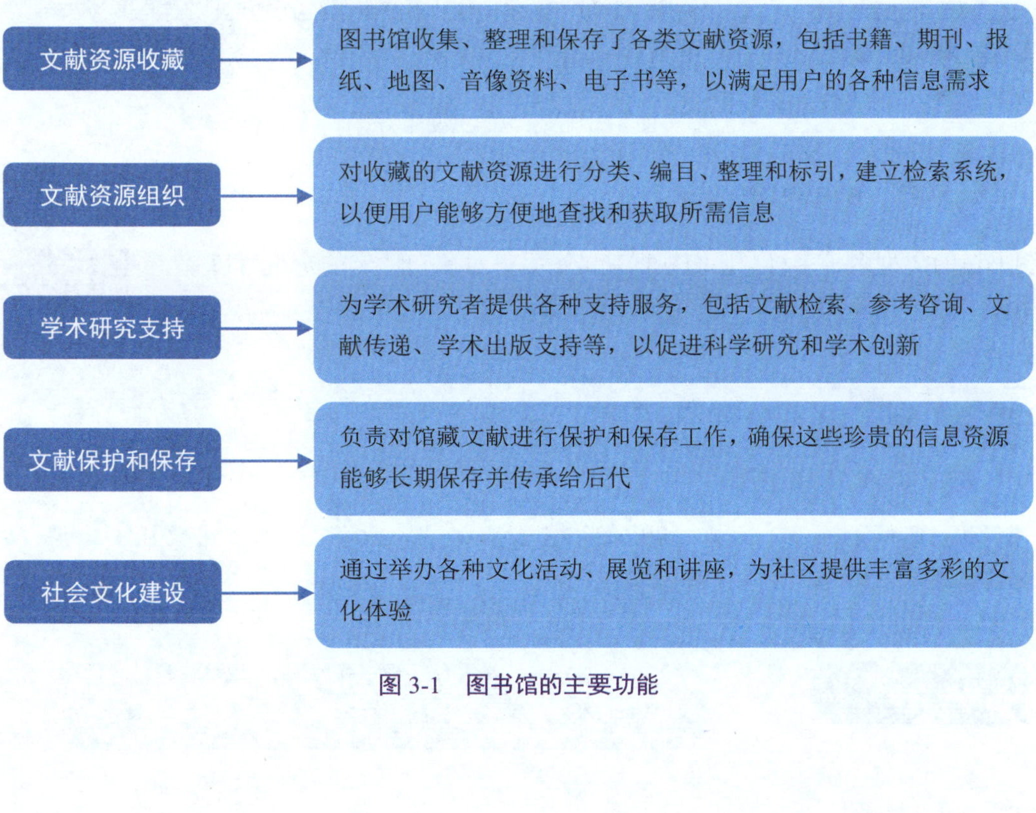

图 3-1　图书馆的主要功能

2．图书馆的主要服务

图书馆提供了多种服务，旨在满足用户的信息需求、支持学术研究和促进文化交流。图 3-2 为图书馆的主要服务。

- 借阅服务 → 用户可以借阅馆内的书籍、期刊、报纸、音像资料等文献资源，用于学术研究、个人阅读和娱乐
- 阅览服务 → 提供阅览区域，用户可以在馆内阅读图书馆的文献资源，进行学术研究或临时查阅资料
- 数字化服务 → 提供数字图书馆服务，包括电子书籍、在线期刊、数字档案等数字化信息资源，方便用户远程访问
- 参考咨询服务 → 图书馆员提供参考咨询服务，帮助用户找到所需的信息资源，解答疑问并提供信息检索支持
- 文化传承服务 → 保存和保护馆藏的文献资源，确保这些珍贵的信息资源能够长期保存并传承给后代
- 文献检索服务 → 建立文献检索系统，帮助用户快速准确地找到所需的信息资源，包括书目检索、期刊检索、数据库检索等

图 3-2　图书馆的主要服务

3.1.3　图书馆的常见类型

图书馆的常见类型

图书馆的类型多种多样，它们根据功能、服务对象和特定的定位可以分为不同的类型。图 3-3 为图书馆的常见类型。

- 公共图书馆 → 面向公众开放，为社区居民提供广泛的文献资源，旨在满足大众的学术、娱乐和信息需求
- 学校图书馆 → 为学校内师生提供服务，主要收藏与教学科研相关的图书、期刊和其他学术资料
- 儿童图书馆 → 专为儿童设立，收藏适合儿童阅读的图书、游戏和教育资料，通过举办活动来培养儿童的阅读兴趣

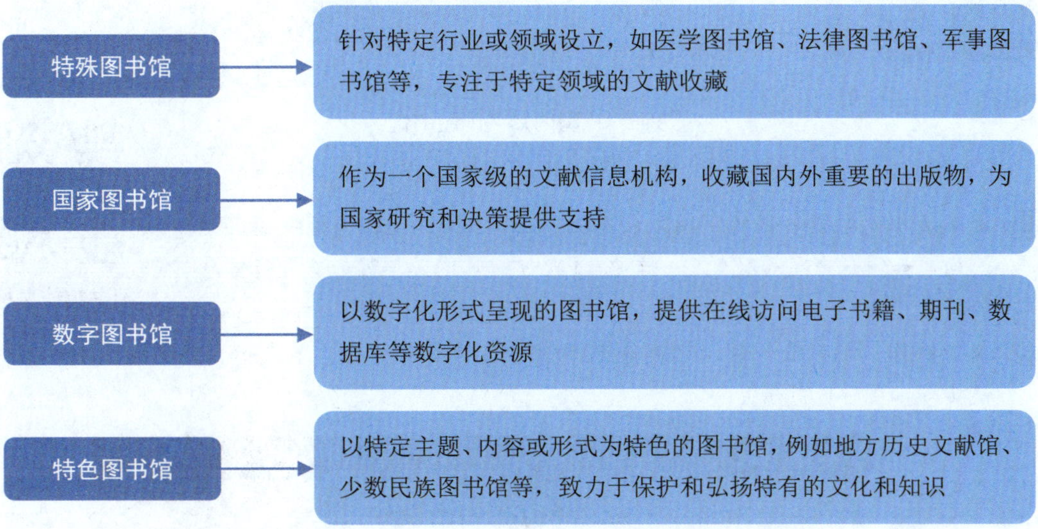

图 3-3　图书馆的常见类型

3.1.4　国内知名的图书馆

国内有许多图书馆，下面将主要介绍一些比较知名的图书馆，如图 3-4 所示。

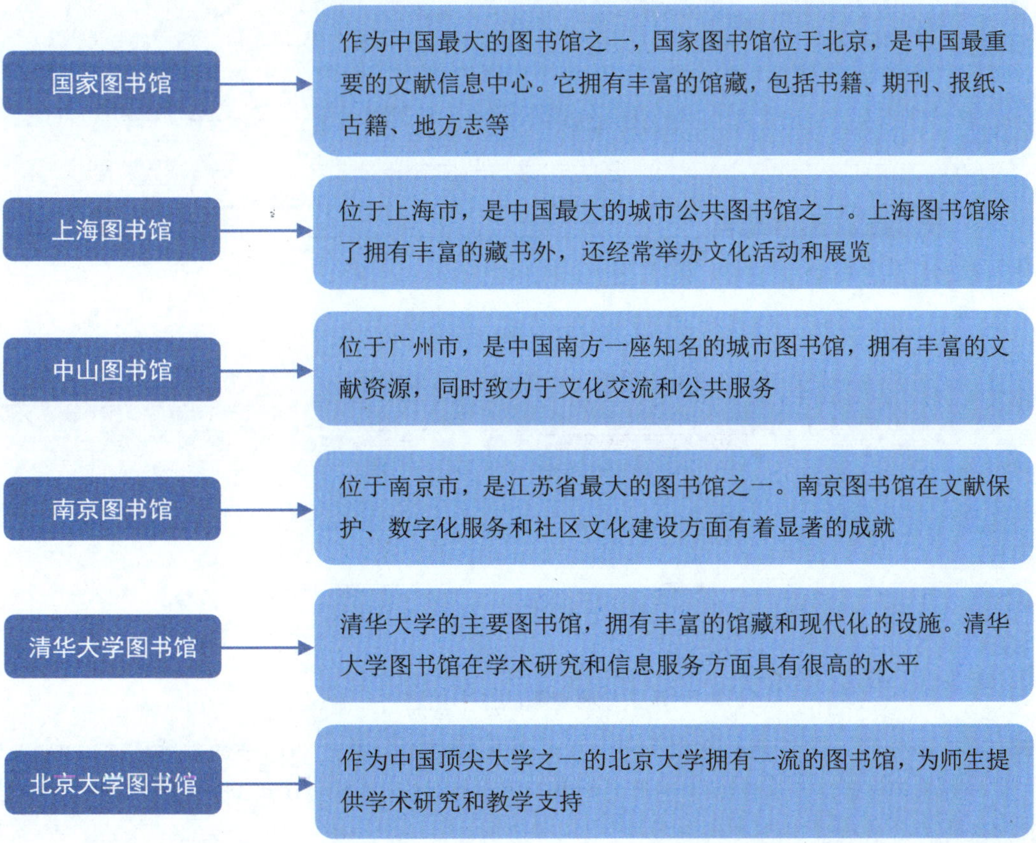

复旦大学图书馆 → 作为复旦大学的主要图书馆，提供丰富的文献资源和数字化服务，支持学校的学术研究和教学

图 3-4　国内知名的图书馆

下面以清华大学图书馆为例，讲解图书馆信息检索的具体操作方法。

图书馆信息检索

Step 01 进入清华大学图书馆的官网默认页面，在对应板块的搜索框中输入检索词，如输入“高等数学”，单击 按钮，如图 3-5 所示，进行信息的检索。

Step 02 执行操作，即可检索到与“高等数学”相关的图书信息，单击想要查看的图书信息对应的链接，如图 3-6 所示。

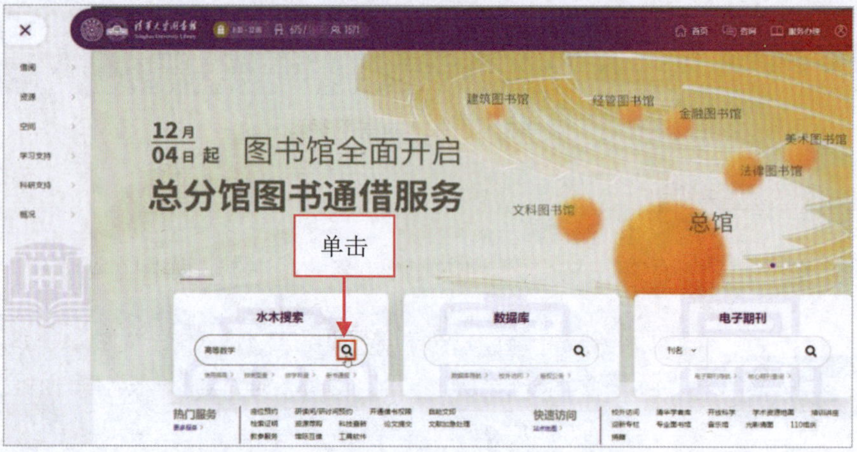

图 3-5　单击 按钮

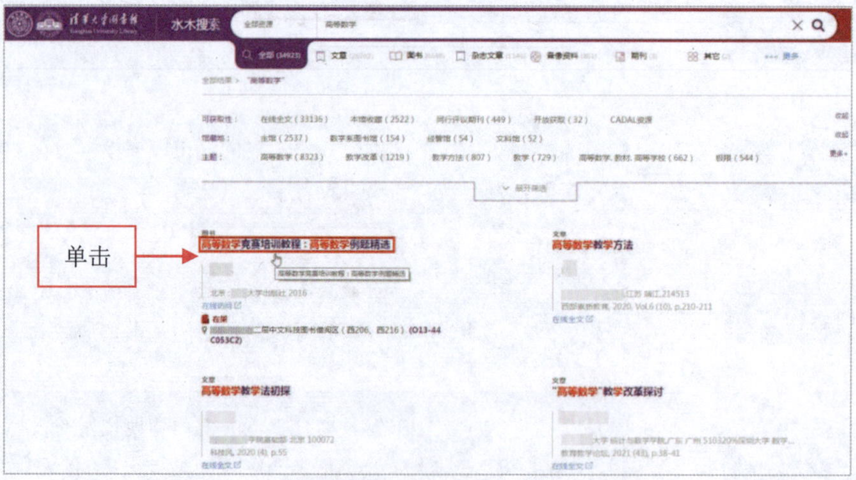

图 3-6　单击想要查看的图书信息对应的链接

Step 03 执行操作后，即可进入对应页面，查看图书的详细信息，如图书的位置、主题和描述等，如图 3-7 所示。可以根据这些信息判断这本图书自己是否需要用到，如果需要用到，还可以根据图书的位置进行查找。

图 3-7　查看图书的详细信息

3.1.5　国外知名的图书馆

世界各地有许多知名的图书馆，它们不仅拥有丰富的馆藏，还在学术研究、文化传承和公共服务等方面发挥着重要作用。图 3-8 为国外知名的图书馆。

国外知名的图书馆

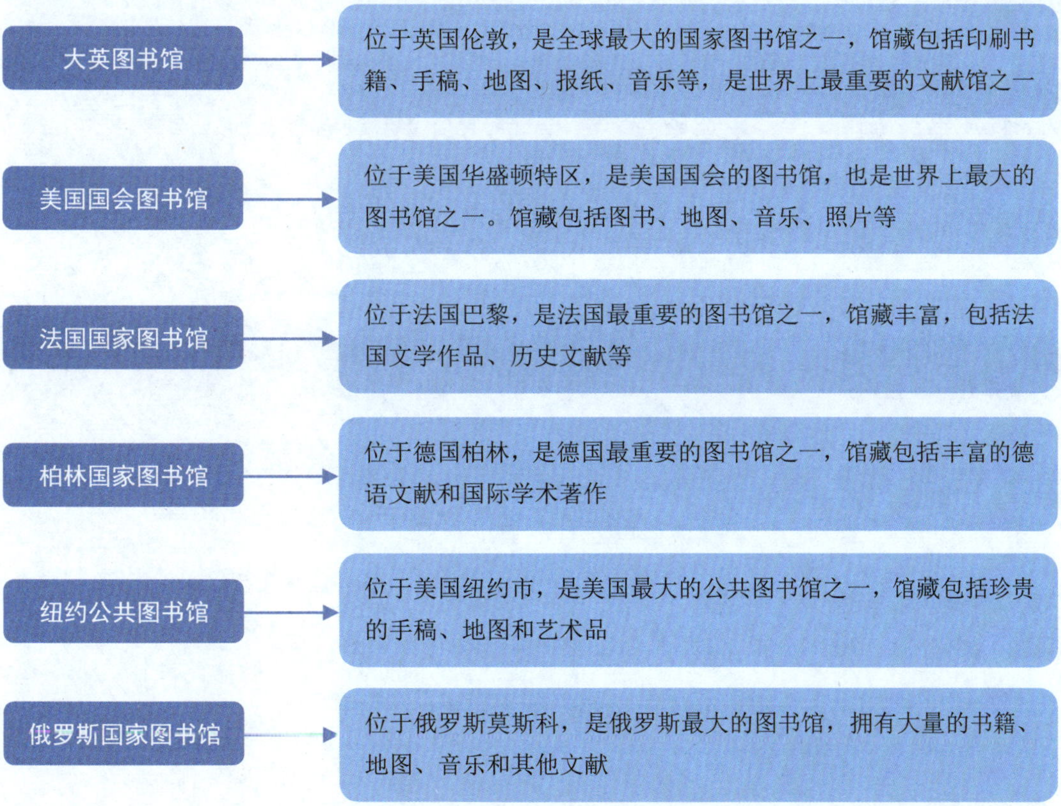

图 3-8　国外知名的图书馆

3.2 图书馆信息资源的检索技巧

图书馆信息检索是为了找到特定主题的书籍、期刊、文章等信息。如果能够掌握一些检索技巧，就会更容易找到想要的信息。本节将主要介绍图书馆信息的检索技巧。

图书馆线下实地检索

3.2.1 图书馆线下实地检索

图书馆线下实地检索是指在图书馆实际场地进行检索，找到需要的书籍、期刊、资料等。图书馆线下实地检索的的技巧如图 3-9 所示。

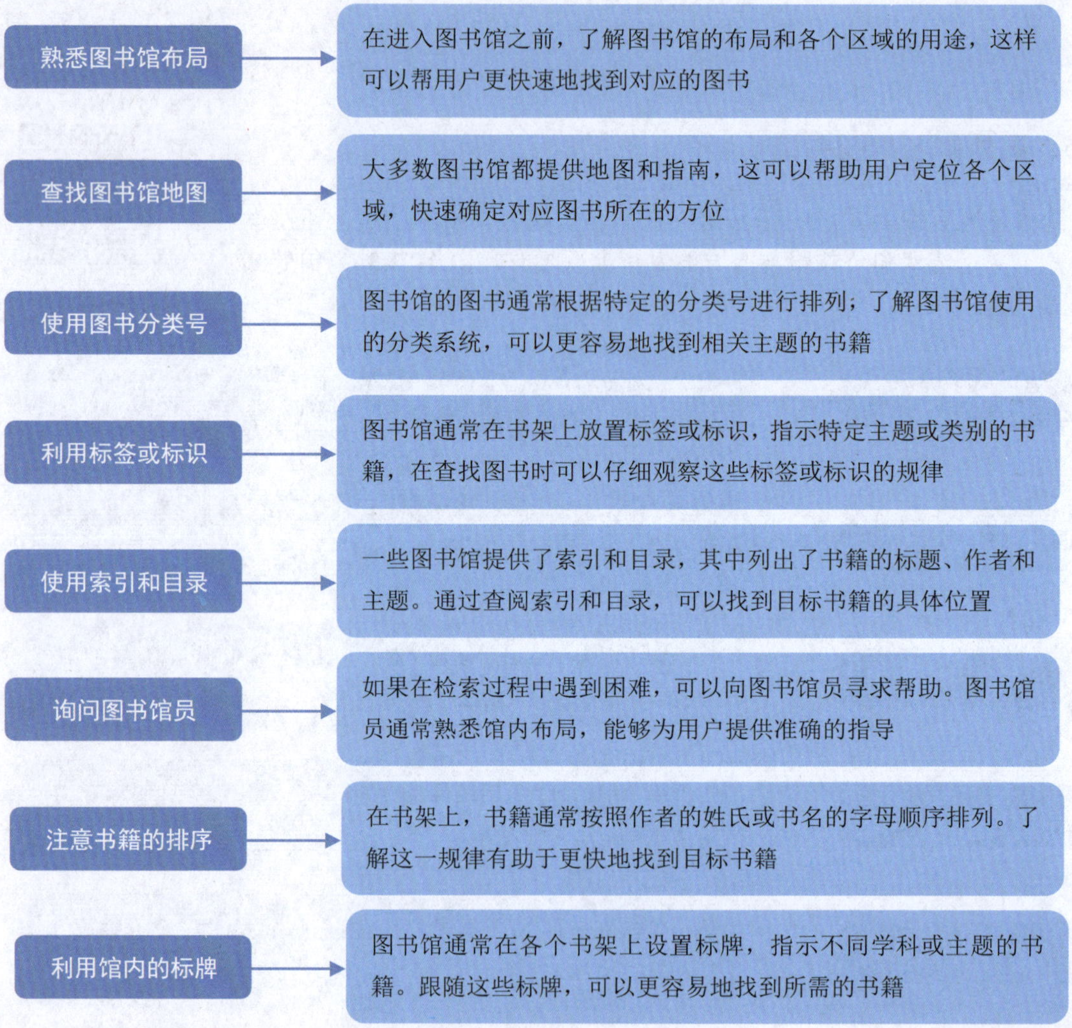

图 3-9 图书馆线下实地检索的的技巧

3.2.2　图书馆馆藏目录检索

图书馆馆藏目录检索

图书馆馆藏目录检索是指在图书馆的馆藏目录中寻找特定书籍、期刊或其他文献资源的过程。下面以复旦大学图书馆为例，讲解图书馆馆藏目录检索的具体操作方法。

Step 01 进入复旦大学图书馆的官网默认页面，切换至“馆藏目录”选项卡，单击“馆藏目录”链接，如图 3-10 所示，找到复旦大学图书馆的馆藏目录。

Step 02 执行操作，进入“复旦大学图书馆 馆藏书刊检索”页面，单击“所有字段”按钮，在弹出的列表框中，选择要检索内容所属字段的对应选择，如选择“题名关键词”选项，如图 3-11 所示。

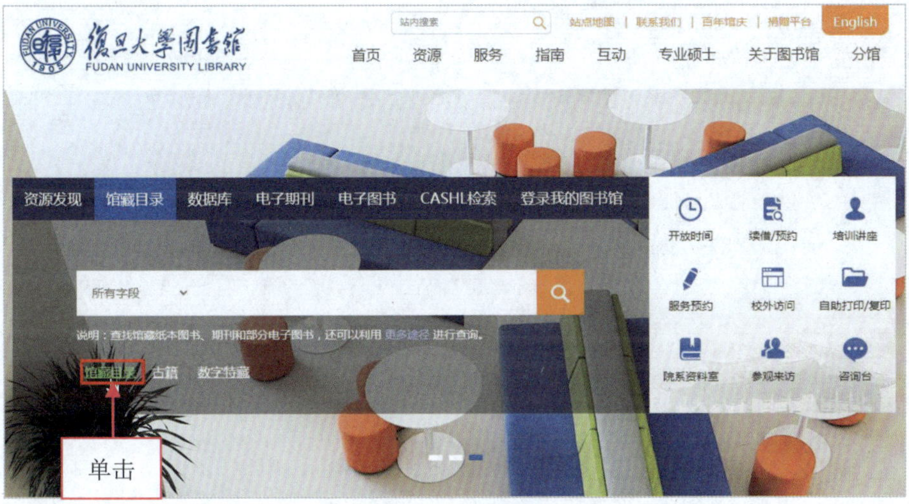

图 3-10　单击“馆藏目录”链接

图 3-11　选择“题名关键词”选项

Step 03 执行操作后，在搜索框中输入检索词，如输入“新闻传播”，如图 3-12 所示，按【Enter】键进行信息的检索。

Step 04 执行操作后，即可检索到与“新闻传播”相关的图书信息，单击想要查看的图书信息对应的链接，如图 3-13 所示。

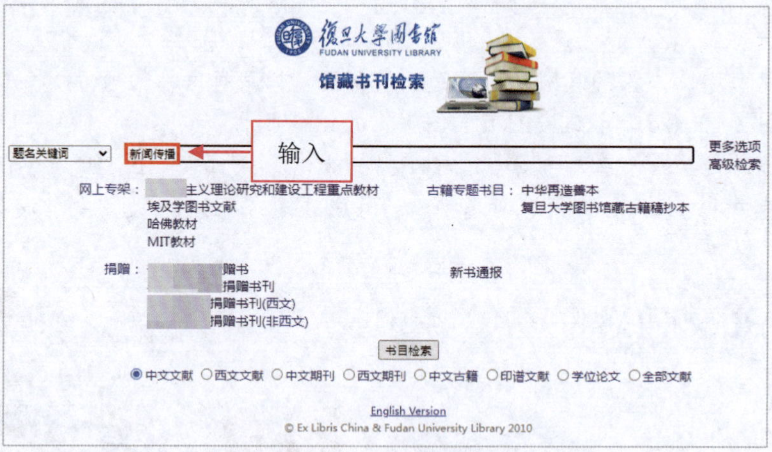

图 3-12　输入“新闻传播”

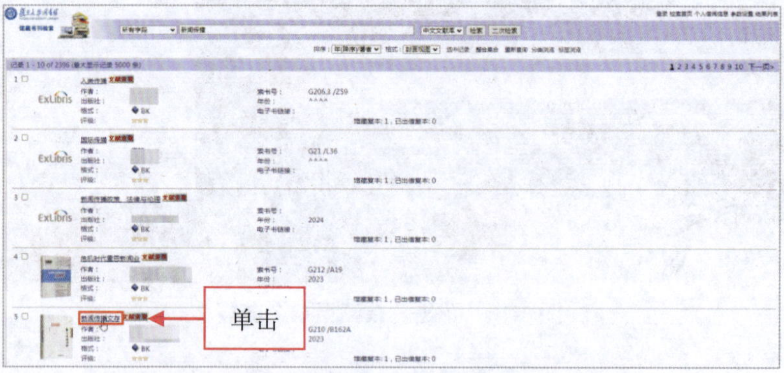

图 3-13　单击想要查看的图书信息对应的链接

Step 05 执行操作后，即可进入对应页面，查看图书的相关信息，如出版发行、索书号、内容简介、图书目录、作者简介等，如图 3-14 所示。可以根据这些信息判断这本图书自己是否需要用到，如果需要用到，还可以根据索书号快速找到该图书。

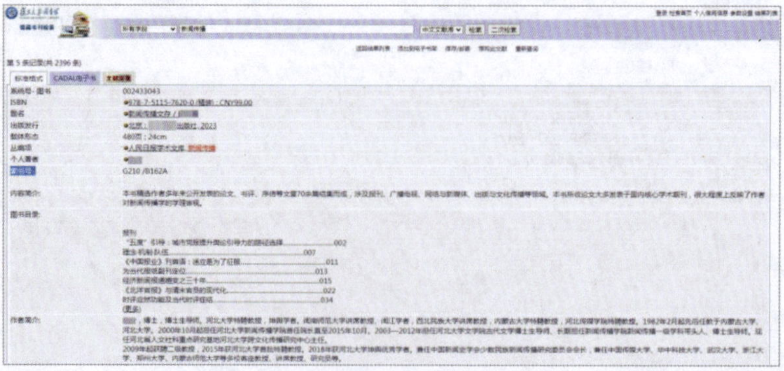

图 3-14　查看图书的相关信息

3.2.3　图书馆站内信息检索

图书馆站内信息检索

信息检索

图书馆站内信息检索，就是通过图书馆线上平台的检索功能，查找平台内的图书信息。下面以上海图书馆为例，讲解图书馆站内信息检索的具体操作方法。

Step 01 进入上海图书馆的官网默认页面，在搜索框中输入检索词，如输入“播音主持”，单击右侧的按钮，如图 3-15 所示。

图 3-15　单击右侧按钮

Step 02 执行操作，即可检索到与“播音主持”相关的图书信息，单击想要查看的图书对应的链接，如图 3-16 所示。

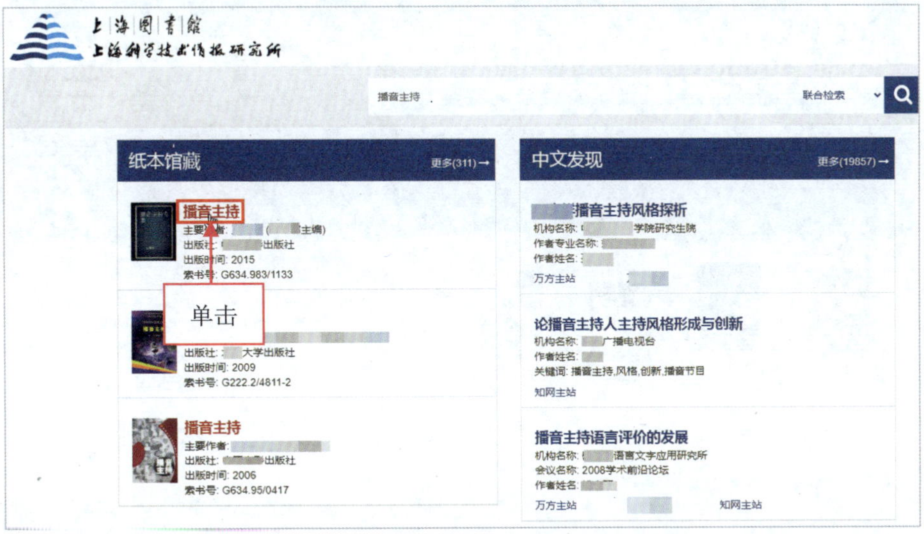

图 3-16　单击想要查看的图书对应的链接

Step 03 执行操作后，即可进入对应页面，查看图书的相关信息，如丛书名、主题、索书号和附注内容等，如图 3-17 所示。

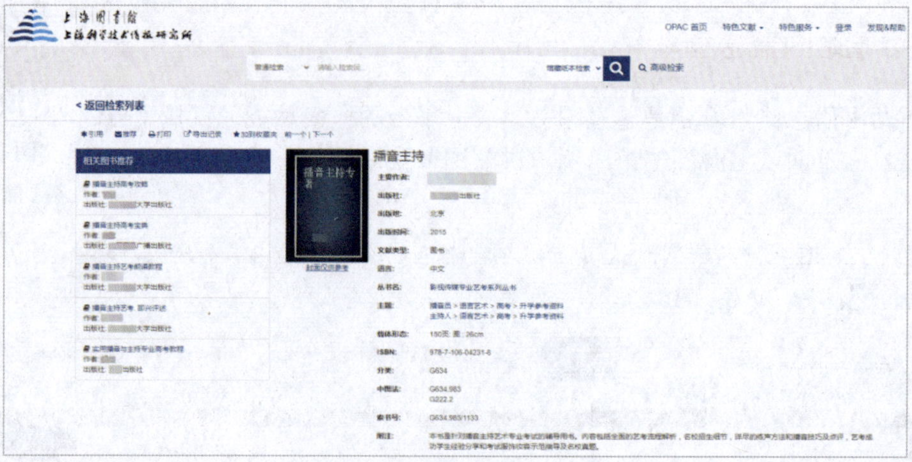

图 3-17　查看图书的相关信息

3.2.4　图书馆联合目录检索

图书馆联合目录检索通常涉及多个图书馆的合作，使用户能够在不同图书馆的馆藏中检索并访问信息。通过使用图书馆联合目录检索系统，可以访问不同图书馆的馆藏，为用户的研究提供更多资源。下面以 CALIS 联合目录公共检索系统为例，讲解图书馆联合目录检索的具体操作方法。

图书馆联合目录检索

Step 01 进入 CALIS 联合目录公共检索系统的官网默认页面，在搜索框中输入检索词，如输入“广告设计”，单击“检索”按钮，如图 3-18 所示。

图 3-18　单击“检索”按钮

Step 02 执行操作，即可检索到与“广告设计”相关的图书信息，单击想要查看的图书对应的链接，如图 3-19 所示。

▶ 专家指点

CALIS（China Academic Library & Information System 的缩写，中国高等教育文献保障系统）联合目录公共检索是一个图书馆资源联合检索服务，旨在整合各个高校图书馆的馆藏信息，使用户可以在多个高校图书馆的馆藏中进行联合检索。

图 3-19　单击想要查看的图书对应的链接

Step 03 执行操作后，即可进入对应页面，查看图书的相关信息，如图 3-20 所示。

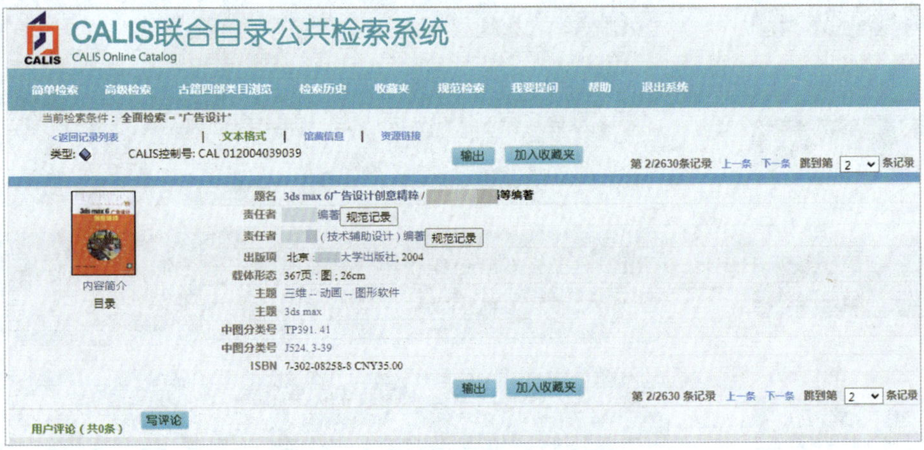

图 3-20　查看图书的相关信息

3.3　图书馆发现系统的基础知识

近年来，国内外都出现了一些图书馆发现系统，许多人开始借助这些发现系统来检索信息。本节将主要讲解图书馆发现系统的基础知识，帮助读者更好地查找所需的信息。

3.3.1 图书馆发现系统的概念

图书馆发现系统的概念

图书馆发现系统是一种集成多种图书馆资源、方便用户检索、查找和访问信息的系统。它的设计目标是简化用户对图书馆藏书、电子资源、学术数据库等多种信息资源的检索过程，提供一个集中化的平台，使用户能够更便捷地找到所需的文献和资料。

图书馆发现系统的使用有助于提高图书馆资源的利用率，为用户提供更便捷的检索和访问体验。系统的具体特点和功能可能因图书馆而异。

3.3.2 图书馆发现系统的特点

图书馆发现系统的特点

图书馆发现系统是为了更方便、更有效地让用户访问和利用图书馆资源而设计的一种系统，其主要特点如图 3-21 所示。

综合检索	提供全面的检索功能，用户可以通过关键词、作者、题名等多种方式检索图书馆馆藏、电子资源、学术数据库等多种信息
多语言支持	为了适应不同用户的语言需求，一些系统提供多语言支持，使用户能够以其首选语言使用系统
协助馆员的工作	图书馆发现系统提供的管理工具，能够协助图书馆馆员了解用户需求、管理馆藏和监测系统性能，以更好地满足用户的信息需求
跨平台访问	支持多平台访问，用户可以通过网页浏览器、移动应用等设备访问系统，提高了灵活性和便捷性
友好的页面设计	很多图书馆发现系统使用的是简洁、直观的用户页面，使用户能够轻松了解系统的功能，快速地进行信息的检索
即时反馈和帮助	很多图书馆发现系统都提供即时的用户反馈和帮助功能，让用户在使用过程中能够获得支持，及时解决问题
推荐和相关性排序	图书馆发现系统会根据用户的检索历史、借阅历史和兴趣，提供个性化的资源推荐，并使用相关性排序算法优化检索结果
开放式架构和集成	有的图书馆系统具有开放式的架构，支持与其他系统的集成，使图书馆能够更好地整合各种信息资源和服务

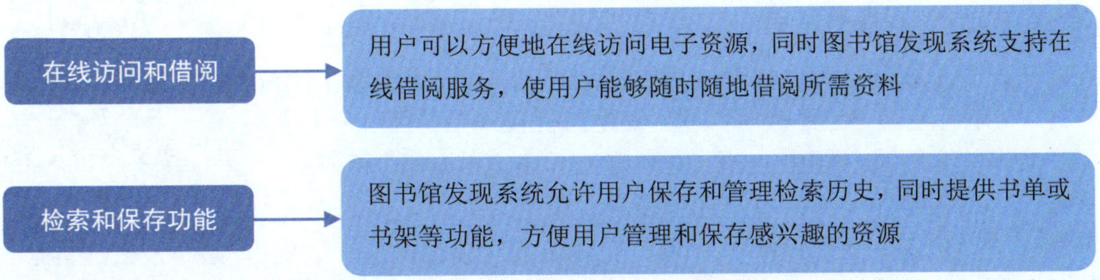

图 3-21　图书馆发现系统的主要特点

3.3.3　常用的中文图书馆发现系统

中文图书馆发现系统是为了帮助用户更方便地检索和访问图书馆馆藏、电子资源等信息而设计的系统。下面介绍常用的中文图书馆发现系统。

1．超星数字图书馆

超星数字图书馆是中国知网旗下的数字资源平台，提供了丰富的数字化学术资源，包括图书、期刊、学位论文、会议论文等。超星数字图书馆是中国知网在数字图书馆领域的重要平台之一，为用户提供了广泛而深入的学术资源，支持了学术研究和学习。

2．方正数字图书馆

方正数字图书馆是由中国方正集团推出的数字资源平台，提供了大量数字化的学术资源，包括数字图书、学术期刊、报纸等。方正数字图书馆为用户提供了一个全面的数字化学术资源平台，支持了学术研究和学习的需求。用户可以在这个平台上方便地获取各类学术资料，促进了信息的传播和共享。

3．中文万维网学术搜索

中文万维网学术搜索是中文万维网推出的学术搜索引擎，专注于提供全面而便捷的中文学术资源检索服务。该搜索引擎涵盖了丰富的学术文献，包括学术论文、图书、期刊等多种资源，为用户提供了一个集中获取中文学术信息的平台。通过简单而高效的检索功能，用户能够快速找到相关文献并满足其学术研究和信息获取的需求。

中文万维网学术搜索的优势在于其面向中文学术领域的深度覆盖，为用户提供了一个方便、快捷的工具，以支持他们在各个学科领域的学术探索和研究活动。

4．万方数据知识服务平台

万方数据知识服务平台汇聚了丰富的中文学术资源，包括学术期刊、学位论文、会议论文、报纸、专利等，涵盖自然科学、工程技术、医学、社会科学、人文科学等多个学科领域。该平台通过高效的检索功能为用户提供便捷的学术资源获取途径，同时支持在线阅读和下载服务，满足用户在多领域研究中的信息需求。

个性化服务如个人书架、检索历史记录等功能以及知识服务如文献导航、学术问答，进一步帮助用户更好地利用学术资源。用户可以通过网页浏览器或移动应用程序，在不同设备上方便地访问平台，体验灵活便捷的知识服务。

5. 智立方知识资源服务平台

智立方知识资源服务平台以整合文献数据为基础，通过运用数据挖掘、大数据分析、文献计量、对象建模等技术，为用户提供高效检索、分面聚类、引文追踪、知识关联图谱、对象构建、对象对比、研究趋势分析等服务。

智立方知识资源服务平台

智立方知识资源服务平台为用户提供多种文献资源的全文获取途径，包括在线下载、文献传递、网络链接等。用户能够通过简单的操作在线阅读或下载相关文献，并支持多种常见的文献题录格式的浏览及导出，以方便用户有效管理个人的知识库。

下面以万方数据知识服务平台为例，讲解中文图书馆发现系统的信息检索操作方法。

Step 01 进入万方数据知识服务平台的官网默认页面，在搜索框中输入检索词，如输入“哲学”，单击“检索”按钮，如图 3-22 所示。

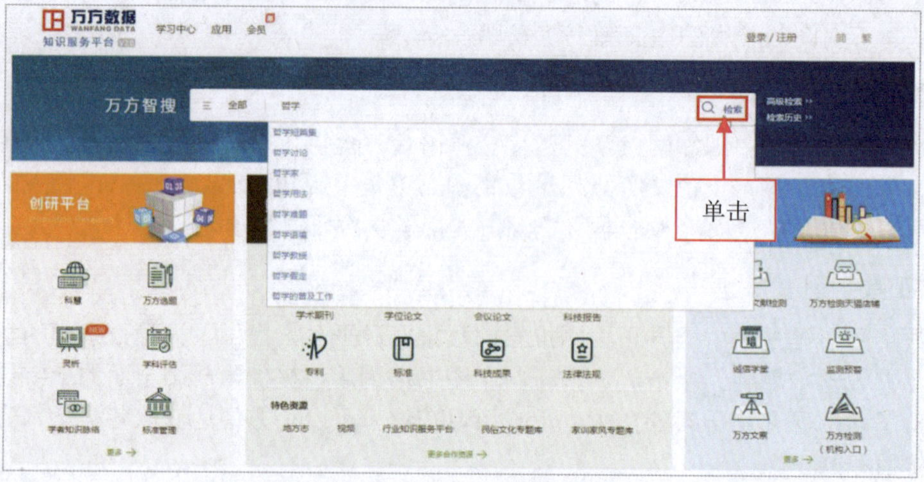

图 3-22　单击“检索”按钮

Step 02 执行操作，即可检索到与“哲学”相关的图书信息，单击想要查看的信息对应的链接，如图 3-23 所示。

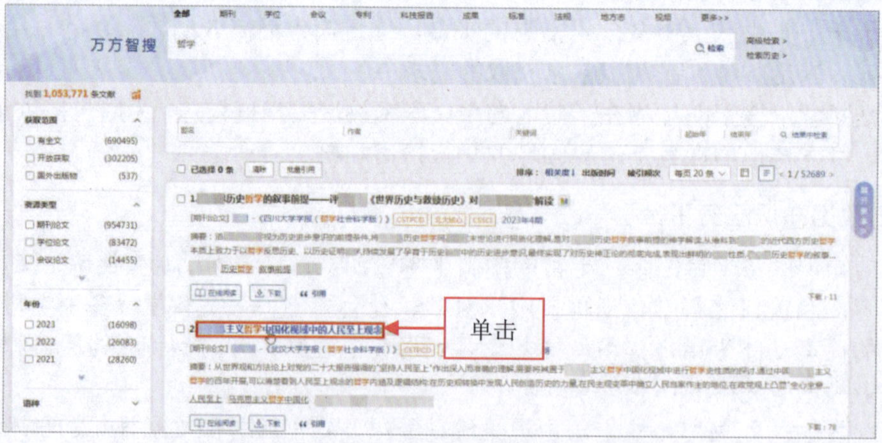

图 3-23　单击想要查看的信息对应的链接

Step 03 执行操作后，即可进入对应页面，查看相关的信息，如图 3-24 所示。

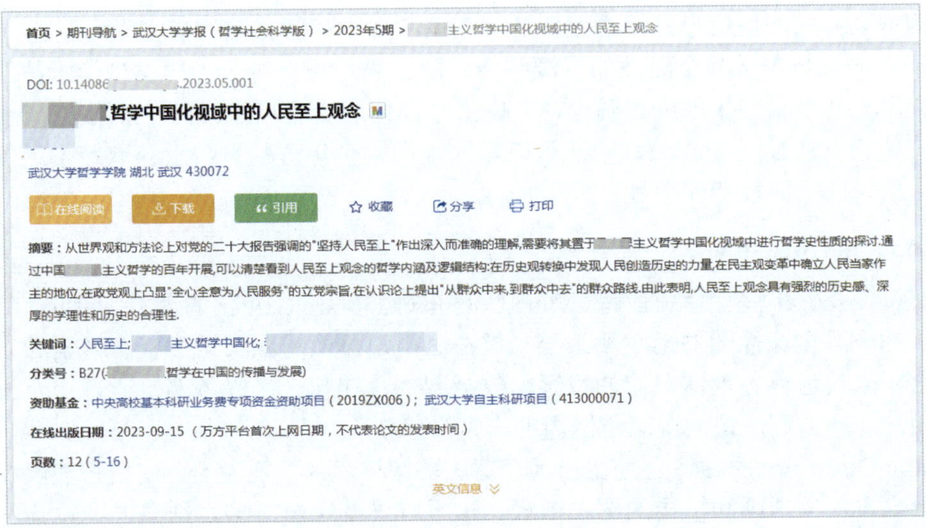

图 3-24　查看相关的信息

3.3.4　常用的外文图书馆发现系统

常用的外文图书馆发现系统

除了中文图书馆发现系统之外，还可以借助外文图书馆发现系统检索信息。下面介绍常用的外文图书馆发现系统。

1．Alma

Alma 是由 Ex Libris 公司推出的一款综合性图书馆服务平台。作为一体化的解决方案，Alma 集成了图书馆发现系统、资源管理和图书馆服务管理等多项功能，旨在为图书馆提供全面而高效的服务。

通过 Alma，图书馆可以实现对图书、期刊、多媒体等各类资源的集中管理和全文检索，帮助用户更轻松地访问和利用馆藏。同时，Alma 还支持一系列工作流程，包括采购、编目、借还管理等，以提高图书馆运营效率。其强大的功能和集成性使得 Alma 成为当代图书馆系统中备受青睐的解决方案之一。

2．Primo

Primo 是由 Ex Libris 公司推出的一款综合性图书馆发现系统，旨在为用户提供便捷的、全面的图书馆资源检索服务。该系统整合了图书、期刊、学位论文、多媒体等多种资源类型，通过用户友好的页面和综合性的检索功能，使用户能够在单一平台上轻松地搜索并访问全球范围内的图书馆资源。

这一综合性发现系统的优势在于其全球资源整合和用户友好的设计，不仅能满足用户在各学科领域的检索需求，还支持对检索结果的个性化管理。通过 Primo，用户可以更直观地发现、筛选和获取他们所需的学术资料，促进了跨学科和跨机构研究的便利性。

3．Summon

Summon 是由 ProQuest 公司推出的一款综合性图书馆发现系统，致力于为用户提供集中式的、跨学科的图书馆资源检索服务。该系统整合了图书、期刊、多媒体等多种资源，通过一个简单直观的搜索界面，使用户能够方便地访问全球各大学和图书馆的丰富学术资料。

Summon 的优势在于其全面性的资源整合，能够满足用户对于不同类型学术信息的需求。该系统支持用户对搜索结果的细致筛选，并提供个性化的功能，如保存检索历史、创建书签等，以提高用户体验。通过 Summon，用户可以轻松地在一个集成的平台上获取跨学科的图书馆资源，促进了信息的全面性和便捷性。

4．WorldCat Discovery

WorldCat Discovery 是由 OCLC（Online Computer Library Center 的缩写，联机计算机图书馆中心）提供的一种全球性图书馆发现系统，旨在为用户提供跨图书馆的资源搜索和访问服务。该系统整合了来自世界各地图书馆的资源，包括图书、期刊、多媒体等，通过一个统一的检索平台，使用户能够方便地访问全球范围内的丰富学术资料。

WorldCat Discovery 的独特之处在于其全球图书馆资源的广泛整合，使用户能够在一个地方搜索和访问来自不同地区和机构的图书馆藏。该系统支持用户对搜索结果的细致筛选，并提供了个性化的功能，如保存检索历史、创建书签等，以满足用户个性化的信息管理需求。通过 WorldCat Discovery，用户可以在跨图书馆的资源世界中更轻松地发现并获取所需的学术信息。

5．EBSCO Discovery Service

EBSCO Discovery Service 是由 EBSCO Information Services 公司提供的综合性图书馆发现系统，旨在为用户提供方便、全面的学术资源检索服务。该系统整合了图书、期刊、学术数据库、多媒体等多种资源类型，通过一个集成的搜索接口，使用户能够轻松地访问全球范围内的丰富学术资料。

EDS 的优势在于其全面性的资源整合和高效的检索功能，使用户能够在一个平台上方便地搜索并获取来自不同领域的学术信息。该系统支持用户对搜索结果进行精细的过滤和排序，并提供了个性化的功能，如保存检索历史、创建书签等，以满足用户个性化的信息管理需求。

本章小结

本章主要介绍了图书馆信息资源检索的相关知识，包括图书馆信息资源的基础知识、图书馆信息资源的检索技巧和图书馆发现系统的基础知识。希望通过本章的学习，读者能够熟练掌握图书馆信息资源检索的基础知识和操作技巧。

课后习题

课后习题 1　　课后习题 2

鉴于本章知识的重要性，本节将通过课后习题，帮助读者进行简单的知识回顾和补充，以便读者更好地掌握所学知识。

1．利用图书馆内信息检索查找“戏剧”的相关信息，效果如图 3-25 所示。

图 3-25　利用图书馆内信息检索查找“戏剧”的相关信息

2．利用图书馆发现系统查找“经济学”的相关信息，效果如图 3-26 所示。

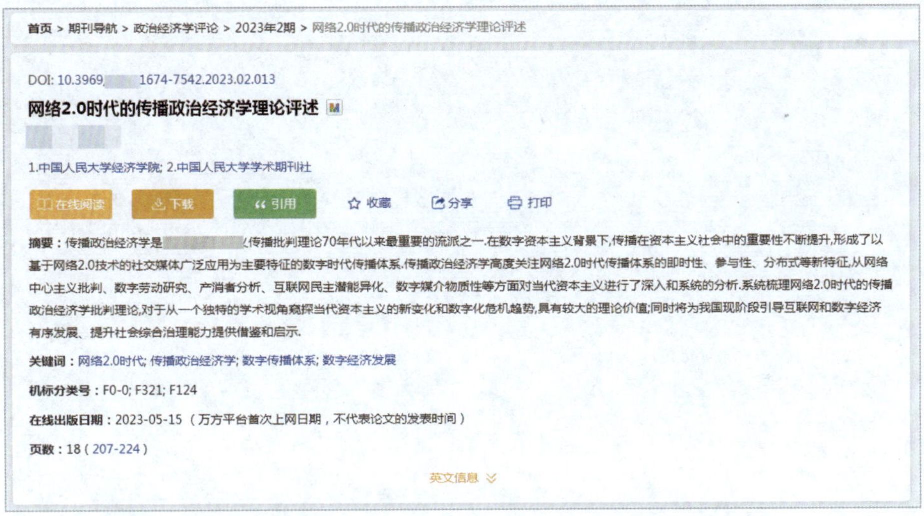

图 3-26　利用图书馆发现系统查找“经济学”的相关信息

第 4 章
数据信息检索

很多人要检索的可能只是某方面的数据，对此，可以根据所需的数据信息进行针对性的检索。本章将主要讲解数据信息检索相关知识，帮助读者更好地检索到所需的数据信息。

本章重点

- 数据信息的基础知识
- 数据信息的检索途径
- 数据信息的检索方法

思政目标

- 培养主人翁意识，让学生在数据信息中看到国内的发展情况
- 促进学生对祖国的认可，在数据信息中展示出国家的迅猛发展

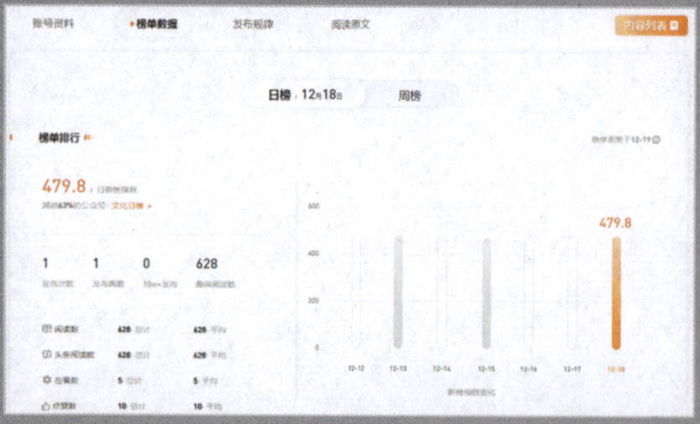

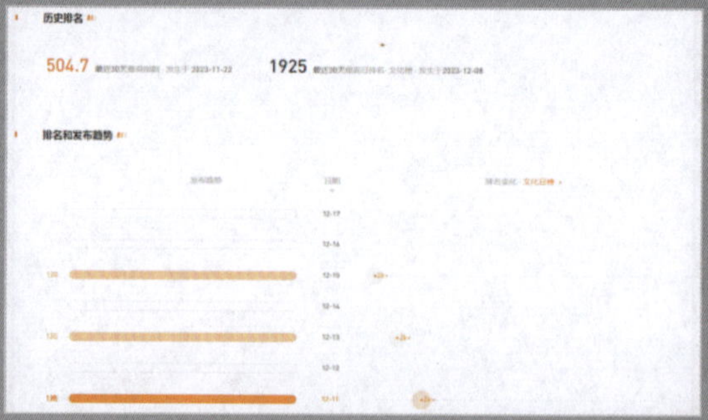

4.1　数据信息的基础知识

很多人对于数据信息的了解都比较有限，对于这些人来说，先了解数据信息的基础知识很有必要。本节讲解数据信息的基础知识，增加读者对数据信息的了解。

4.1.1　数据信息的概念

数据信息的概念

数据信息是指以某种形式呈现的数据，经过处理、分析、组织或解释后具有意义和价值的信息。数据是原始、未加工的事实和数字，而数据信息则是对这些数据进行整合和解释后得到的有用知识。在信息科学和计算机科学领域，数据信息通常包含了对事物、事件或现象的描述，通过加工和分析可以帮助人们更好地理解和利用这些数据。

在信息社会中，数据信息的产生和处理是信息技术、计算机科学、数据科学等领域的重要研究方向。通过有效地处理数据，人们能够从中获取更多的知识、洞察和决策支持，推动科学研究、商业发展和社会进步。

4.1.2　数据信息的特点

数据信息的特点

数据信息具有一些显著的特点，这些特点使其在科学、技术、商业和社会决策等领域中发挥着重要的作用。具体来说，数据信息的主要特点，如图 4-1 所示。

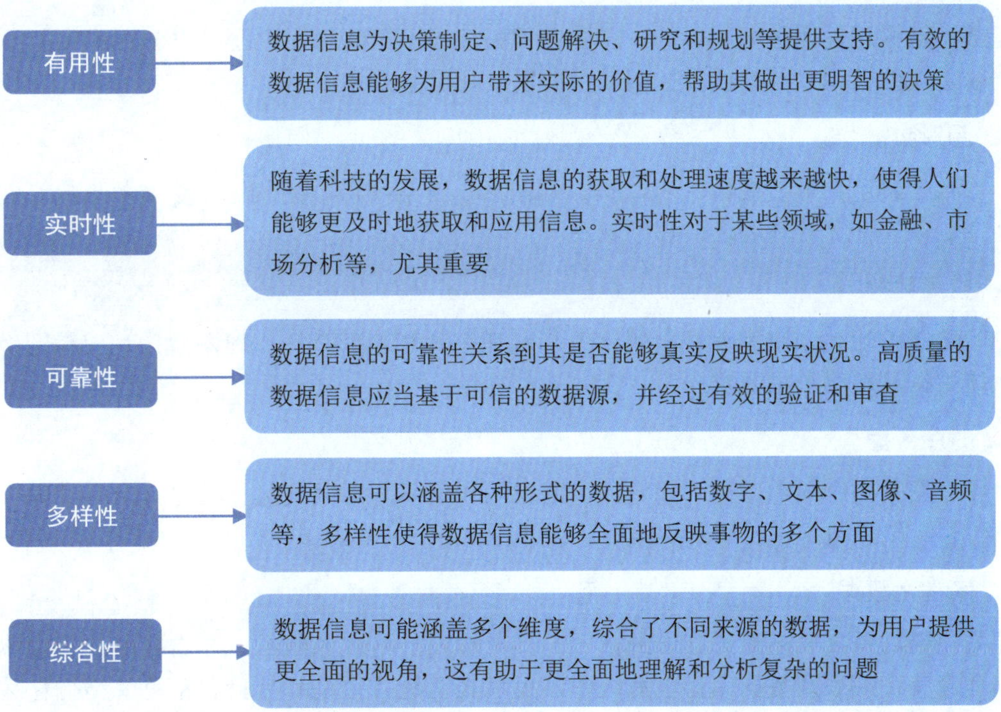

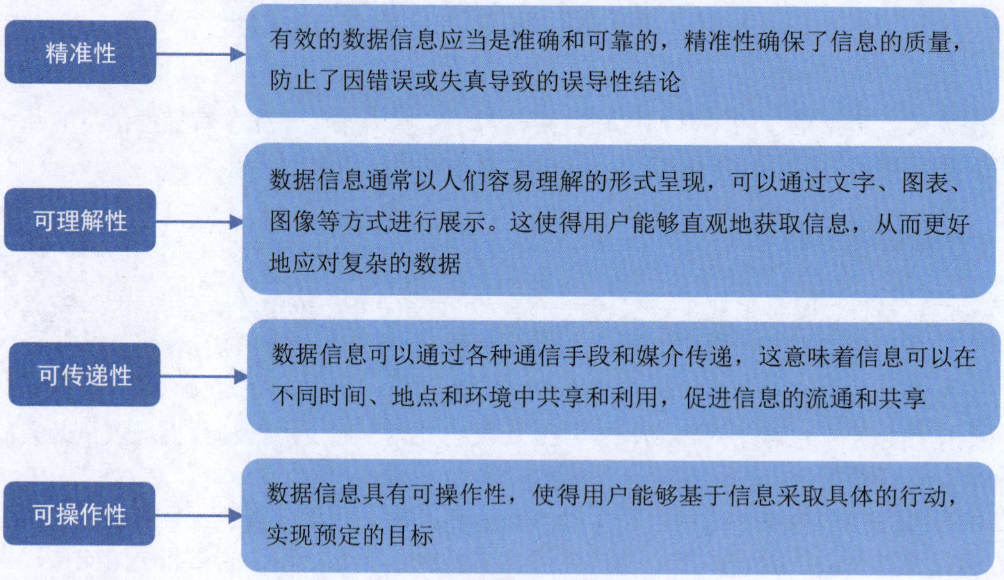

图 4-1　数据信息的主要特点

4.1.3　数据信息的类别

数据信息的类别

数据信息可以根据其性质、用途和处理方式划分为不同的类别。下面介绍一些常见的数据信息类别。

1．元数据

元数据是描述其他数据的数据，它提供了关于数据的信息，如数据的来源、格式、结构等。元数据对于数据管理、数据质量控制和数据发现非常重要。

2．图形数据

图形数据表示图形和图像，可以是二维图形、三维图形、图表等。这类数据广泛应用于设计、地图制作、计算机辅助设计等领域。

3．空间数据

空间数据关注地理空间信息，用于表示地理位置和地理特征。地图数据、卫星图像、地理信息系统数据等都属于空间数据。

4．时序数据

时序数据是按时间顺序排列的数据，通常用于表示随时间变化的信息。常见的时序数据包括股票价格、气象数据、传感器数据等。

5．结构化数据

结构化数据是以表格形式存储的数据，具有清晰的格式和组织，通常存储在数据库中。这类数据适合用于关系型数据库管理系统中，可以轻松进行查询和分析。常见的结构化数据包括表格、数据库记录和电子表格中的数据。

6．非结构化数据

非结构化数据是指没有明确定义数据模型的数据，通常以自由文本、图像、音频、视频等形式存在。这类数据不容易被传统的数据库系统处理，但通过文本挖掘、图像处理等技术可以获取有用的信息。社交媒体内容、电子邮件、图像文件等都是非结构化数据的例子。

7．半结构化数据

半结构化数据介于结构化和非结构化数据之间，它包含某种形式的结构，但并不像结构化数据那样严格。常见的半结构化数据格式包括 XML（eXtensible Markup Language 的缩写，即可扩展标记语言）和 JSON（JavaScript Object Notation 的缩写，即 JavaScript 对象表示法）等。

8．社交媒体数据

社交媒体数据包括用户在社交媒体平台上生成的各种内容，如帖子、评论、分享等。这类数据对于社交网络分析和用户行为研究具有重要意义

4.2　数据信息的检索途径

在检索数据信息时，选择合适的检索途径，往往更容易找到所需的信息。本节将讲解数据信息的 5 种检索途径。

4.2.1　账号主页

账号主页

许多 App 都设置了专门的账号主页，运营者可以通过账号的主页查看相关的数据。下面以抖音 App 为例，介绍账号主页数据信息的检索方法。

Step 01 进入抖音 App 的"首页"界面，点击右上角的按钮，如图 4-2 所示。

Step 02 执行操作，在搜索框中输入检索词，如输入"手机摄影构图大全"，选择对应的账号，如图 4-3 所示。

图 4-2　点击按钮

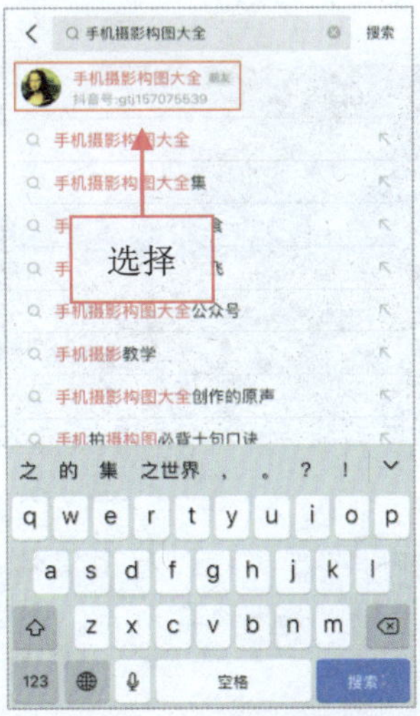

图 4-3　选择对应的账号

Step 03 执行操作后，即可进入对应账号的主页界面，在该界面中可以查看对应账号的获赞、关注和粉丝等数据信息，如图 4-4 所示。

如果用户进入的是当前所用账号的主页，就可以查看该账号的获赞、朋友、关注等数据信息，如图 4-5 所示。

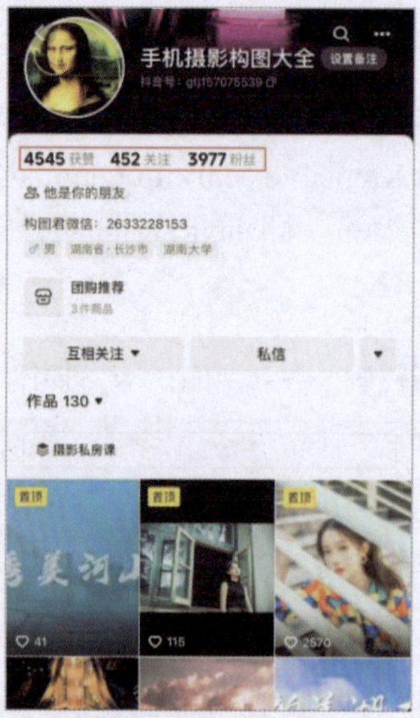

图 4-4 查看账号主页的数据信息

图 4-5 查看当前所用账号的数据信息

4.2.2 官网后台

官网后台

很多大型的平台，除了 App 之外，还有专门的官网后台，而且官网后台中的数据往往比 App 主页更详细。下面以微信公众平台为例，介绍用官网后台检索数据信息的方法。

Step 01 进入微信公众平台的官网默认页面，可以看到页面中有一个二维码，如图 4-6 所示，使用获得登录权限的微信号进行扫码。

图 4-6 页面中有一个二维码

Step 02 扫码成功后，即可进入对应微信公众号后台的“首页”页面，依次单击“数据”按钮和“内容分析”按钮，如图 4-7 所示，查看内容方面的数据。

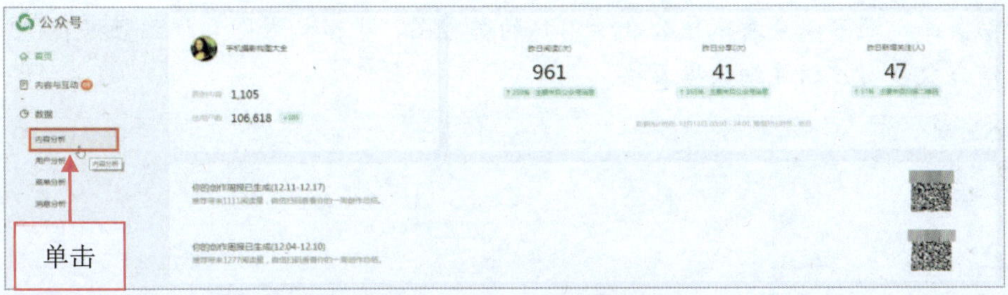

图 4-7　单击“内容分析”按钮

Step 03 执行操作后，即可查看微信公众号已发布内容的“昨日核心数据”，如图 4-8 所示。

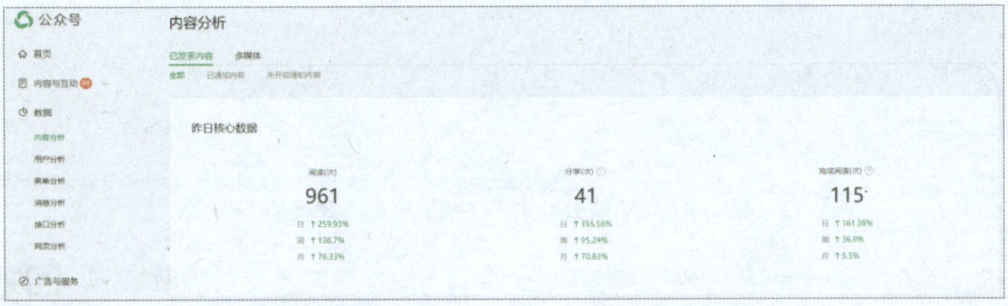

图 4-8　查看已发布内容的“昨日核心数据”

Step 04 滑动页面，还可以查看微信公众号内容的流量趋势、流量来源和单个作品的数据。图 4-9 为微信公众号内容的流量趋势数据。

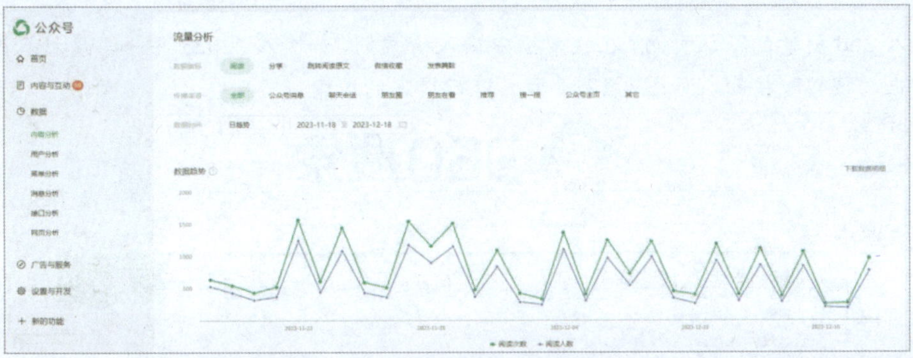

图 4-9　微信公众号内容的流量趋势数据

Step 05 除了内容数据外，还可以查看用户、菜单、消息、接口和网页等方面的数据分析。例如，单击“用户分析”按钮，即可查看微信公众号用户增长的“昨日关键指标”，如图 4-10 所示。

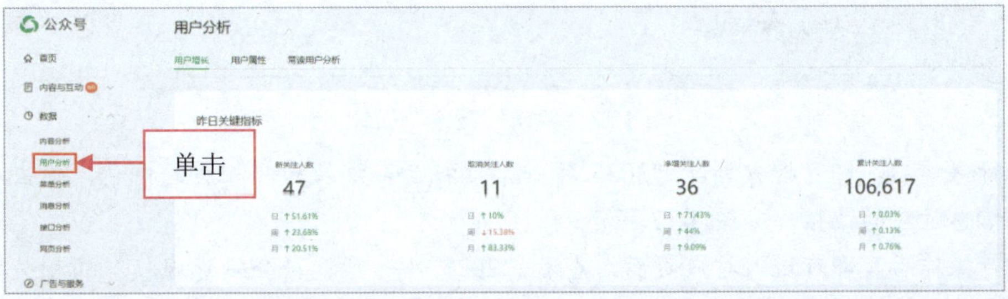

图 4-10　查看微信公众号用户增长的“昨日关键指标”

Step 06 滑动页面，还可以查看微信公众号用户的趋势图、渠道构成图和详细数据表格。图 4-11 为微信公众号用户的详细数据表格。

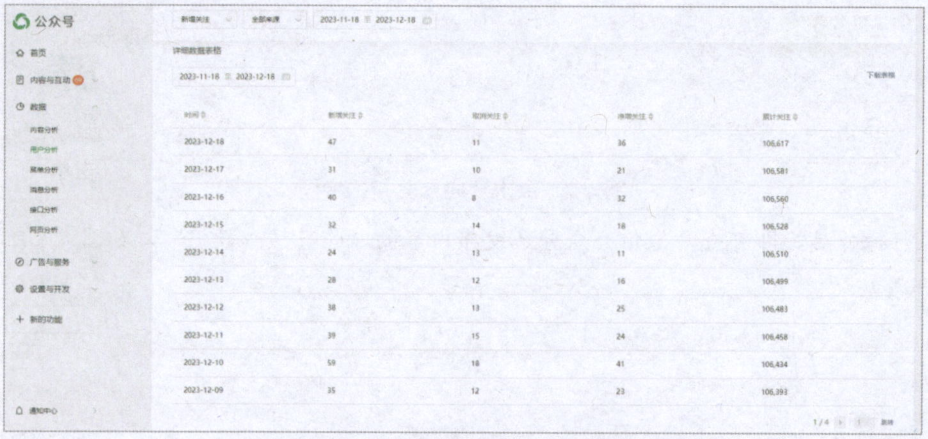

时间	新增关注	取消关注	净增关注	累计关注
2023-12-18	47	11	36	106,617
2023-12-17	31	10	21	106,581
2023-12-16	40	8	32	106,560
2023-12-15	32	14	18	106,528
2023-12-14	24	13	11	106,510
2023-12-13	28	12	16	106,499
2023-12-12	38	13	25	106,483
2023-12-11	39	15	24	106,458
2023-12-10	59	18	41	106,434
2023-12-09	35	12	23	106,393

图 4-11　微信公众号用户的详细数据表格

4.2.3　搜索引擎

搜索引擎的站内有一些共享的数据信息，用户可以通过输入检索词来查找相关的数据信息。下面以 360 搜索为例，介绍用搜索引擎检索数据信息的方法。

搜索引擎

Step 01 进入 360 引擎的默认页面，在搜索框中输入检索词，如输入“2023 年一季度社会融资规模”，单击“搜索”按钮，如图 4-12 所示，进行信息的检索。

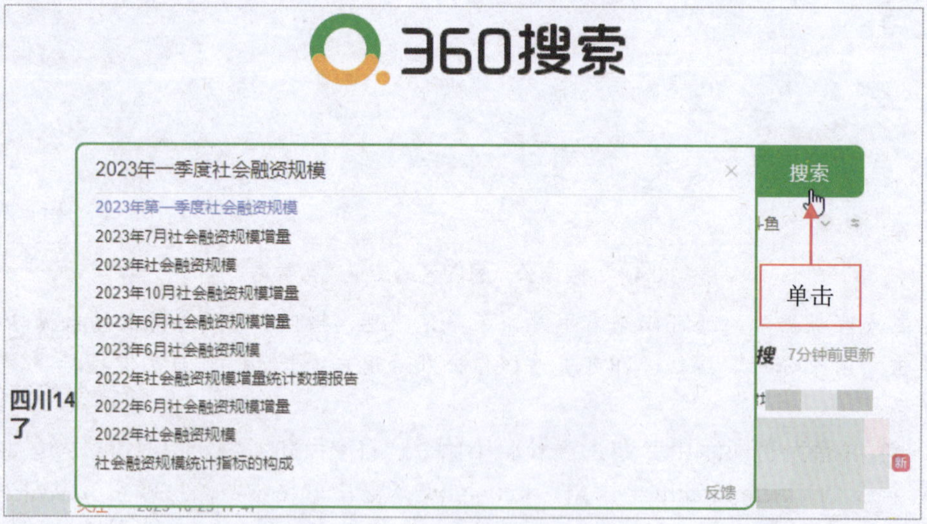

图 4-12　单击“搜索”按钮

Step 02 执行操作后，即可检索到与“2023 年一季度社会融资规模”相关的信息，单击要查看的数据信息对应的链接，如图 4-13 所示。

Step 03 执行操作后，即可进入对应页面，查看“2023 年一季度社会融资规模”的相关数据信息，如图 4-14 所示。

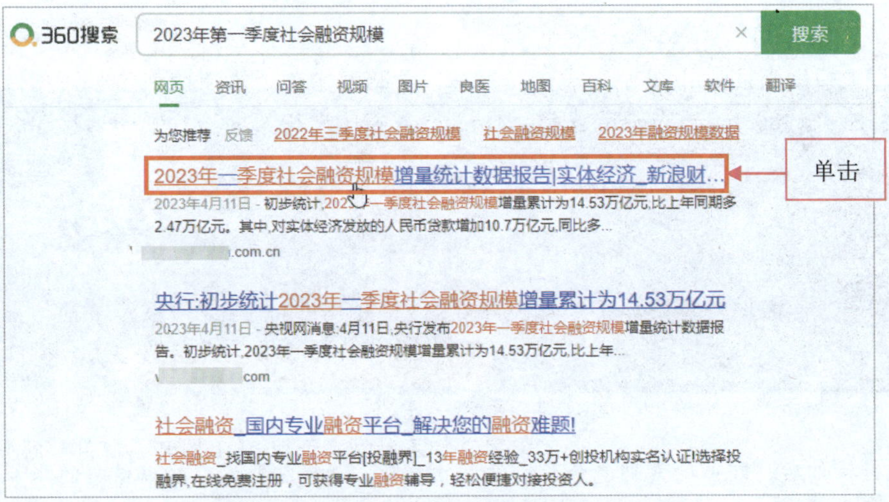

图 4-13　单击要查看的数据信息对应的链接

图 4-14　查看“2023 年一季度社会融资规模”的相关数据信息

4.2.4　数据分析平台

数据分析平台

有一些专门为用户提供数据分析的平台，这些平台上的数据信息通常会比较专业和全面，因此很多自身运营了账号的用户，会通过这些平台来查找数据信息。下面以新榜为例，介绍用数据分析平台检索数据信息的方法。

Step 01 进入新榜的官网默认页面，在搜索框中输入检索词，如输入“手机摄影构图大全”，单击“找达人”按钮，如图 4-15 所示，进行账号的检索。

图 4-15　单击“找达人”按钮

Step 02 执行操作后，即可检索到包含了检索词的账号，选择需要检索数据信息的账号，如图 4-16 所示。

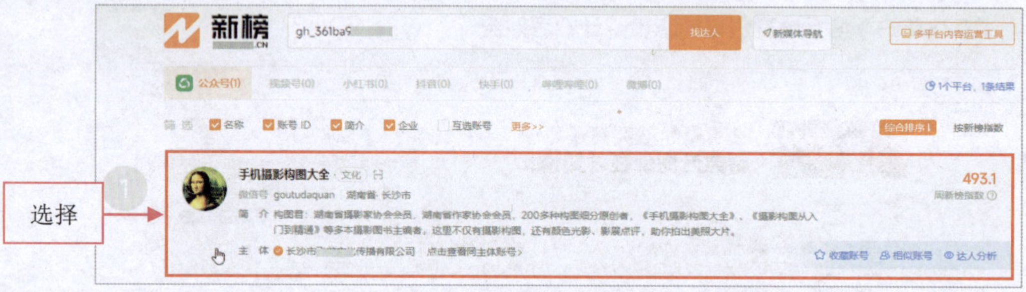

图 4-16　选择需要检索数据信息的账号

Step 03 执行操作后，进入对应账号的数据分析页面，即可查看该账号的基础数据，如预估活跃粉丝数、周新榜指数和排名，如图 4-17 所示。

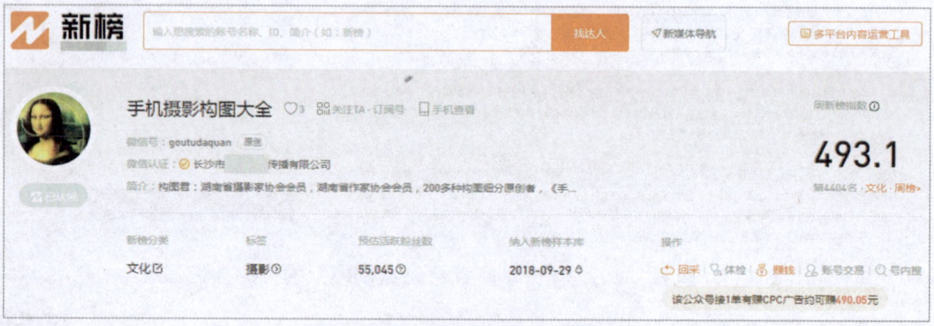

图 4-17　查看该账号的基础数据

Step 04 滑动页面，可以在“榜单数据”选项卡中，查看账号的日榜或周榜榜单排行数据。图 4-18 为账号的日榜榜单排行数据。

Step 05 在“榜单排行”板块的下方，还可以查看账号的“历史排名”和“排名和发布趋势”数据，如图 4-19 所示。

Step 06 除此之外，还可以在“数据表现”板块中，查看多种不同的数据信息。图 4-20 为账号的总阅读数据。

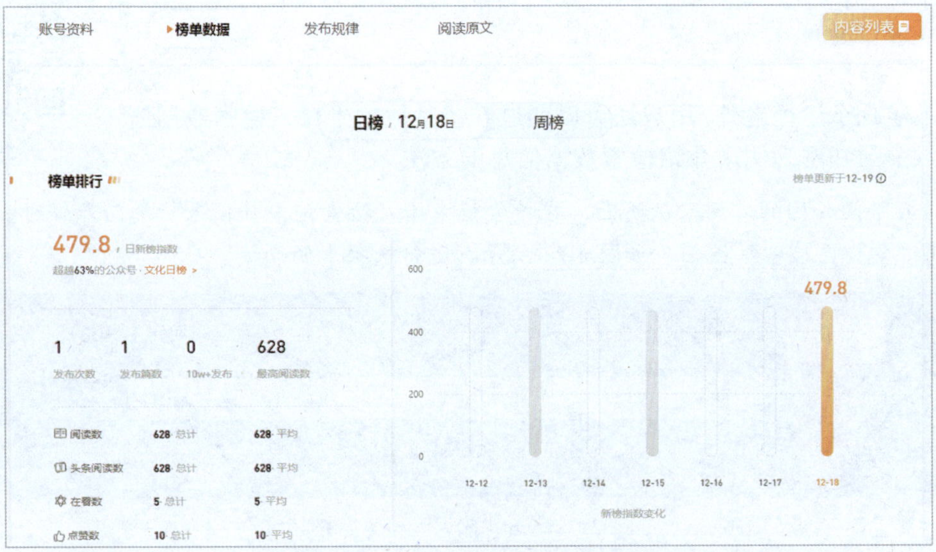

图 4-18　账号的日榜榜单排行数据

图 4-19　查看账号的“历史排名”和“排名和发布趋势”数据

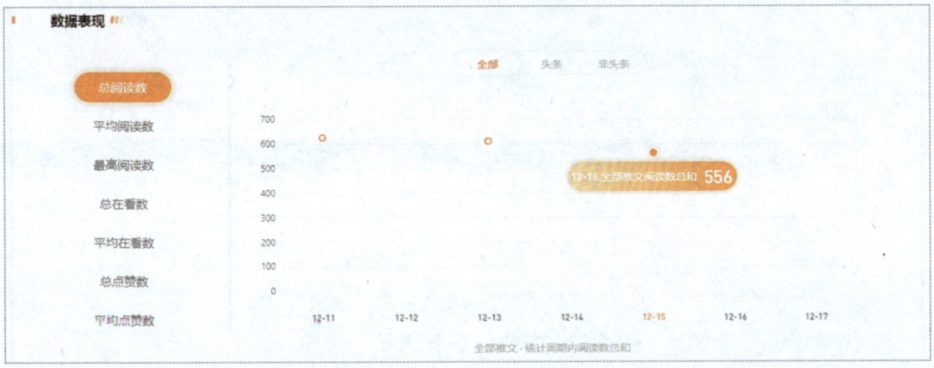

图 4-20　账号的总阅读数据

4.2.5 其他平台

其他平台

除了上述几个途径之外，用户还可以通过一些其他的平台来检索数据信息。下面以中国知网为例，介绍检索数据信息的方法。

Step 01 进入中国知网的官网默认页面，在搜索框中输入检索词，如输入“厦门外贸进出口”，单击“知识元检索”按钮，如图 4-21 所示，进行选项卡的切换。

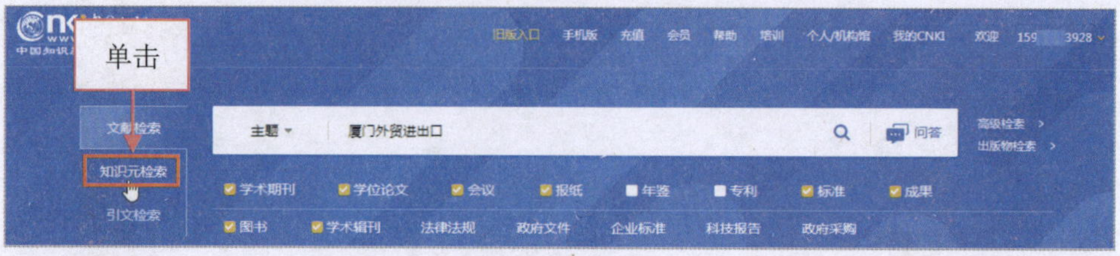

图 4-21　单击“知识元检索”按钮

Step 02 执行操作后，即可切换至“知识元检索”选项卡，选中“统计数据”复选框，单击🔍按钮，如图 4-22 所示，进行统计数据的检索。

图 4-22　单击🔍按钮

Step 03 执行操作后，会跳转至“统计指标”选项卡，该选项卡中会显示相关的指标信息，如果要查看具体的内容，可以选择对应的文件进行下载。如果觉得下载麻烦，可以单击“统计资讯”按钮，如图 4-23 所示，进行选项卡的切换。

图 4-23　单击“统计资讯”按钮

Step 04 执行操作后，即可切换至“统计资讯”选项卡，该选项卡中会显示相关的资讯，单击要查看的资讯信息对应的链接，如图 4-24 所示。

图 4-24　单击要查看的资讯信息对应的链接

Step 05 执行操作后，即可进入“统计资讯详情”页面，查看对应资讯的具体数据信息，如图 4-25 所示。

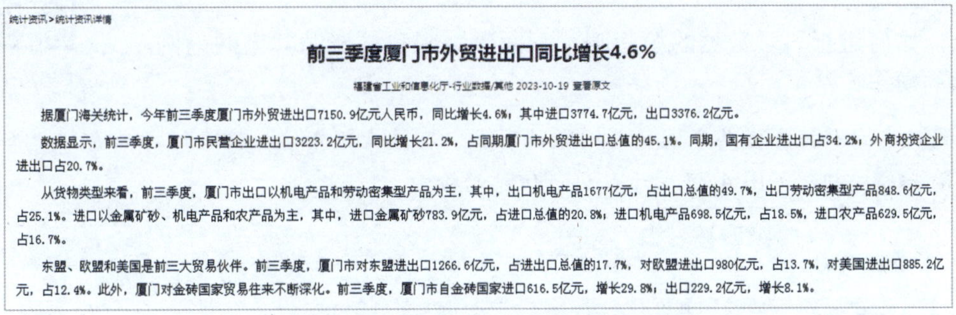

统计资讯 > 统计资讯详情

前三季度厦门市外贸进出口同比增长4.6%

福建省工业和信息化厅-行业数据/其他 2023-10-19 查看原文

据厦门海关统计，今年前三季度厦门市外贸进出口7150.9亿元人民币，同比增长4.6%；其中进口3774.7亿元，出口3376.2亿元。

数据显示，前三季度，厦门市民营企业进出口3223.2亿元，同比增长21.2%，占同期厦门市外贸进出口总值的45.1%。同期，国有企业进出口占34.2%；外商投资企业进出口占20.7%。

从货物类型来看，前三季度，厦门市出口以机电产品和劳动密集型产品为主，其中，出口机电产品1677亿元，占出口总值的49.7%，出口劳动密集型产品848.6亿元，占25.1%。进口以金属矿砂、机电产品和农产品为主，其中，进口金属矿砂783.9亿元，占进口总值的20.8%；进口机电产品698.5亿元，占18.5%，进口农产品629.5亿元，占16.7%。

东盟、欧盟和美国是前三大贸易伙伴。前三季度，厦门市对东盟进出口1266.6亿元，占进出口总值的17.7%，对欧盟进出口980亿元，占13.7%，对美国进出口885.2亿元，占12.4%。此外，厦门对金砖国家贸易往来不断深化。前三季度，厦门市自金砖国家进口616.5亿元，增长29.8%；出口229.2亿元，增长8.1%。

图 4-25　查看对应资讯的具体数据信息

4.3　常见数据信息的检索方法

在做数据信息检索时，可以借助相关的方法来提高检索的效率。本节将重点介绍常见数据信息的检索方法。

4.3.1　科学数据的检索

科学数据是科学研究中获得的、用于描述、解释和支持科学理论或假设的信息的集合。这些数据可以通过观察、实验、测量或其他科学方法收集而来。科学数据通常是定量的，可以以数字或数值形式表示，也可以是定性的，以描述性的特征或性质为主。科学数据的主要特点如图 4-26 所示。

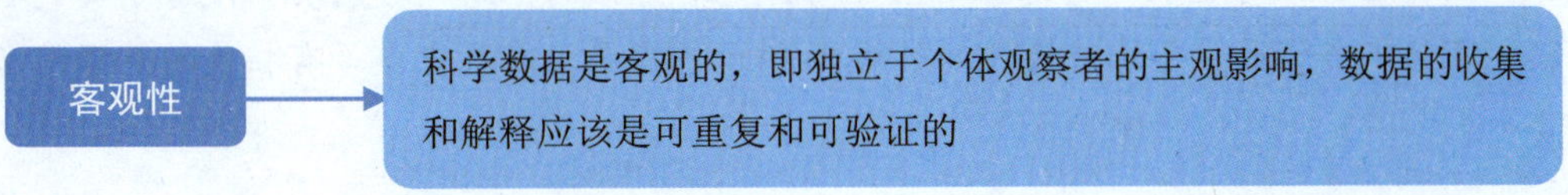

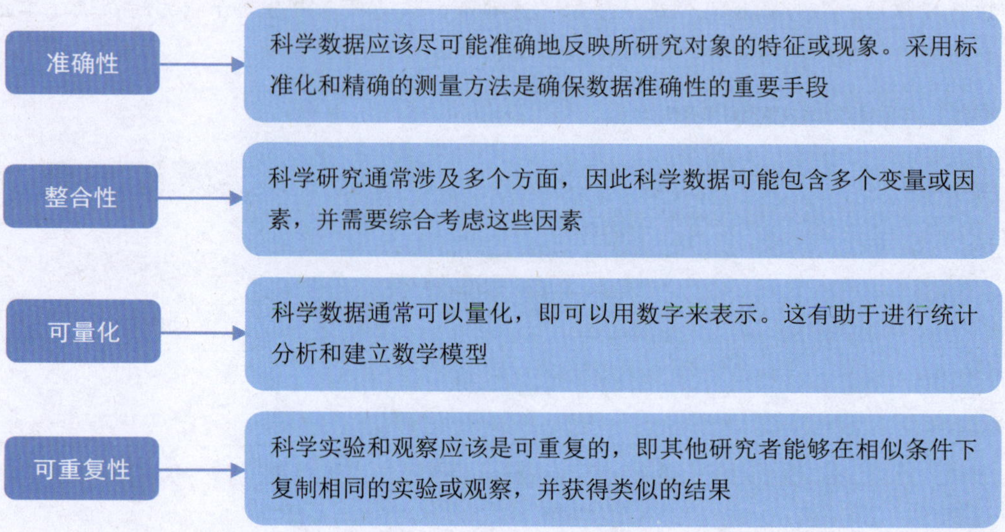

图 4-26　科学数据的主要特点

科学数据的收集可以涉及各种技术和工具，包括传感器、仪器、实验室设备等。在当今数字化时代，科学数据也越来越以电子形式存在，方便存储、共享和分析。

那么，如何进行科学数据的检索呢？下面以中国科技资源共享网为例，讲解具体的操作方法。

科学数据的检索

Step 01 进入中国科技资源共享网的官网默认页面，在搜索框中输入检索词，如输入“降雨量”，单击🔍按钮，如图 4-27 所示，进行信息的检索。

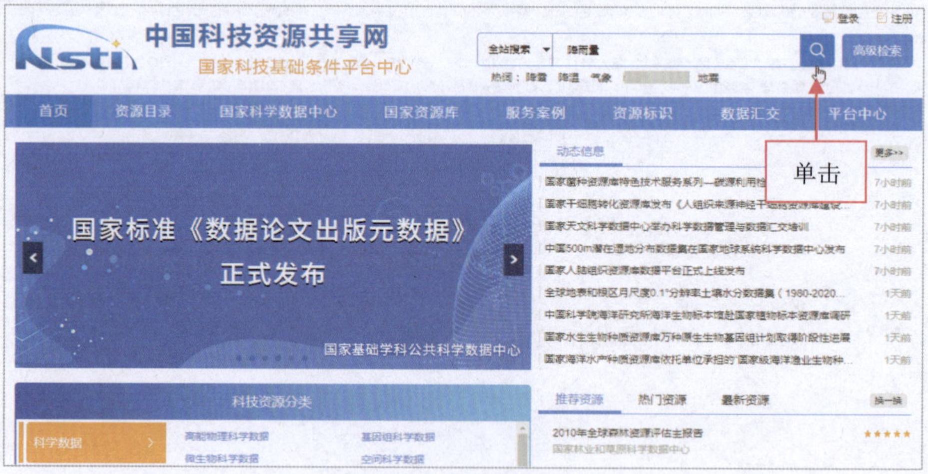

图 4-27　单击🔍按钮

Step 02 执行操作后，即可检索到与“降雨量”相关的信息，如图 4-28 所示。

Step 03 取消选中除“科学数据”之外的其他数据类型，并对发布时间、排序和搜索位置等信息进行设置，单击想要查看的数据信息对应的链接，如图 4-29 所示。

Step 04 执行操作后，即可进入“资源详情”页面，查看具体的信息，如果其中没有想要的数据信息，可以单击资源信息的链接，如图 4-30 所示，看看发布源中是否有相关的数据信息。

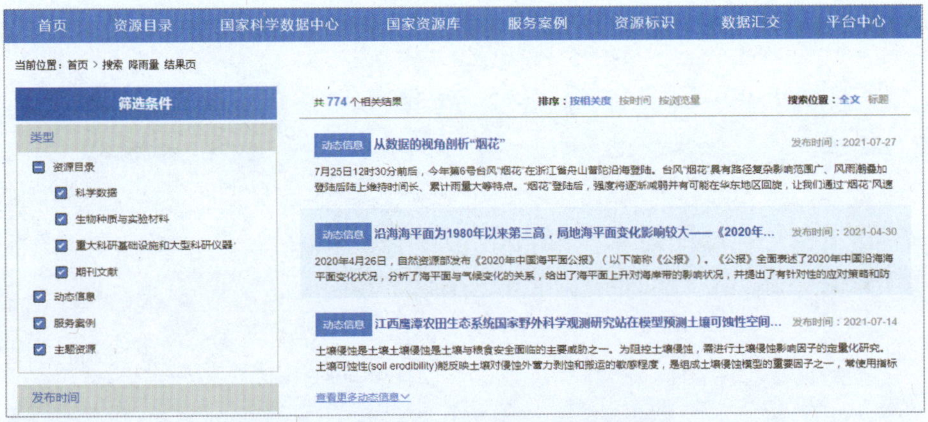

图 4-28　检索到与“降雨量”相关的信息

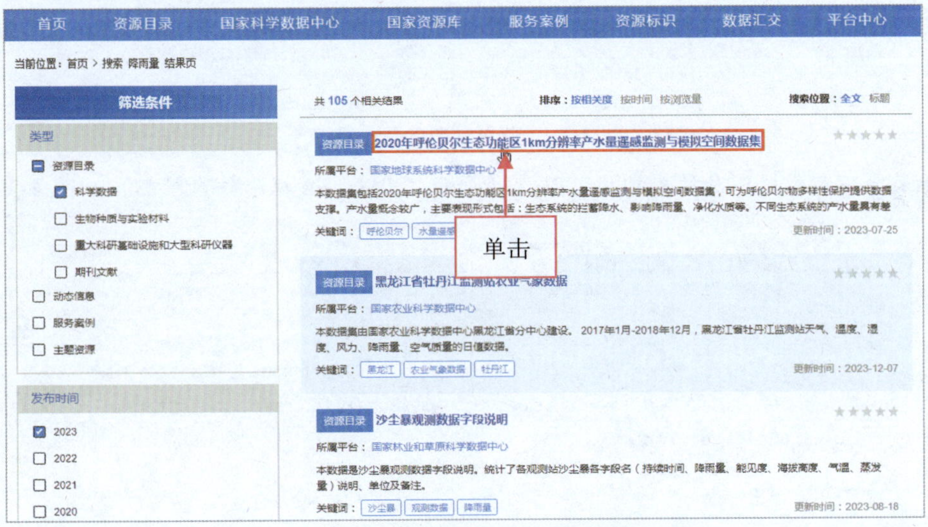

图 4-29　单击想要查看的数据信息对应的链接

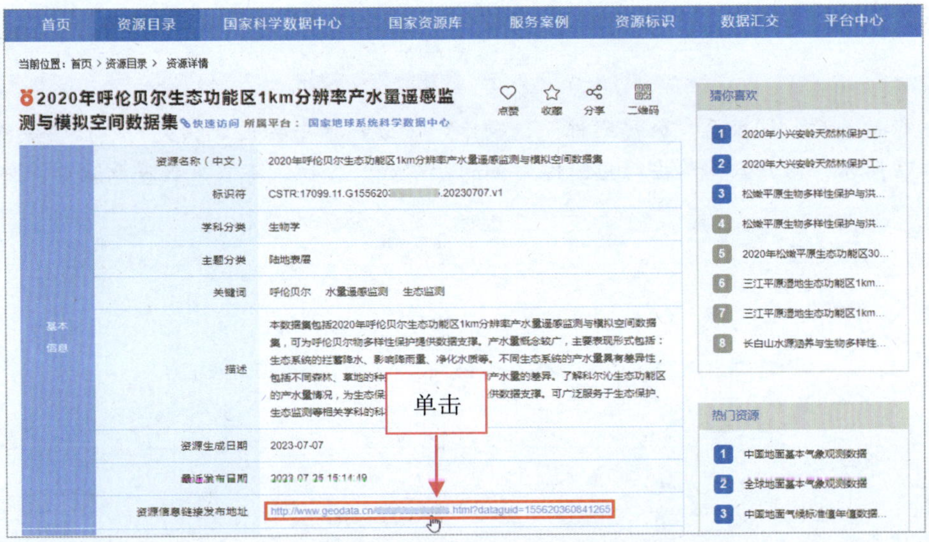

图 4-30　单击想要查看的数据信息对应的链接

Step 05 执行操作后，即可进入发布源的对应网页，查看发布的具体信息，如图 4-31 所示。

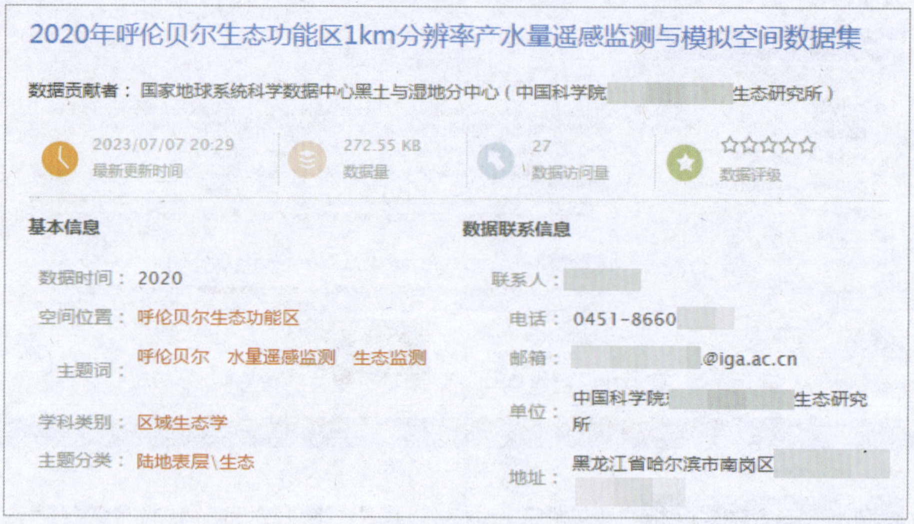

图 4-31　查看发布的具体信息

Step 06 如果要下载数据信息的文档，可以滑动页面，单击“数据附件”按钮，如图 4-32 所示。

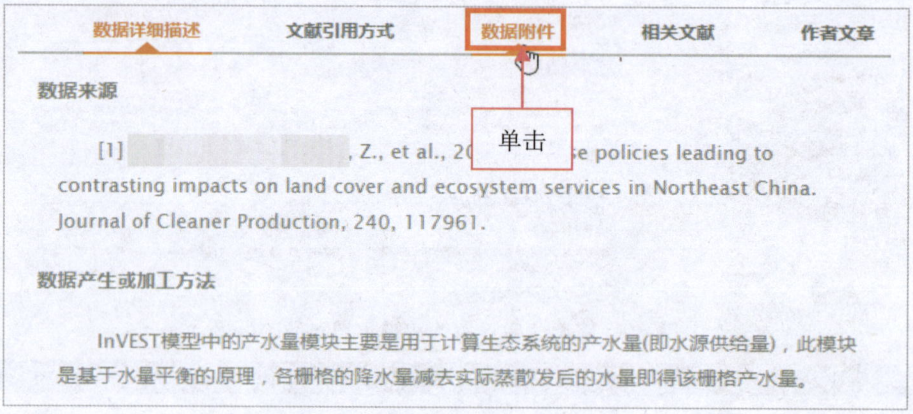

图 4-32　单击“数据附件”按钮

Step 07 执行操作后，切换至“数据附件”选项卡，该选项卡中会出现相关的数据信息附件，如图 4-33 所示。用户只需单击对应附件右侧的“下载”按钮，将其下载至电脑中即可。

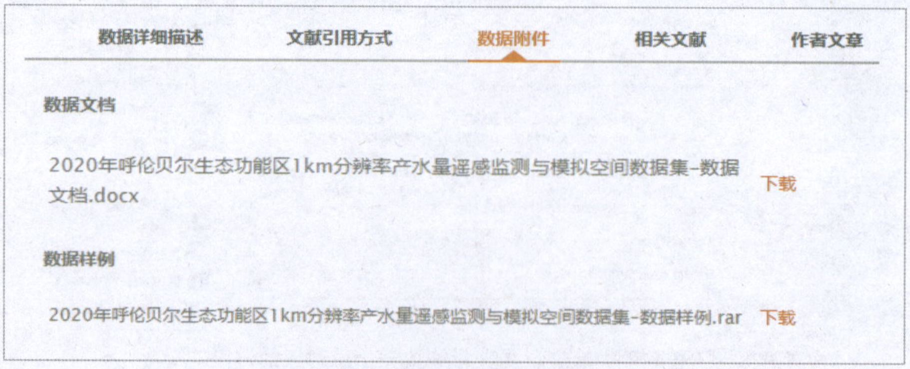

图 4-33　出现相关的数据信息附件

> ▶ 专家指点
>
> 中国科技资源共享网的检索信息具有随机性，即便是使用相同的检索词，并设置相同的发布时间、排序和搜索位置，检索到的信息可能也会有所不同。对此，如果第一次没有检索到想要的数据信息，用户可以用相同的检索词继续进行检索，看新检索的信息是否有满意的。

4.3.2　调查数据的检索

调查数据是通过调查或采访而收集的信息，这些数据旨在提供关于特定主题、现象或群体的详细了解。调查数据可以涉及定性和定量信息，具体取决于调查的设计和目的。调查数据的主要特点如图 4-34 所示。

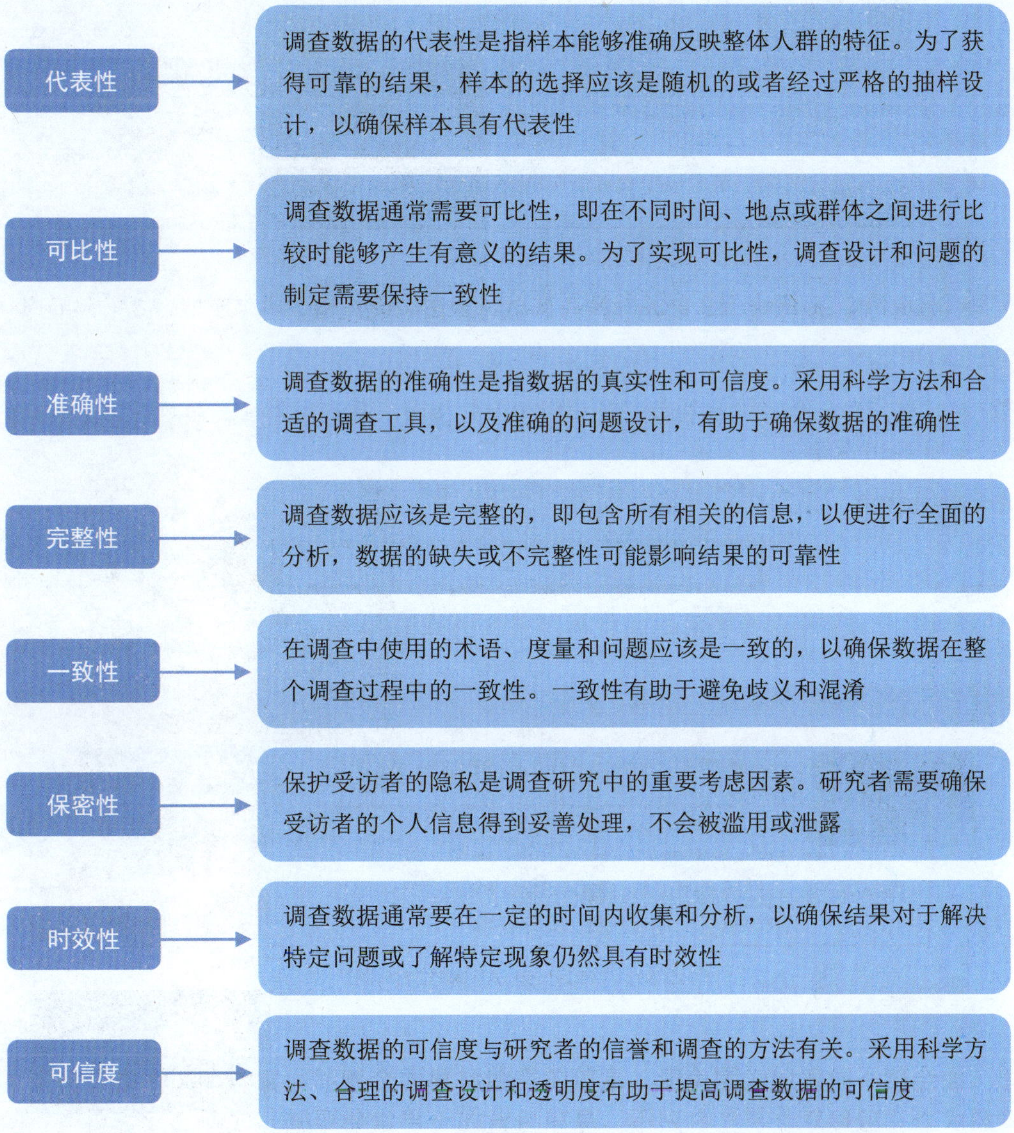

图 4-34　调查信息的主要特点

调查数据在各个领域都有广泛应用，包括市场研究、社会学研究、医学研究等。通过分析调查数据，可以了解人们的行为、态度、趋势和看法，从而支持决策制定和问题解决。

那么，如何进行调查数据的检索呢？下面以中研网为例，讲解具体的操作方法。

调查数据的检索

Step 01 进入中研网的官网默认页面，在搜索框中输入检索词，如输入“房产”，单击按钮，如图 4-35 所示，进行信息的检索。

图 4-35　单击按钮

Step 02 执行操作后，即可检索到与“房产”相关的信息，单击想要查看的数据信息对应的链接，如图 4-36 所示。

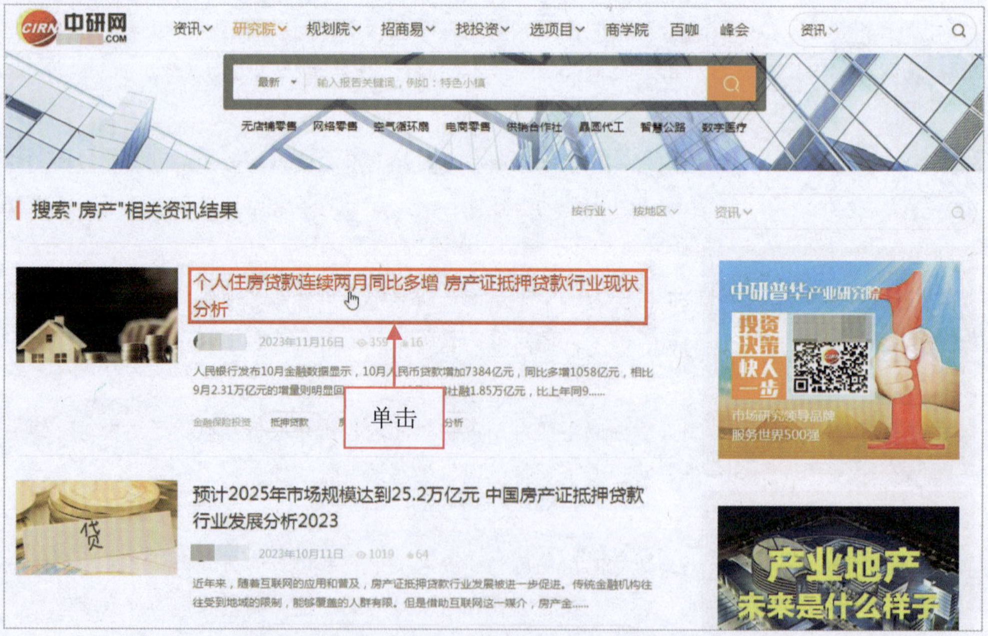

图 4-36　单击想要查看的数据信息对应的链接

Step 03 执行操作后，即可进入对应页面，查看房产的相关数据信息，如图 4-37 所示。

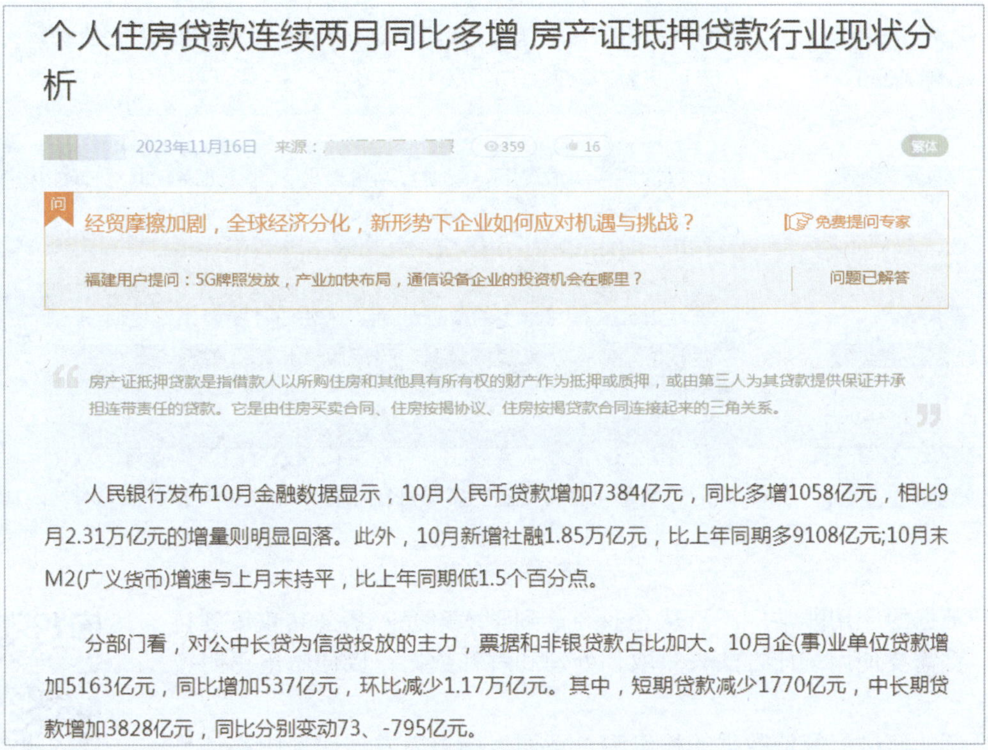

个人住房贷款连续两月同比多增 房产证抵押贷款行业现状分析

2023年11月16日　来源：　359　16　繁体

问 经贸摩擦加剧，全球经济分化，新形势下企业如何应对机遇与挑战？　免费提问专家

福建用户提问：5G牌照发放，产业加快布局，通信设备企业的投资机会在哪里？　问题已解答

“房产证抵押贷款是指借款人以所购住房和其他具有所有权的财产作为抵押或质押，或由第三人为其贷款提供保证并承担连带责任的贷款。它是由住房买卖合同、住房按揭协议、住房按揭贷款合同连接起来的三角关系。”

人民银行发布10月金融数据显示，10月人民币贷款增加7384亿元，同比多增1058亿元，相比9月2.31万亿元的增量则明显回落。此外，10月新增社融1.85万亿元，比上年同期多9108亿元;10月末M2(广义货币)增速与上月末持平，比上年同期低1.5个百分点。

分部门看，对公中长贷为信贷投放的主力，票据和非银贷款占比加大。10月企(事)业单位贷款增加5163亿元，同比增加537亿元，环比减少1.17万亿元。其中，短期贷款减少1770亿元，中长期贷款增加3828亿元，同比分别变动73、-795亿元。

图 4-37　查看房产的相关数据信息

4.3.3　统计数据的检索

统计数据是通过对一个或多个变量进行收集、整理和分析而得出的数字信息。统计数据在各个领域中被广泛使用，包括经济学、医学、社会学、自然科学等。这些数据可以帮助人们理解和描述不同现象、趋势和关系，支持决策制定和问题解决。调统计数据的主要特点如图 4-38 所示。

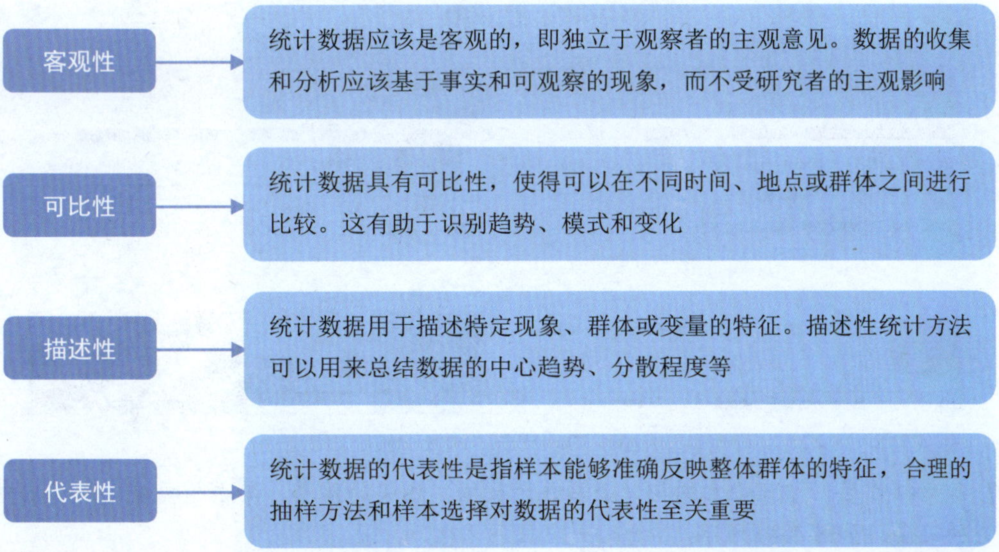

- **时效性** → 统计数据通常是有时效性的，特别是对于那些随时间变化的现象，及时更新的数据有助于反映当前状况
- **随机性** → 在随机抽样的情况下，统计数据可以用于进行推断，即从样本中得出对整体群体的推断，这有助于在更广泛的群体中进行泛化
- **分析性** → 统计数据支持进一步的数据分析，例如通过统计推断、回归分析、假设检验等方法来解释数据、验证假设和发现关系
- **数量化** → 统计数据以数字形式表示，可以量化观察到的现象或测量的变量。这种数量化使得数据更容易进行比较、计算和分析

图 4-38　查看房产的相关数据信息

统计数据的应用非常广泛，从企业经营到学术研究，从公共政策到科学实验，都需要使用统计方法来获取、处理和解释数据，以便做出更明智的决策。

那么，如何进行统计数据的检索呢？下面以国务院发展研究中心信息网（简称“国研网”）为例，讲解具体的操作方法。

统计数据的检索

Step 01 进入国务院发展研究中心信息网的官网默认页面，在搜索框中输入检索词，如输入“金融统计数据”，单击“检索”按钮，如图 4-39 所示，进行信息的检索。

图 4-39　单击“检索”按钮

Step 02 执行操作后，即可检索到与“金融统计数据”相关的信息，单击想要查看的数据信息对应的链接，如图 4-40 所示。

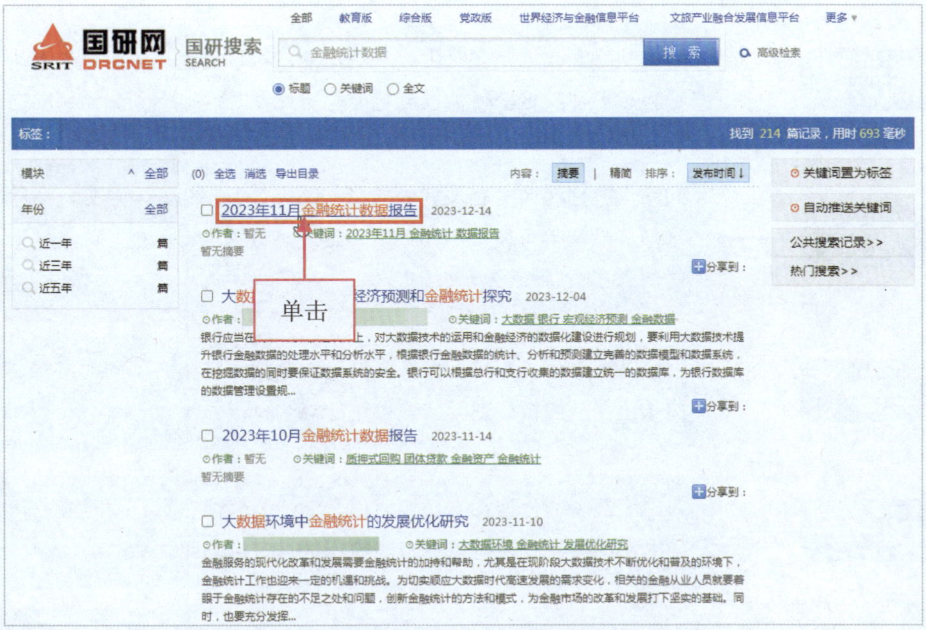

图 4-40　单击想要查看的数据信息对应的链接

Step 03 执行操作后，即可进入对应页面，查看金融统计数据的相关信息，如图 4-41 所示。

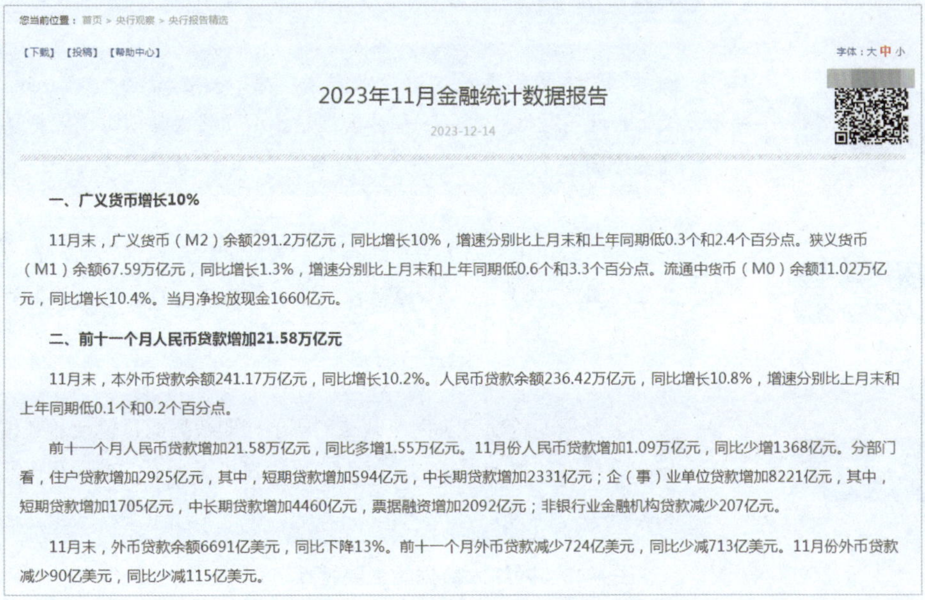
您当前位置：首页 > 央行观察 > 央行报告精选

【下载】【投稿】【帮助中心】　字体：大 中 小

2023年11月金融统计数据报告

2023-12-14

一、广义货币增长10%

11月末，广义货币（M2）余额291.2万亿元，同比增长10%，增速分别比上月末和上年同期低0.3个和2.4个百分点。狭义货币（M1）余额67.59万亿元，同比增长1.3%，增速分别比上月末和上年同期低0.6个和3.3个百分点。流通中货币（M0）余额11.02万亿元，同比增长10.4%。当月净投放现金1660亿元。

二、前十一个月人民币贷款增加21.58万亿元

11月末，本外币贷款余额241.17万亿元，同比增长10.2%。人民币贷款余额236.42万亿元，同比增长10.8%，增速分别比上月末和上年同期低0.1个和0.2个百分点。

前十一个月人民币贷款增加21.58万亿元，同比多增1.55万亿元。11月份人民币贷款增加1.09万亿元，同比少增1368亿元。分部门看，住户贷款增加2925亿元，其中，短期贷款增加594亿元，中长期贷款增加2331亿元；企（事）业单位贷款增加8221亿元，其中，短期贷款增加1705亿元，中长期贷款增加4460亿元，票据融资增加2092亿元；非银行业金融机构贷款减少207亿元。

11月末，外币贷款余额6691亿美元，同比下降13%。前十一个月外币贷款减少724亿美元，同比少减713亿美元。11月份外币贷款减少90亿美元，同比少减115亿美元。

图 4-41　查看金融统计数据的相关信息

4.3.4　网络大数据的检索

网络大数据是指通过互联网及其相关平台和服务收集、存储、分析的大规模数据集合。这些数据涵盖了用户在互联网上的行为、互动、搜索、分享、购物等各种活动。网络大数据是在数字化时代中迅速积累起来的，对于理解用户行为、社会趋势、市场变化等具有重要意义。网络大数据的主要特点如图 4-42 所示。

实时性	部分网络大数据是实时生成和更新的，可以迅速反映用户的行为、趋势和事件，这使得数据分析能够更加及时地捕捉到变化和动态
多样性	网络大数据涵盖多种形式的信息，包括文本、图像、视频、音频等。这多样性使得可以从不同角度和维度对数据进行分析，获取更全面的信息
异构性	来自不同平台、应用和服务的网络大数据可能具有不同的格式、结构和语义，需要处理异构性以进行综合分析
关联性	网络大数据的价值在于挖掘数据之间的关联性。通过分析用户行为、社交网络关系等，可以发现隐藏在数据背后的模式和趋势
大规模性	网络大数据通常具有巨大的规模，包括数十亿用户在互联网上的活动、交互和信息。这种规模性使得数据集包含丰富的信息，可以提供全面的视角
隐私问题	由于网络大数据涉及大量个人信息，隐私问题成为一个关键的挑战。合理的数据隐私保护和合规性是使用网络大数据时需要特别关注的方面
商业智能	企业和组织使用网络大数据进行商业智能分析，以优化运营、改进产品和服务、制定市场策略等，网络大数据成为企业决策的重要支持工具
网络效应	网络大数据的价值受到网络效应的影响，即数据的价值随着数据规模和多样性的增加而增加，因为它可以提供更全面、准确和可靠的信息

图 4-42　网络大数据的主要特点

网络大数据的充分利用对于社会、科学、商业等各个领域都具有深远的影响，但也带来了一系列的技术、伦理和法律挑战。因此，在使用网络大数据时，需要谨慎处理隐私问题，并遵循相关法规和道德准则。

那么，如何进行网络大数据的检索呢？下面以中国互联网络信息中心为例，讲解具体的操作方法。

网络大数据的检索

Step 01 进入中国互联网络信息中心的官网默认页面，在搜索框中输入检索词，如输入“互联网络发展”，单击“搜索”按钮，如图 4-43 所示，进行信息的检索。

图 4-43　单击“搜索”按钮

Step 02 执行操作后，即可检索到与“互联网络发展”相关的信息，单击想要查看的数据信息对应的链接，如图 4-44 所示。

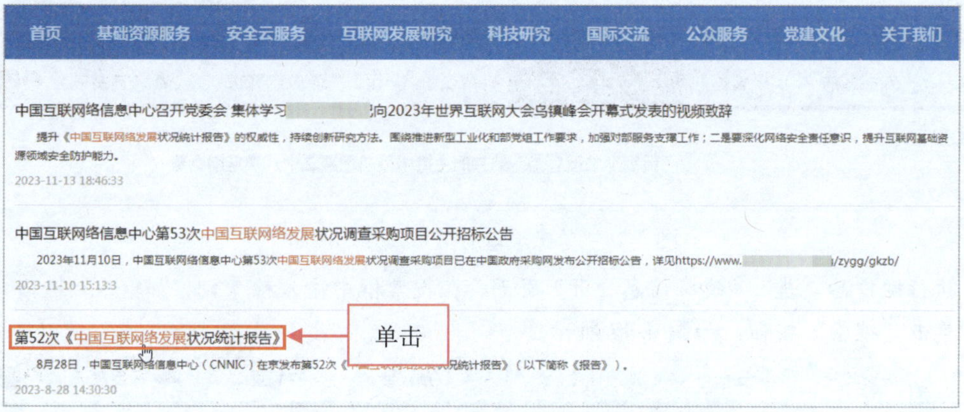

图 4-44　单击想要查看的数据信息对应的链接

Step 03 执行操作后，即可进入对应页面，查看互联网络发展数据的相关信息，如图 4-45 所示。

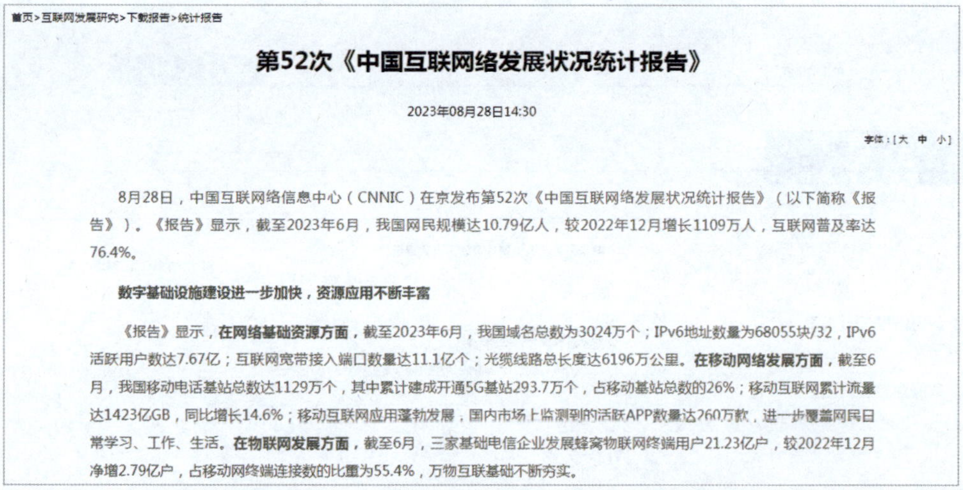

图 4-45　查看互联网络发展数据的相关信息

4.3.5 其他数据的检索

其他数据的检索

除了科学数据、调查数据、统计数据和网络大数据之外，还有一些可能会用到的其他数据，如金融数据、法律数据、教育数据、供应链数据、物联网数据、人力资源数据和政府公开数据等。下面以政府开放数据为例，讲解具体的检索方法。

Step 01 进入对应人民政府（如湖北省人民政府）的官网默认页面，单击“政府信息公开”按钮，如图 4-46 所示，进行页面的跳转。

图 4-46 单击“政府信息公开”按钮

Step 02 执行操作后，进入“政府信息公开”页面，在搜索框中输入检索词，如输入“进出口总值”，单击“搜索”按钮，如图 4-47 所示。

图 4-47 单击“搜索”按钮

Step 03 执行操作后，即可检索到相关的信息，此时排在前面的可能是发布时间比较早的信息，如果要查看近期的信息，可以单击“时间范围”后方的输入框，在弹出的列表框中选择对应的时间范围选项，如选择“最近三个月”选项，如图 4-48 所示。

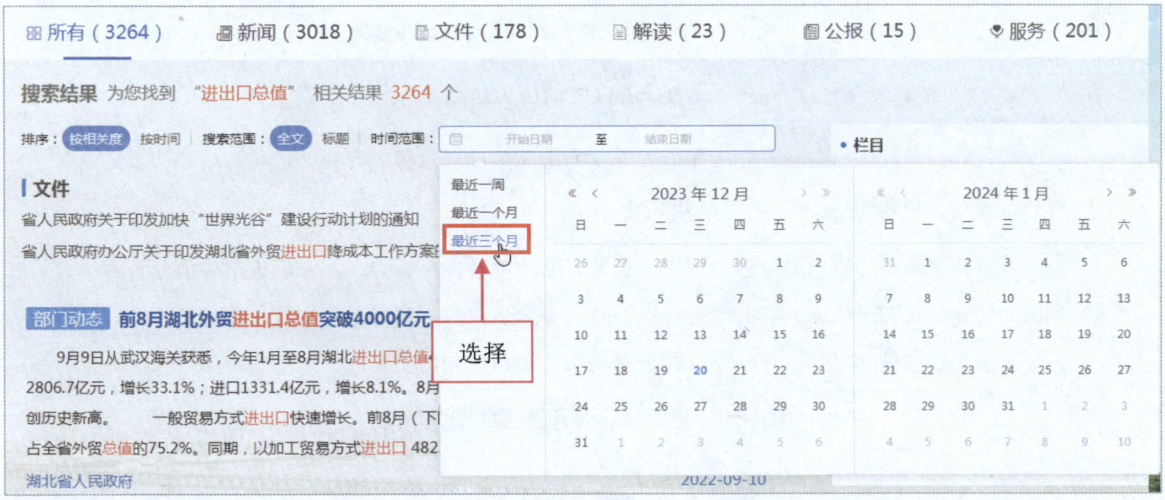

图 4-48　选择“最近三个月”选项

Step 04 执行操作后，即可查看“最近三个月”发布的信息，单击要查看的数据信息对应的链接，如图 4-49 所示。

Step 05 执行操作后，即可进入对应页面，查看政府公开数据的相关信息，如图 4-50 所示。

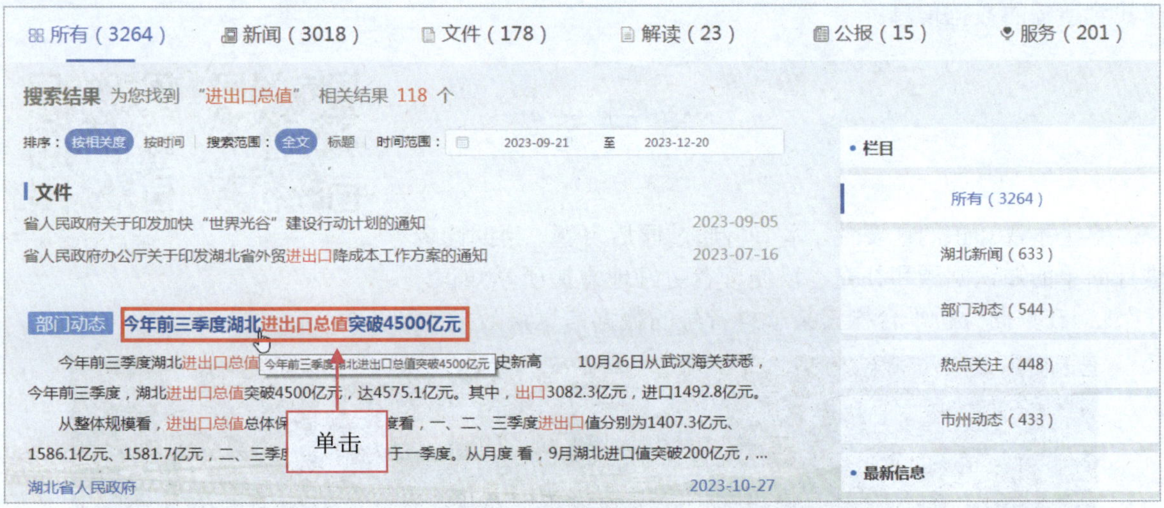

图 4-49　单击要查看的数据信息对应的链接

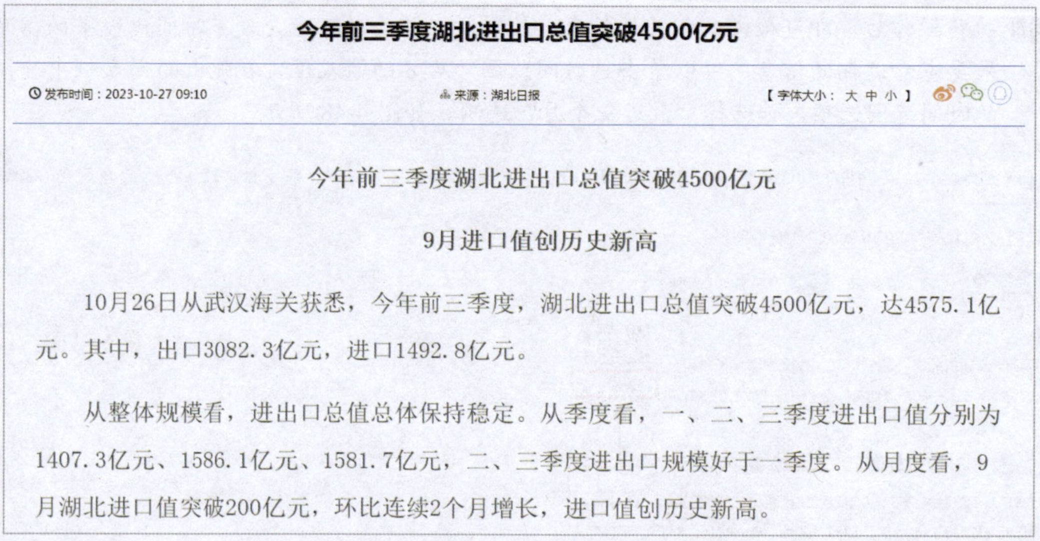

今年前三季度湖北进出口总值突破4500亿元

发布时间：2023-10-27 09:10　　来源：湖北日报　　【字体大小：大 中 小】

今年前三季度湖北进出口总值突破4500亿元

9月进口值创历史新高

10月26日从武汉海关获悉，今年前三季度，湖北进出口总值突破4500亿元，达4575.1亿元。其中，出口3082.3亿元，进口1492.8亿元。

从整体规模看，进出口总值总体保持稳定。从季度看，一、二、三季度进出口值分别为1407.3亿元、1586.1亿元、1581.7亿元，二、三季度进出口规模好于一季度。从月度看，9月湖北进口值突破200亿元，环比连续2个月增长，进口值创历史新高。

图 4-50　查看政府公开数据的相关信息

本章小结

本章主要介绍了数据信息的相关知识，包括数据信息的基础知识、数据信息的检索途径和常见数据信息的检索方法。希望通过本章的学习，读者能够熟练掌握数据信息的检索方法，快速找到所需的数据信息。

课后习题

课后习题 1　　课后习题 2

鉴于本章知识的重要性，本节将通过课后习题，帮助读者进行简单的知识回顾和补充，以便读者更好地掌握所学知识。

1．在数据分析平台检索某个抖音号的数据信息，效果如图 4-51 所示。

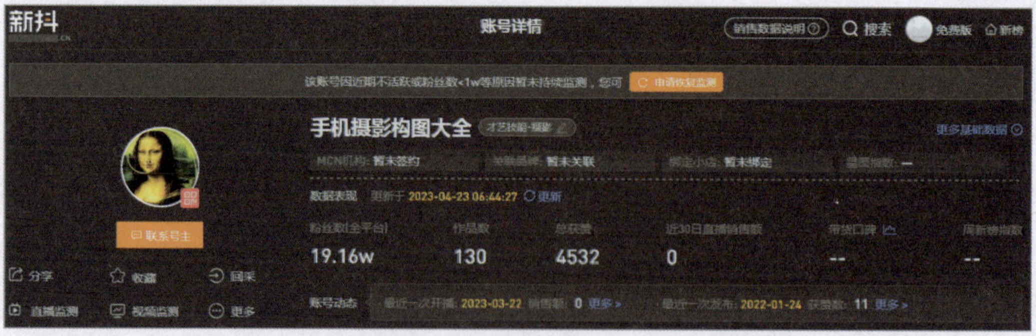

图 4-51　在数据分析平台检索某个抖音号的数据信息

2. 使用调查数据的检索方法，检索“汽车”的相关数据信息，效果如图 4-52 所示。

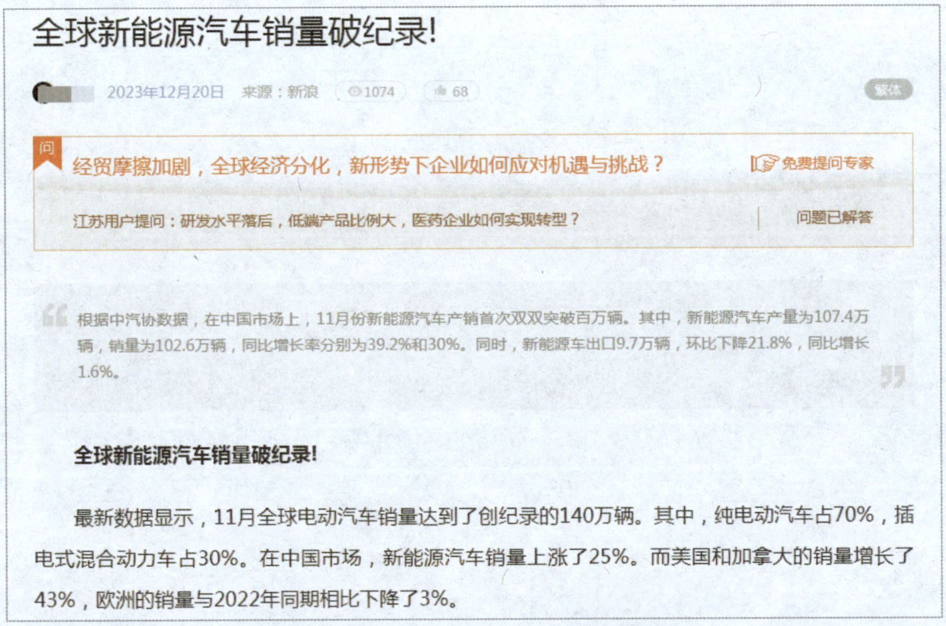

全球新能源汽车销量破纪录!

2023年12月20日　来源：新浪　1074　68　繁体

问　经贸摩擦加剧，全球经济分化，新形势下企业如何应对机遇与挑战？　免费提问专家

江苏用户提问：研发水平落后，低端产品比例大，医药企业如何实现转型？　问题已解答

根据中汽协数据，在中国市场上，11月份新能源汽车产销首次双双突破百万辆。其中，新能源汽车产量为107.4万辆，销量为102.6万辆，同比增长率分别为39.2%和30%。同时，新能源车出口9.7万辆，环比下降21.8%，同比增长1.6%。

全球新能源汽车销量破纪录!

最新数据显示，11月全球电动汽车销量达到了创纪录的140万辆。其中，纯电动汽车占70%，插电式混合动力车占30%。在中国市场，新能源汽车销量上涨了25%。而美国和加拿大的销量增长了43%，欧洲的销量与2022年同期相比下降了3%。

图 4-52　检索“汽车”的相关数据信息

第 5 章

事实信息检索

5

有的人需要检索的是客观存在的事实信息，对于这些人来说，只需根据自身的需求，并选择合适的检索工具查找信息即可。本章将主要讲解事实信息检索的相关知识，帮助读者更好地检索到所需的事实信息。

本章重点

- ➢ 事实信息的基础知识
- ➢ 事实信息的检索技巧

思政目标

- ➢ 践行事实求是的思想，培养学生用事实说话的良好品德
- ➢ 培养学生的爱国情怀，通过事实信息展示国家的强大底蕴

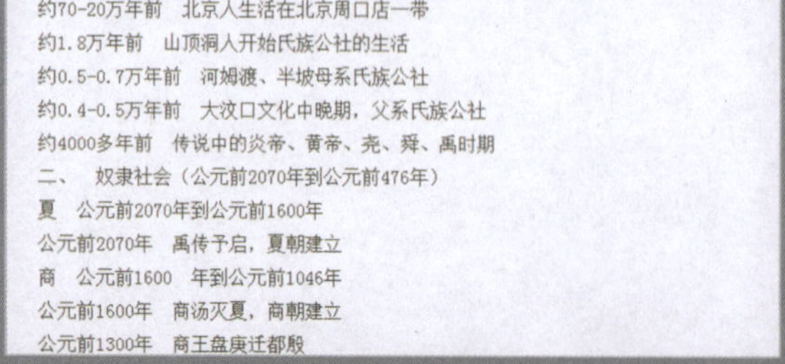
1 中国历史年表

一 、原始社会（约170万年前到约公元前21世纪）
约170万年前 元谋人生活在云南元谋一带
约70-20万年前 北京人生活在北京周口店一带
约1.8万年前 山顶洞人开始氏族公社的生活
约0.5-0.7万年前 河姆渡、半坡母系氏族公社
约0.4-0.5万年前 大汶口文化中晚期，父系氏族公社
约4000多年前 传说中的炎帝、黄帝、尧、舜、禹时期
二、 奴隶社会（公元前2070年到公元前476年）
夏 公元前2070年到公元前1600年
公元前2070年 禹传予启，夏朝建立
商 公元前1600 年到公元前1046年
公元前1600年 商汤灭夏，商朝建立
公元前1300年 商王盘庚迁都殷

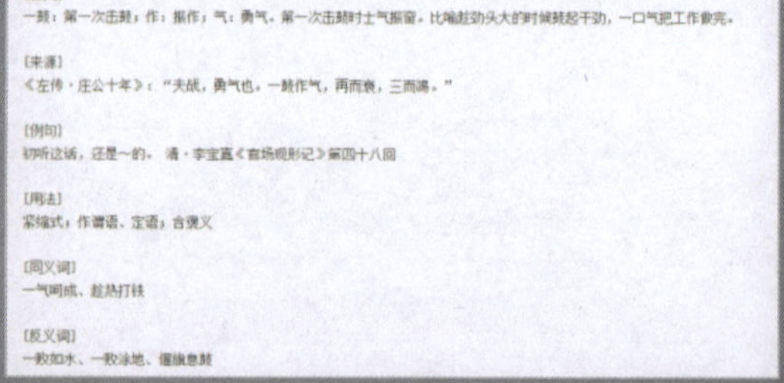
一鼓作气

[成语]
yī gǔ zuò qì

[含义]
一鼓：第一次击鼓；作：振作；气：勇气。第一次击鼓时士气振奋。比喻趁劲头大的时候鼓起干劲，一口气把工作做完。

[来源]
《左传·庄公十年》：“夫战，勇气也，一鼓作气，再而衰，三而竭。”

[例句]
初听这话，还是~的。 清·李宝嘉《官场现形记》第四十八回

[用法]
紧缩式；作谓语、定语；含褒义

[同义词]
一气呵成、趁热打铁

[反义词]
一败涂地、一败涂地、偃旗息鼓

5.1　事实信息的基础知识

对于不太了解的内容，需要从基础入手，快速提升自身的认知。对于大多数人来说，“事实信息”这个词可能都很少听到，因此了解其基础知识还是很有必要的。本节将主要讲解事实信息的基础知识。

5.1.1　事实信息的概念

事实信息的概念

事实信息是描述客观现实中发生事件或存在状态的信息。它基于实际观察、测量、记录或验证的数据，通常是具有客观真实性的信息。事实信息是可以被证明或验证的，而且在不同的观察者之间具有一致性。

举例来说，如果一个温度计显示的温度是 25 ℃，这个数值就是一个事实信息。同样，如果一个新闻报道中指出某个事件在某个时间和地点发生，这也是一个事实信息。

与事实信息相对的是观点、意见或主观性信息，后者更容易受到个体差异和主观看法的影响。在许多情况下，区分事实信息和主观信息是很重要的，特别是在决策、研究和沟通过程中。

5.1.2　事实信息的特点

事实信息的特点

事实信息具有一些主要特点，这些特点使其在传递和沟通中更具有客观性和可信度。具体来说，事实信息的主要特点如图 5-1 所示。

- 客观性 → 事实信息是客观存在的，与观察者的主观看法无关。它们基于实际观察、测量或验证，不受个体主观感受的影响
- 真实性 → 事实信息是真实的，即它们反映的是实际发生的事件、存在的状态或具体的数据，不受主观观点的影响
- 普遍性 → 事实信息具有普遍性，即在一定条件下普遍适用，而不仅仅存在于特定情境中
- 稳定性 → 事实信息通常是相对稳定的，不容易受到时间、地点或其他变化的影响，有一定的持久性
- 独立性 → 事实信息是独立于个体观点和情感倾向而存在的，不受特定个体的主观影响
- 可验证性 → 事实信息可以通过独立的观察、测量或实验进行验证，确保其准确性和可信度

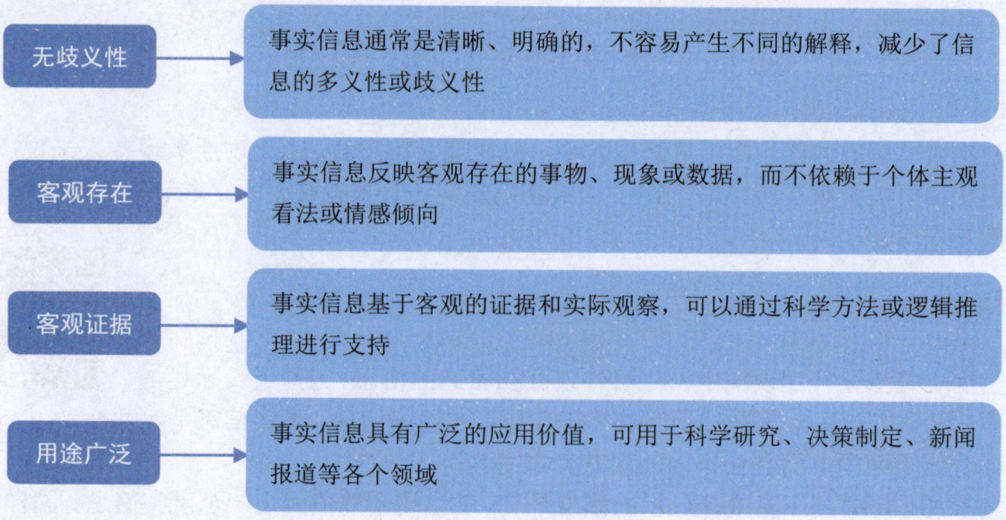

图 5-1　事实信息的主要特点

5.1.3　事实信息的类别

事实信息可以分为多个类别，每个类别都对应着特定领域或性质的客观真实数据。下面介绍一些常见的事实信息类别。

事实信息的类别

1．科学事实

科学事实是指通过科学方法和观察所获得的客观、可验证的数据和信息。这些事实是在科学研究和实验中收集和验证的，经过多次观察和实证研究，被科学界普遍接受为真实和可信的信息。科学事实是科学知识的基础，它们为科学理论和解释提供了支持。图 5-2 为科学事实的案例。

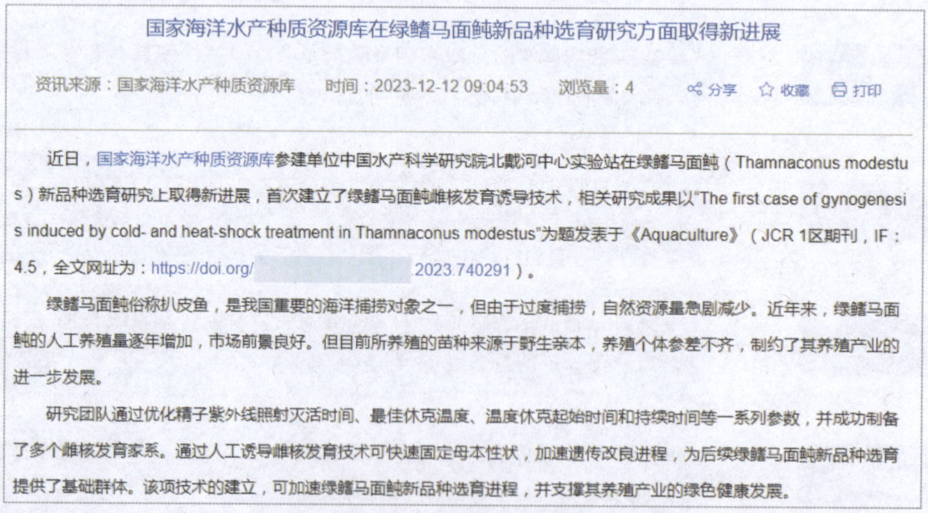
国家海洋水产种质资源库在绿鳍马面鲀新品种选育研究方面取得新进展

资讯来源：国家海洋水产种质资源库　时间：2023-12-12 09:04:53　浏览量：4　分享　收藏　打印

近日，国家海洋水产种质资源库参建单位中国水产科学研究院北戴河中心实验站在绿鳍马面鲀（Thamnaconus modestus）新品种选育研究上取得新进展，首次建立了绿鳍马面鲀雌核发育诱导技术，相关研究成果以"The first case of gynogenesis induced by cold- and heat-shock treatment in Thamnaconus modestus"为题发表于《Aquaculture》（JCR 1区期刊，IF：4.5，全文网址为：https://doi.org/[illegible]2023.740291）。

绿鳍马面鲀俗称扒皮鱼，是我国重要的海洋捕捞对象之一，但由于过度捕捞，自然资源量急剧减少。近年来，绿鳍马面鲀的人工养殖量逐年增加，市场前景良好。但目前所养殖的苗种来源于野生亲本，养殖个体参差不齐，制约了其养殖产业的进一步发展。

研究团队通过优化精子紫外线照射灭活时间、最佳休克温度、温度休克起始时间和持续时间等一系列参数，并成功制备了多个雌核发育家系。通过人工诱导雌核发育技术可快速固定母本性状，加速遗传改良进程，为后续绿鳍马面鲀新品种选育提供了基础群体。该项技术的建立，可加速绿鳍马面鲀新品种选育进程，并支撑其养殖产业的绿色健康发展。

图 5-2　科学事实的案例

2．历史事实

历史事实是指过去发生的、可以被证明为真实的事件、行为或情况。这些事实是历史研究和史学分析的基础，通过史料、文献、考古发现等途径收集和验证。历史事实有助于了解过去的社会、文化、政治和经济状况，以及个人、国家和全球的发展轨迹。图 5-3 为历史事实的真实案例。

> **1979年 12月5日 联合国《关于月球的协定》签字**
>
> 1979年12月5日，第34届联合国大会未经投票通过了《指导各国在月球和其他天体活动的规定》，简称《关于月球的协定》。该协定内容涉及探索和利用月球，自由进行科学研究，矿物品的取样和保护，设立月球登陆基地以及向月球发射航行站等问题。主要规定有：宣布月球及其自然资源是全体人类的共同财产，月球不得由国家依据主权要求，通过利用、占领或以任何其他方式据为己有；月球应供全体缔约国为和平目的加以利用；在月球上使用武力或以武力相威胁，或从事任何其他敌对行为或以敌对行为相威胁概在禁止之列；禁止在月球上建立军事基地、军事装置及防御工事，试验任何类型的武器及举行军事演习；月球的探索和利用应是全体人类的事情并为一切国家谋福利，不问他们的经济和科学发展程度如何。

图 5-3　历史事实的案例

3．数学事实

数学事实是指在数学领域中经过证明和确认的客观、确定性的陈述或关系。这些事实是数学真理的一部分，以公认的数学原理和定理形式存在。数学事实是不可否认的，其真实性是通过逻辑推理和数学证明而得到确认的。图 5-4 为数学事实的案例。

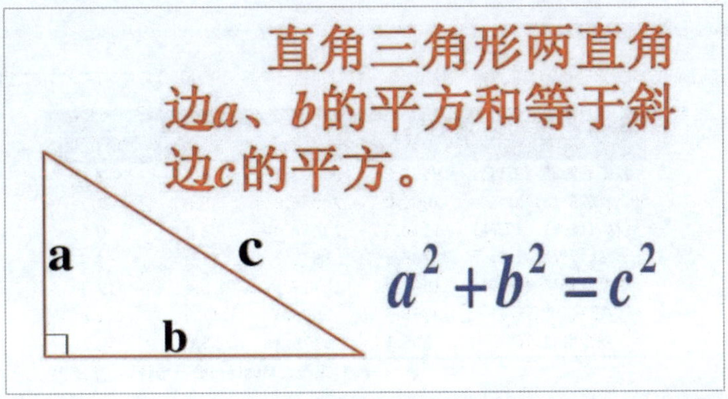

图 5-4　数学事实的案例

4．地理事实

地理事实是指地理领域中关于地球表面、自然环境和人文地理等方面的客观、可验证的信息。这些信息包括地球的物理特征、自然资源分布、人类活动、地理位置等内容。地理事实通过科学观察、测量和研究获得，对于理解地球的结构、过程和变化具有重要意义。图 5-5 为地理事实的案例。

5．统计事实

统计事实是指通过收集、整理、分析大量数据得到的客观、可量化的信息。统计事实通常反映了某个领域内的数量、趋势、分布等特征，这些信息通过统计学方法得到并用于描述和解释现象。统计事实可以涉及各种领域，包括经济、社会学、医学、教育等。图 5-6 为统计事实的案例。

人类是生活在地球表面的，其实人类的视野是极其狭窄的，我们不仅对地球表面以外的太空及宇宙知之甚少，同时对于地球表面以下的地球内部结构也知之甚少。

地壳（qiao）

地壳是指由岩石组成的固体外壳，地球固体圈层的最外层，岩石圈的重要组成部分，通过地震波的研究判断，地壳与地幔的界面为莫霍洛维奇不连续面（莫霍面）。

地壳

地壳的平均厚度为17千米，这个厚度相对于地球6371的半径来说是非常薄的。地壳很像地球这个大鸡蛋的蛋壳。

地幔

地幔是指地壳下面是地球的中间层，厚度约2865公里，主要由致密的造岩物质构成，这是地球内部体积最大、质量最大的一层。地幔又可分成上地幔和下地幔两层，地幔很像地球这个大鸡蛋的蛋白

地核

地球的核心部分，位于地球的最内部。半径约有3470 km，主要由铁、镍元素组成，高密度，地核物质的平均密度大约为每立方厘米10.7克。温度非常高，有7000℃。地核又可以分成外核和内核两层，地核很像地球这个大鸡蛋的蛋黄。

图 5-5　地理事实的案例

国家统计局最新数据显示，2023年11月份，中国钢筋产量为1801.0万吨，同比下降8.8%；1-11月累计产量为20973.8万吨，同比下降2.2%。

11月份，中国中厚宽钢带产量为1581.9万吨，同比增长8.4%；1-11月累计产量为18727.1万吨，同比增长12.9%。

11月份，中国线材（盘条）产量为1110.8万吨，同比增长3.1%；1-11月累计产量为12650.9万吨，同比下降0.4%。

11月份，中国铁矿石原矿产量为8556.8万吨，同比增长6.6%；1-11月累计产量为90402.7万吨，同比增长7.1%。

指标	11月	1-11月累计	比去年同期（%）	
			11月	1-11月累计
铁矿石原矿（万吨）	8556.8	90402.7	6.6	7.1
钢筋（万吨）	1801.0	20973.8	-8.8	-2.2
线材（盘条）（万吨）	1110.8	12650.9	3.1	-0.4
冷轧薄板（万吨）	365.8	3579.7	13.0	4.8
中厚宽钢带（万吨）	1581.9	18727.1	8.4	12.9
焊接钢管（万吨）	565.7	5886.6	11.0	11.6
铁合金（万吨）	305.1	3179.0	5.0	2.2

资料来源：Mysteel根据统计局信息整理

图 5-6　统计事实的案例

6. 社会事实

社会事实是指社会生活中存在的客观、可观察、可验证的现象、关系或规律。这些事实涵盖了社会结构、社会行为、文化、制度、组织等方面的信息，通过社会科学研究方法进行观察、调查和分析。社会事实帮助理解社会的运作和变化，为社会科学领域提供了基础数据。图 5-7 为社会事实的案例。

7. 医学事实

医学事实是指在医学领域中经过科学研究和实验证实的客观、真实的信息。这些信息通常涉及人体结构、生理功能、疾病的病因与病理生理、医疗技术等方面。医学事实为医学知识提供了基础，是医学实践和研究的基石。图 5-8 为医学事实的案例。

每年农历八九月份，一场江南地区有名的大型庙会——方岩庙会在浙江省金华永康举办。

走进庙会现场，鞭炮声响，锣鼓喧天，方岩庙会上“打罗汉”“迎胡公”的民俗活动正如火如荼地进行。“罗汉们”（当地对参加庙会“打罗汉”表演的演员们的称呼）在方岩后山的空地上举着大旗，里外圈跳阵，不断变化着队形。“梅花阵”“长蛇阵”阵式灵活多变，长棍独练、短棍对拆等武技表演精彩纷呈，游客和村民的欢呼声喝彩声不绝于耳。

图 5-7　社会事实的案例

人体内脏器官包括心脏、肝、胆、脾、胃、肺、肾、大肠、小肠、胰腺、膀胱、阑尾、子宫、卵巢等。

心脏人类心脏位于胸腔中部偏左下方，由心肌构成，左心房、左心室、右心房、右心室四个腔组成。作用是推动血液流动，向器官、组织提供充足的血流量并带走代谢的终产物，使细胞维持正常的代谢和功能。

肝大部分位于右季肋部及上腹部，小部分位于左季肋区。肝脏呈红褐色，质软而脆，呈楔形，右端圆钝，左端扁薄，可分为上、下两面，前后两缘，左右两叶。主要功能是代谢，并在身体里面充分扮演着去氧化，储存肝糖，分泌性蛋白质的合成等等。

肺位于胸腔，左右各一覆盖于心之上。肺有分叶，左二右三，共五叶，由肺内的各级支气管、肺泡、血管及淋巴管等组成。肺是人体的呼吸器官，也是人体重要的造血器官。

肾脏正常成人具备两枚肾脏，位于腰部两侧后方。肾属于泌尿系统的一部分，负责过滤血液中的杂质、维持体液和电解质的平衡，最后产生尿液经尿道排出体外；同时也具备内分泌的功能以调节血压。

胆胆呈囊形，位于右上腹，肝脏的下缘，附着在肝脏的胆囊窝里，借助胆囊管与胆总管相通。胆分底、体、颈、管四部，主要功能为贮存和排泄胆汁，并参与饮食物的消化。

胃胃是食道的扩大部分，位于膈下，上接食道，下通小肠。胃可分为贲门、胃底、胃体、胃窦和幽门几个部分。胃有储存食物功能、消化和吸收功能，还可防止病原微生物及异物的侵入。

脾位于腹腔的左上方，呈扁椭圆形，暗红色、质软而脆，由被膜、小梁及淋巴组织构成。脾是重要的淋巴器官，有造血、滤血、清除衰老血细胞及参与免疫反应等功能。

图 5-8　医学事实的案例

8．环境事实

环境事实是指有关自然环境和生态系统的客观数据和实际观察结果。这些信息涉及地球的各个方面，包括大气、水域、土壤、生物多样性等，用于描述和分析环境状况以及对环境的影响。环境事实信息通常是通过科学研究、监测和实地调查等手段收集和验证的。图 5-9 为环境事实的案例。

2023年10月，全国共监测3581个地表水国考断面（点位），其中，河流断面3240个（包含入海河流断面230个），湖库点位341个；未监测的国考断面（点位）有60个。

根据《地表水和地下水环境本底判定技术规定（暂行）》（环办监测函〔2019〕895号），受环境本底影响较大断面（点位）的监测项目参与水质评价，并在文中以*标明。

本月全国地表水总体水质良好。监测的3581个国考断面（点位）中：Ⅰ类水质断面占9.0%，Ⅱ类占47.1%，Ⅲ类占30.6%，Ⅳ类占10.1%，Ⅴ类占2.4%，劣Ⅴ类占0.8%。

与上月相比，水质无明显变化。其中：Ⅰ类水质断面比例上升2.5个百分点，Ⅱ类上升1.9个百分点，Ⅲ类上升0.8个百分点，Ⅳ类下降4.0个百分点，Ⅴ类下降0.8个百分点，劣Ⅴ类下降0.3个百分点。

图 5-9　环境事实的案例

9．经济事实

经济事实是指与经济体系、经济活动以及与之相关的数据和信息有关的客观现象。这些信息涵盖了国家或地区的经济状况、产业活动、就业水平、财政政策、货币政策等方面的数据。经济事实对于评估经济健康、制定政策、进行投资决策以及了解经济发展趋势都具有重要意义。图 5-10 为经济事实的案例。

[redacted]：就业形势总体稳定 三季度持续好转

2023/10/19 10:19 来源：中国经济网 | Aa 字体： 小 中 大 | 分享到：

今年以来，随着一系列扩大内需、提振信心、防范风险的政策效应逐步显现，经济运行回升向好，就业形势持续好转。前三季度，全国城镇调查失业率平均值为5.3%，比上年同期下降0.3个百分点。

三季度就业形势进一步向好。三季度城镇调查失业率平均值为5.2%，与二季度持平，比一季度下降0.3个百分点，比上年同期下降0.2个百分点。三季度正值暑期，受到气候炎热、灾害性天气较多、户外工作机会减少等季节性因素影响，若扣除季节因素，三季度就业形势在二季度基础上进一步向好。

城镇调查失业率连续两个月下降。从三季度各月情况看，7月份城镇调查失业率为5.3%，8月份为5.2%；9月份继续下降至5.0%，低于上年同月0.5个百分点，为今年以来单月最低值。

农民工就业持续改善。随着经济持续恢复，接触型聚集型服务业明显回升，市场用工需求增加，就业政策持续显效，农民工就业形势不断改善。前三季度，城镇外来农业户籍劳动力失业率平均值为5.1%，比上年同期下降0.5个百分点。三季度城镇外来农业户籍劳动力失业率为4.6%，比二季度下降0.4个百分点，低于上年同期0.6个百分点。从三季度各月情况看，7月份，城镇外来农业户籍劳动力失业率为4.8%，比上月下降0.1个百分点；8月份为4.4%，是近年来月度较低水平。9月份城镇外来农业户籍劳动力失业率为4.7%，比上月上升0.3个百分点，低于上年同月0.8个百分点，仍处于历史同期较低水平。

31个大城市就业形势好转。三季度31个大城市城镇调查失业率平均值为5.3%，比二季度下降0.2个百分点，比上年同期下降0.3个百分点。从三季度各月情况看，31个大城市三季度各月失业率延续年内持续下降趋势，7—9月连续三个月下降，分别为5.4%、5.3%和5.2%，9月份，31个大城市城镇调查失业率比上月下降0.1个百分点，低于上年同月0.6个百分点。

图 5-10 经济事实的案例

10．技术事实

技术事实是指与科技领域相关的客观、可验证的数据和信息。这类信息通常涵盖了科技创新、技术发展、工程参数、技术规范以及各种技术进展方面的实际情况。技术事实对于了解技术领域的状态、推动创新、指导工程实践以及支持科研都具有重要的作用。图 5-11 为技术事实的案例。

在油气勘探开发领域，11月15日，位于新疆塔里木盆地的“深地一号”跃进3-3XC井完钻井深达9432米，刷新亚洲陆上最深井纪录，为进军万米超深层提供重要技术和装备储备，探索形成超深层油气优快钻井技术体系，实现了由“打不成”到“打得快、打得准”的重大跨越。目前，“深地一号”顺北油气田基地钻探深度超过8000米的井达108口，连续6年获得油气重大突破，已落实4个亿吨级油气区。

2023年是中国核电技术创新成果应用丰收之年，中国自主第三代核电技术品牌“华龙一号”“国和一号”项目工程、第四代核电工程项目都迎来重要时间节点。3月25日，西部地区首台“华龙一号”核电机组——中国广核集团广西防城港核电站3号机组完成168小时试运行试验，正式商运。5月5日，“华龙一号”全球首堆示范工程——福建福清核电五、六号机组通过竣工验收，标志着中国已经形成了一套完整的、自主的第三代核电型号标准体系。12月6日，中国第三代核电技术另一个品牌“国和一号”的数字孪生核电站一期工程第一阶段在山东荣成正式投用，这是世界首个满足电力研究协会标准的数字孪生核电站。在同一天同一座城市，全球首座第四代核电站——荣成石岛湾高温气冷堆核电站商业示范工程圆满完成168小时连续运行考验，正式商运，标志着中国在第四代核电技术研发和应用领域达到世界领先水平。

水电科技工程领域佳音频传。9月和11月，黄河流域最大水电站即黄河拉西瓦水电站工程、世界第二大水电工程白鹤滩水电站工程，陆续完成竣工验收和竣工安全鉴定。这表明，中国水电科技工作者近年来开展的坝工科技创新、水轮机组科技创新等经受住了工程实践的严苛考验，成为认识和改造世界，造福人类的骄人成就。以此为基础和支撑，中国水电事业继续大步向前。临近年末，总装机容量2400兆瓦、雅砻江流域在建国内装机规模最大的水电站孟底沟水电项目主体工程正式开工建设。

图 5-11 科技事实的案例

11．法律事实

法律事实是指在法律领域中，与法律案件、法规、判决等相关的客观、实际情况和数据。

这些信息对于法律体系的运作、司法决策、法律实践以及社会法治都具有重要意义。图 5-12 为法律事实的案例。

公正裁判暖民心 工程款200多万给到位

2023-12-19 15:55:20 | 来源：中国法院网 | 作者：[redacted]

近日，安徽省六安市金安区人民法院张店法庭圆满审结一起建设工程分包合同纠纷，不仅为原告郑某、刘某讨回拖欠已久的200多万工程款，还实质性的化解了双方纠纷，彰显了法官司法为民、为企解忧的情怀和担当。

据悉，原告郑某、刘某曾合伙分包了被告某建设公司承包的土建工程，该工程竣工验收后，因为账目问题，双方对剩余工程款数额产生分歧引发纠纷，经多次协商无果后，郑某、刘某将该建设公司诉至金安区法院，请求判决建设公司给付剩余工程款、工程质保金、代付工资等共计约390万元。

案件审理中，张店法庭庭长[redacted]发现此案跨度时间长，部分事实难以查清，并且双方就工程造价、已付工程款、保证金适用等问题争议大。为了减少双方争议，法官多次组织双方调解，并对无争议的事实进行确认，厘清了双方争议焦点。此后，为了进一步查明案情，法官又多次组织双方对账，查明案件事实。最终，判决被告建设公司在期限内支付刘某、郑某工程款213万元。被告建设公司不服提出上诉，二审法院审理认为，一审判决认定事实清楚，适用法律正确，判决驳回上诉，维持原判。

图 5-12　法律事实的案例

12．教育事实

教育事实是指与教育领域相关的客观、可验证的数据和信息。这些信息涵盖了学生学习、教育机构运作、教学方法、教育政策等方面的实际情况。教育事实对于了解教育系统的状态、制定教育政策、改进教学方法和促进教育研究具有重要意义。图 5-13 为教育事实的案例。

国家发展改革委等8部门联合印发《职业教育产教融合赋能提升行动实施方案（2023—2025年）》

发布时间：2023/06/13　　来源：[redacted]　　[打印]　　微博　微信

为贯彻落实党的二十大精神和党中央、国务院决策部署，统筹解决人才培养和产业发展"两张皮"问题，推动职业教育产教融合高质量发展，近日，国家发展改革委、教育部、人力资源社会保障部等8部门联合印发《职业教育产教融合赋能提升行动实施方案（2023—2025年）》（以下简称《实施方案》）。

《实施方案》提出，到2025年，国家产教融合试点城市达到50个左右，试点城市的突破和引领带动作用充分发挥，在全国建设培育1万家以上产教融合型企业，产教融合型企业制度和组合式激励政策体系健全完善，各类资金渠道对职业教育投入稳步提升，产业需求更好融入人才培养全过程，逐步形成教育和产业统筹融合、良性互动的发展格局。

《实施方案》围绕"赋能"和"提升"，提出5方面19条政策措施。**一是推动形成产教融合头雁效应。**梳理总结首批国家产教融合试点城市经验做法，启动遴选第二批30个左右国家产教融合试点城市，再遴选一批国家产教融合型企业。在新一代信息技术、集成电路、人工智能、工业互联网、储能、智能制造、生物医药、新材料等战略性新兴产业，以及养老、托育、家政等生活服务业等行业，深入推进产教融合，培养服务支撑产业重大需求的技能技术人才。**二是夯实职业院校发展基础。**对"十四五"教育强国推进工程职业教育产教融合项目实施情况开展中期评估，在储备项目库中新增200所左右高职和应用型本科院校。完善职业教育专业设置，加快形成紧密对接产业链、创新链的专业体系。**三是建设产教融合实训基地。**通过"十四五"教育强国推进工程，安排中央预算内投资支持一批产教融合实训基地建设，高质量完成"十四五"规划《纲要》提出的"建设100个高水平、专业化、开放型产教融合实训基地"的重大任务。**四是深化产教融合校企合作。**支持职业院校联合企业、科研院所开展协同创新，引导企业深度参与职业院校专业规划、教材开发、教学设计、课程设置、实习实训，促进企业需求融入人才培养各环节。发挥职教集团（联盟）、市域产教融合联合体、产教融合共同体作用，提升人才培养质量，促进高质量就业。**五是健全激励扶持组合举措。**加大金融、投资、财税、土地、信用等政策支持力度，进一步健全组合式激励政策体系，支持地方出台符合本地实际的落地政策。

图 5-13　教育事实的案例

13．体育事实

体育事实指的是与体育相关的客观、具体的真实信息和事件。这些信息通常包括运动员的成就、比赛的结果、运动队的统计数据、体育赛事的历史记录等。体育事实是可以通过观察、记录和统计而得出的，具有客观性和可验证性。图 5-14 为体育事实的案例。

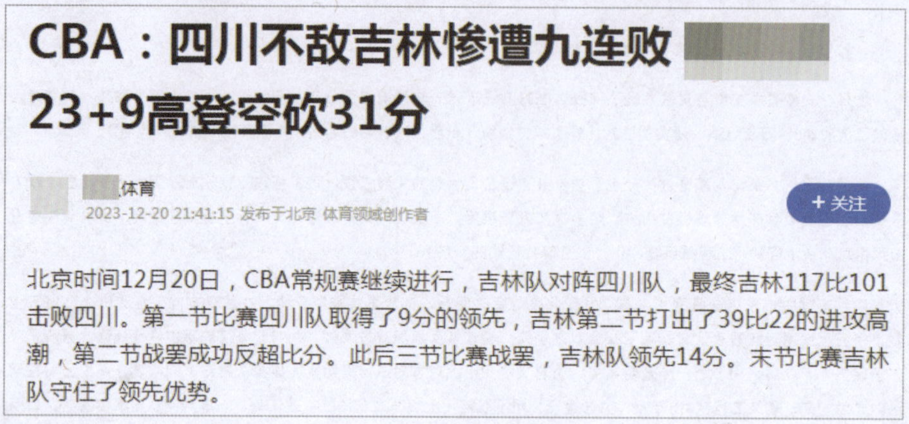

CBA：四川不敌吉林惨遭九连败 [redacted] 23+9高登空砍31分

[redacted]体育
2023-12-20 21:41:15 发布于北京 体育领域创作者
+ 关注

北京时间12月20日，CBA常规赛继续进行，吉林队对阵四川队，最终吉林117比101击败四川。第一节比赛四川队取得了9分的领先，吉林第二节打出了39比22的进攻高潮，第二节战罢成功反超比分。此后三节比赛战罢，吉林队领先14分。末节比赛吉林队守住了领先优势。

图 5-14　体育事实的案例

14．新闻事实

新闻事实是指新闻报道中涉及的客观、实际发生的事件或情况。新闻事实是新闻报道的基础，它们应该是真实、可验证的，符合事实的客观性。新闻事实通常是通过记者的采访、调查、目击者的陈述等手段获得的。图 5-15 为新闻事实的案例。

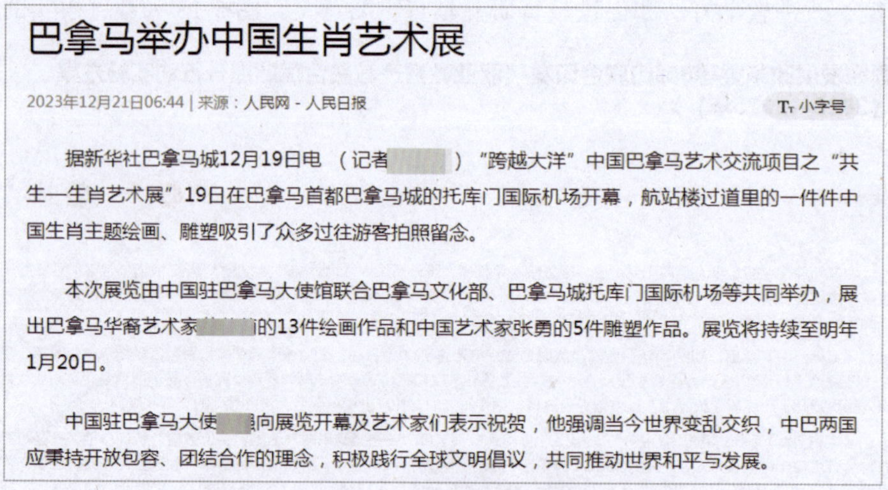

巴拿马举办中国生肖艺术展

2023年12月21日06:44 | 来源：人民网 - 人民日报　Tт 小字号

据新华社巴拿马城12月19日电 （记者[redacted]）“跨越大洋”中国巴拿马艺术交流项目之“共生—生肖艺术展”19日在巴拿马首都巴拿马城的托库门国际机场开幕，航站楼过道里的一件件中国生肖主题绘画、雕塑吸引了众多过往游客拍照留念。

本次展览由中国驻巴拿马大使馆联合巴拿马文化部、巴拿马城托库门国际机场等共同举办，展出巴拿马华裔艺术家[redacted]的13件绘画作品和中国艺术家张勇的5件雕塑作品。展览将持续至明年1月20日。

中国驻巴拿马大使[redacted]向展览开幕及艺术家们表示祝贺，他强调当今世界变乱交织，中巴两国应秉持开放包容、团结合作的理念，积极践行全球文明倡议，共同推动世界和平与发展。

图 5-15　新闻事实的案例

5.2　事实信息的检索技巧

了解了事实信息的基础之后，就可以根据自身需求检索信息了。那么，如何才能快速检索到相关的事实信息呢？本节从所用工具的角度，介绍事实信息的检索技巧。

5.2.1 使用字（词）典检索信息

使用字（词）典检索信息

字典是一种书籍或在线资源，主要用于收录、解释和说明词汇、短语、术语、汉字等的信息。它是一种语言学工具，帮助人们理解和使用语言。字典可以涵盖多个领域，包括语言学、文学、地理学、医学、法律、科学等，以满足不同用户的需求。

词典是一种包含词汇、短语、术语及其释义、解释、用法说明等信息的书籍或在线资源。它是一种工具，用于查找和理解语言中特定词汇的含义和用法。词典可以涵盖多种语言，并根据用途不同分为不同类型，例如一般词典、专业词典、双语词典等。

无论是字典还是词典，它们都是用于查找和解释语言相关信息的工具，提供了有关字词的定义、发音、用法等内容。那么，如何使用字典或词典检索信息呢？下面以电子词典为例，介绍检索信息的具体方法。

Step 01 进入电子词典的官网默认页面，在搜索框中输入检索词，如输入“醍醐灌顶”，单击“搜索”按钮，如图 5-16 所示，进行信息的检索。

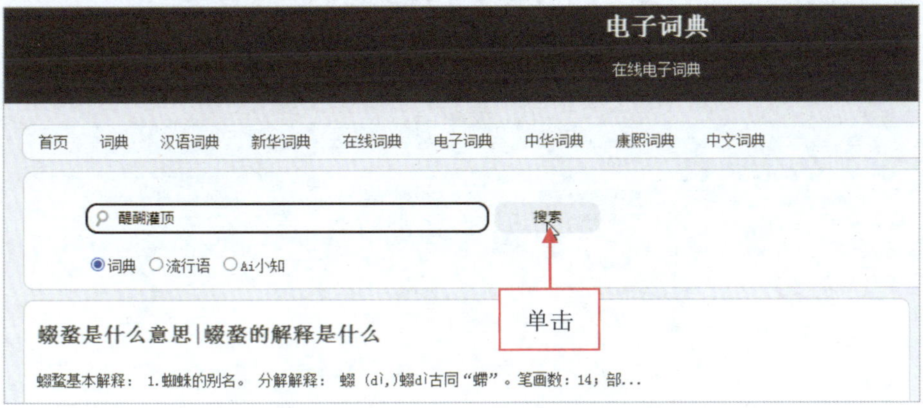

图 5-16 单击“搜索”按钮

Step 02 执行操作后，即可检索到与“醍醐灌顶”相关的信息，如图 5-17 所示。

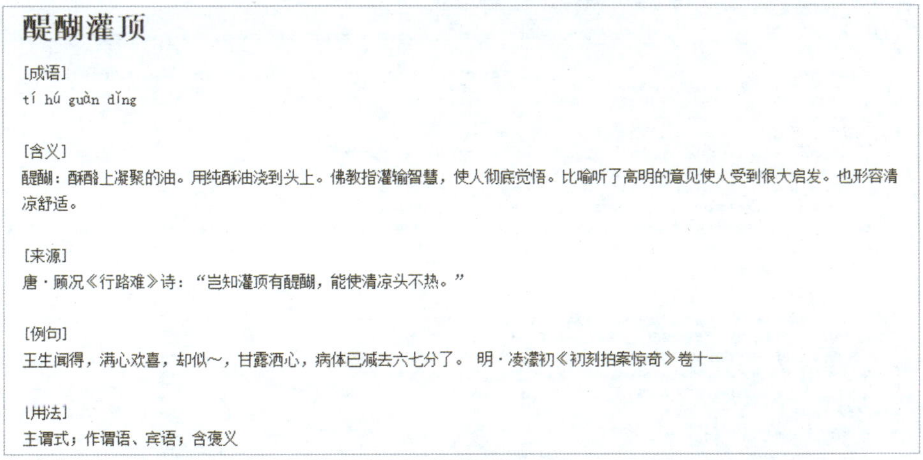

图 5-17 检索到与“醍醐灌顶”相关的信息

5.2.2 使用年鉴检索信息

使用年鉴检索信息

年鉴是一种集中收录特定年份内重要事件、统计数据、发展趋势等综合性信息的参考书籍。年鉴通常按照时间顺序或主题进行组织，以提供读者对该年度各个领域的全面了解。这类书籍对于研究历史、了解社会发展、分析经济趋势等方面都具有重要的参考价值。

年鉴在学术研究、政府决策、企业分析等方面都有着广泛的应用，是了解过去某一年度社会变化和发展的重要参考资料。那么，如何使用年鉴检索信息呢？下面以夏泽网为例，介绍检索年鉴信息的具体方法。

Step 01 进入夏泽网的官网默认页面，在搜索框中输入检索词，如输入“中国农产品价格调查年鉴”，单击“搜索”按钮，如图 5-18 所示，进行信息的检索。

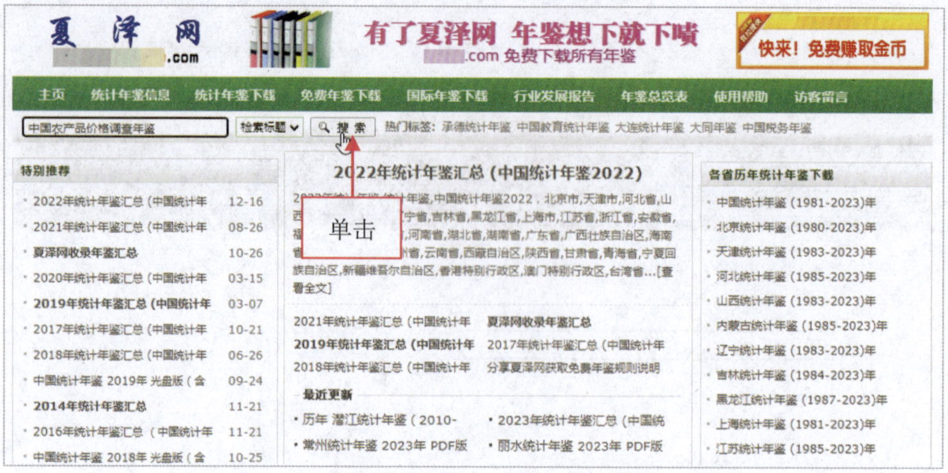

图 5-18 单击“搜索”按钮

Step 02 执行操作后，即可检索到与“中国农产品价格调查年鉴”相关的信息，单击想要查看的信息对应的链接，如图 5-19 所示。

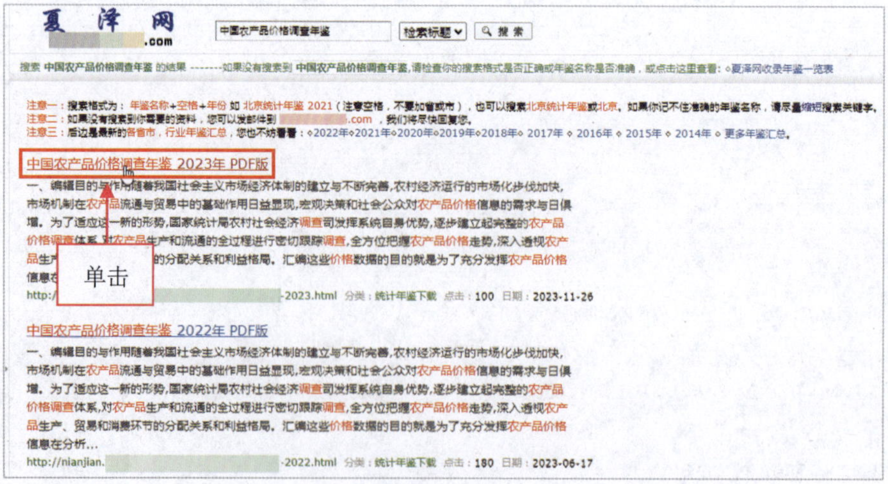

图 5-19 单击想要查看的信息对应的链接

Step 03 执行操作后，即可进入“统计年鉴下载”页面，如图 5-20 所示，查看对应年鉴的相关信息。

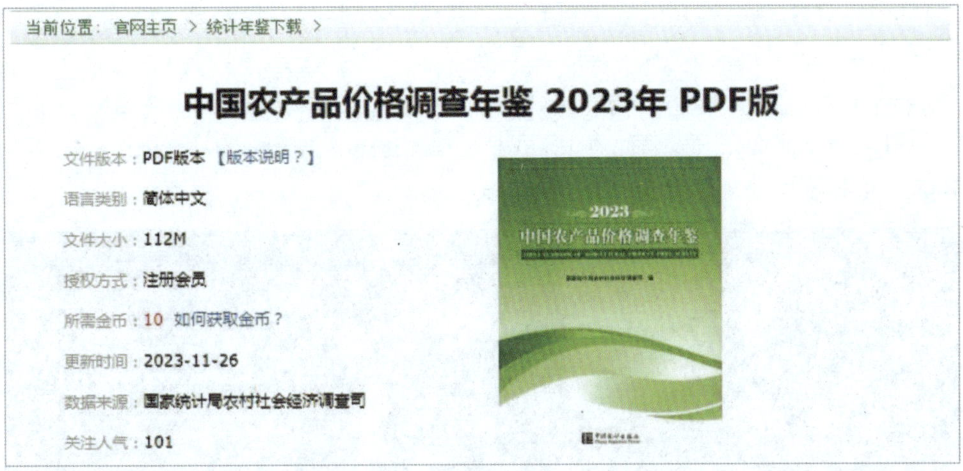

图 5-20 “统计年鉴下载”页面

Step 04 滑动页面至“下载地址”板块，该板块中会显示对应的年鉴附件，如图 5-21 所示。用户只需单击附件，并根据提示进行操作，即可将年鉴附件下载至电脑中。

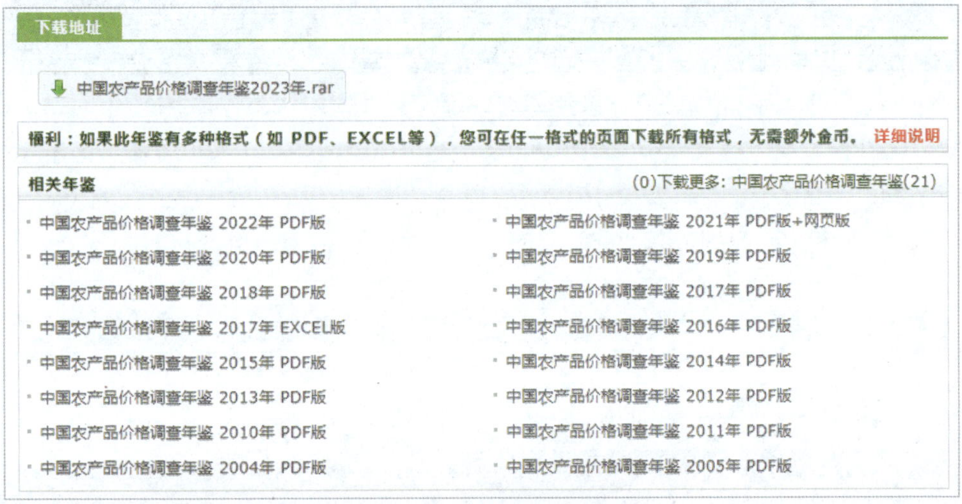

图 5-21 显示对应的年鉴附件

> ▶ 专家指点
>
> 在夏泽网中下载年鉴附件时，需要先注册并登录账号，然后在根据要求支付一定的金币（用于下载该网站中的各种资源的虚拟货币）。

5.2.3 使用名录检索信息

使用名录检索信息

名录通常指的是包含有关特定领域或范围内人物、机构、公司等详细信息的书籍、文档或数据库。名录可以涵盖各种不同的领域，包括企业名录、电话号码名录、学术研究名录等。这些名录旨在提供特定群体或用户所需的详细信息，以便查找、联系或了解相关实体。

名录在商业、研究、社交等方面都有广泛的应用，为用户提供了便捷的信息查找途径。随着数字化的发展，许多名录也以电子形式存在，可通过互联网进行访问。那么，如何使用名录检索信息呢？下面以中国非物质文化遗产网为例，介绍检索名录信息的具体方法。

Step 01 进入中国非物质文化遗产网的官网默认页面，单击“清单”按钮，进入对应页面，单击页面中对应清单的链接，如单击“国家级非物质文化遗产代表性项目名录”的链接，如图 5-22 所示，选择要检索的名录。

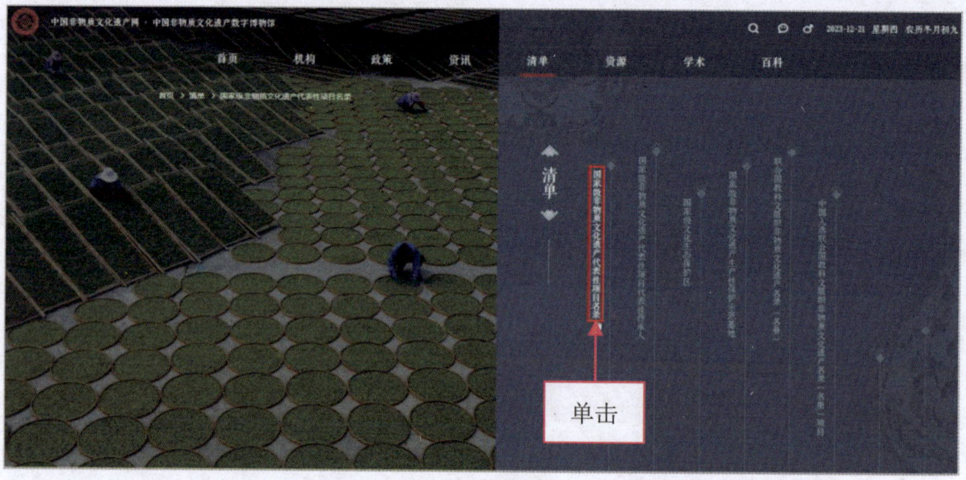

图 5-22　单击“国家级非物质文化遗产代表性项目名录”的链接

Step 02 执行操作后，即可进入“国家级非物质文化遗产代表性项目名录”页面，如图 5-23 所示，查看相关的信息。

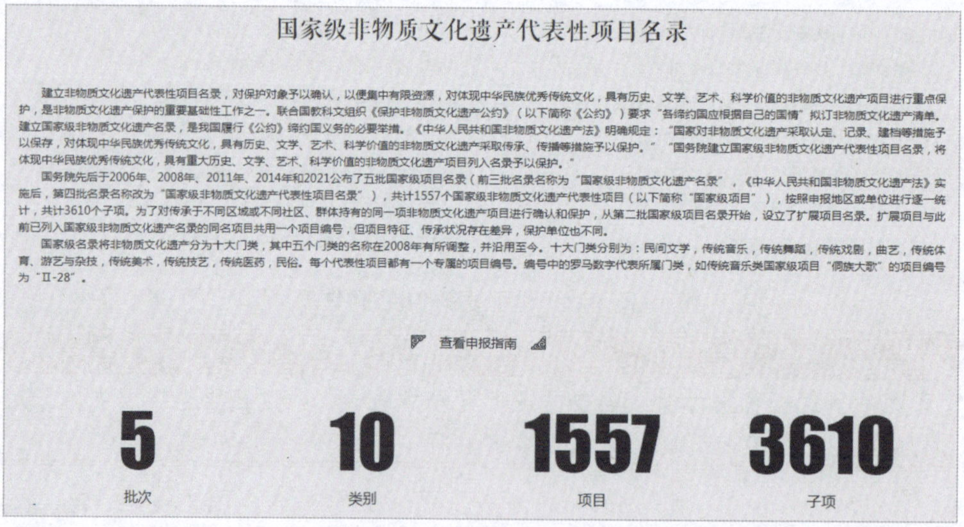

图 5-23　“国家级非物质文化遗产代表性项目名录”页面

Step 03 滑动页面至“查看申报指南”板块，设置检索信息，单击“搜索”按钮，如图 5-24 所示，对信息进行检索。

Step 04 执行操作后，即可根据设置的信息检索到相关的名录，如图 5-25 所示。如果用户要查看某个项目的具体信息，只需单击对应的链接即可。

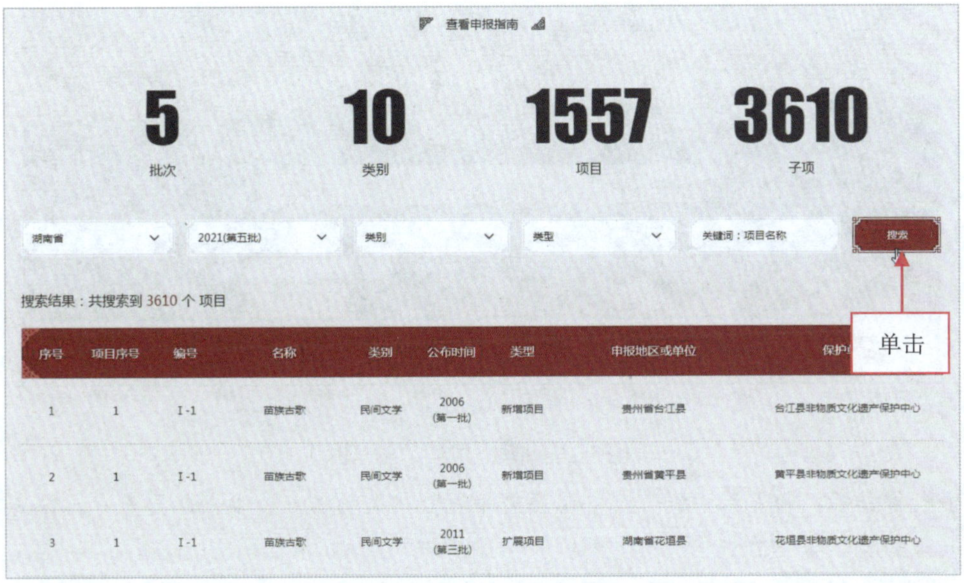

图 5-24　单击“搜索”按钮

图 5-25　根据设置的信息检索到相关的名录

5.2.4　使用表谱检索信息

使用表谱检索信息

表谱是一种记载事物发展的工具，通常以编年的形式呈现。这种形式的工具旨在提供一种有序、清晰的方式，让用户了解一定时期内事件、数据或其他信息的发展和演变。

表谱在历史研究、统计分析、社会科学研究等领域都有广泛的应用。通过这种形式的呈现，用户可以更系统地了解特定主题或时期内的演变和变化。那么，如何使用表谱检索信息呢？下面以高三网为例，介绍检索信息的具体方法。

Step 01 进入高三网的官网默认页面，在搜索框中输入检索词，如输入“中国历史年表”，单击“搜索”按钮，如图 5-26 所示，进行表谱信息的检索。

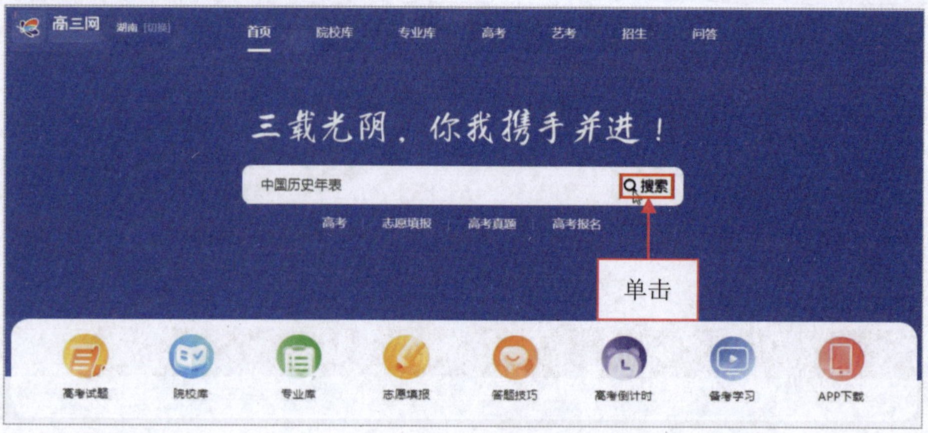

图 5-26　单击“搜索”按钮

Step 02 执行操作后，即可检索到与“中国历史年表”相关的信息，单击想要查看的信息对应的链接，如图 5-27 所示。

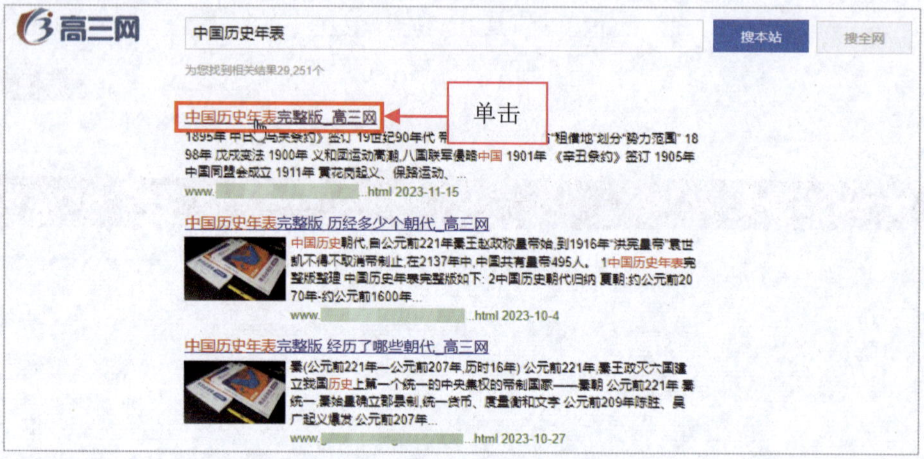

图 5-27　单击想要查看的信息对应的链接

Step 03 执行操作后，即可进入“中国历史年表完整版”页面，如图 5-28 所示。

图 5-28　“中国历史年表完整版”页面

Step 04 滑动页面，即可查看中国历史年表的相关信息，如图 5-29 所示。用户可以借助该年表检索信息，找到相关的历史时间。

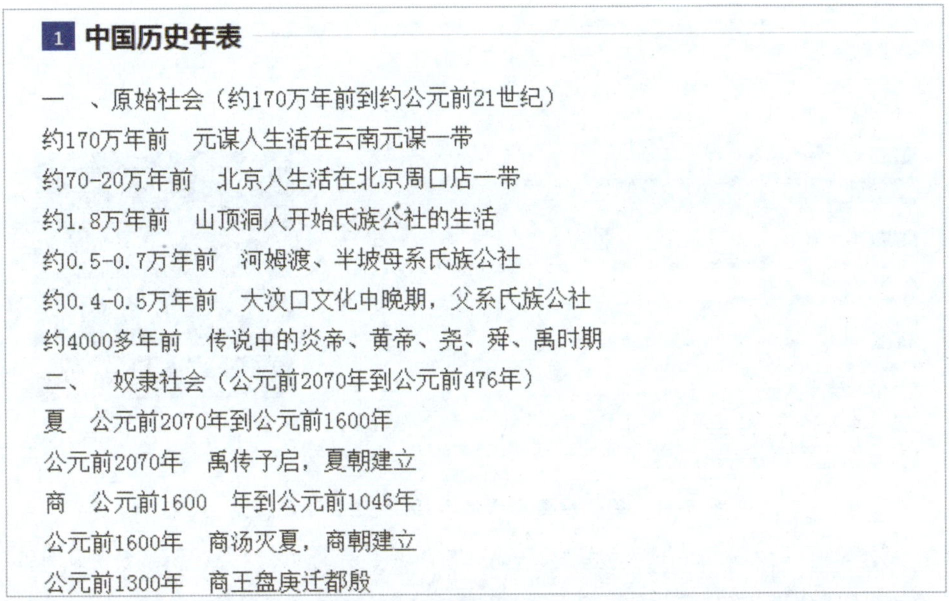
1 中国历史年表

一　、原始社会（约170万年前到约公元前21世纪）
约170万年前　元谋人生活在云南元谋一带
约70-20万年前　北京人生活在北京周口店一带
约1.8万年前　山顶洞人开始氏族公社的生活
约0.5-0.7万年前　河姆渡、半坡母系氏族公社
约0.4-0.5万年前　大汶口文化中晚期，父系氏族公社
约4000多年前　传说中的炎帝、黄帝、尧、舜、禹时期
二、　奴隶社会（公元前2070年到公元前476年）
夏　公元前2070年到公元前1600年
公元前2070年　禹传予启，夏朝建立
商　公元前1600　年到公元前1046年
公元前1600年　商汤灭夏，商朝建立
公元前1300年　商王盘庚迁都殷

图 5-29　中国历史年表的相关信息

▶ 专家指点

对于以编年形式呈现的表谱，用户找到对应的表谱之后，只需根据要检索的信息所属的时间进行查找即可。

5.2.5　使用手册检索信息

使用手册检索信息

手册是一种提供指导、解释、信息或说明的小型书籍或文件。手册通常设计简洁明了，目的是为了方便用户快速查阅和理解特定主题。它可以涵盖各种领域，包括技术、产品使用、操作流程、政策规定等，以满足读者在特定情境下的需求。

手册的设计旨在为用户提供方便、实用的信息，使其能够迅速解决问题或了解特定主题。手册可以以印刷形式发行，也可以作为电子文档、在线资源或应用程序的一部分提供。那么，如何使用手册检索信息呢？下面以国家统计局的官网为例，介绍检索手册信息的具体方法。

Step 01 进入国家统计局的官网“首页”页面，在搜索框中输入检索词，如输入“金砖国家联合统计手册”，单击“搜索”按钮，如图 5-30 所示，进行手册信息的检索。

图 5-30　单击“搜索”按钮

Step02 执行操作后，即可检索到与“金砖国家联合统计手册”相关的信息，单击想要查看的手册对应的链接，如图 5-31 所示。

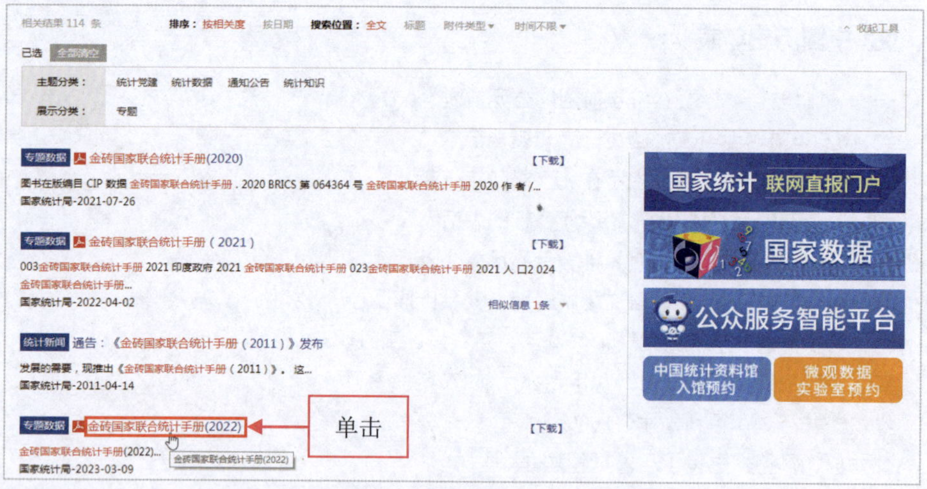

图 5-31　单击想要查看的手册对应的链接（1）

Step03 执行操作后，进入对应手册的相关页面，单击要查看的手册对应的链接，如图 5-32 所示。

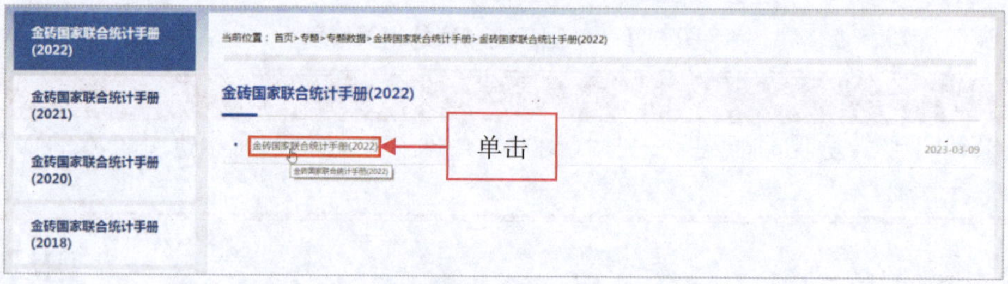

图 5-32　单击要查看的手册对应的链接（2）

Step04 执行操作后，即可跳转页面，查看对应手册的具体信息，如图 5-33 所示。

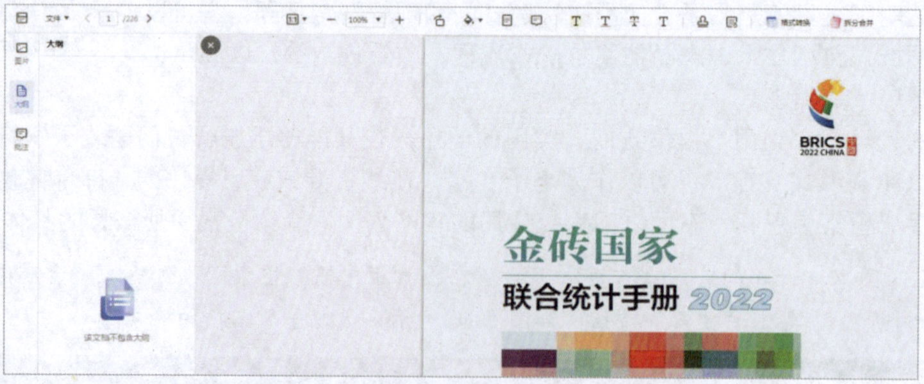

图 5-33　查看对应手册的具体信息

Step05 滑动页面至“目录”页面，查看要检索的信息对应的页面。例如，要查看巴西的人口情况，可以在页面的左上角输入对应的页码，即 24，如图 5-34 所示。

Step06 按【Enter】键确认，即可跳转至对应页面，查看关于巴西人口的具体信息，如图 5-35 所示。

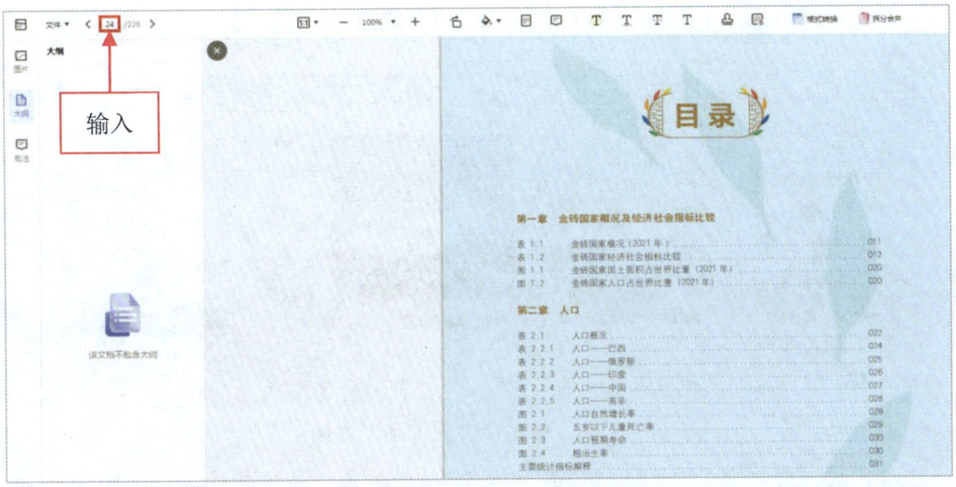

图 5-34　输入对应的页码

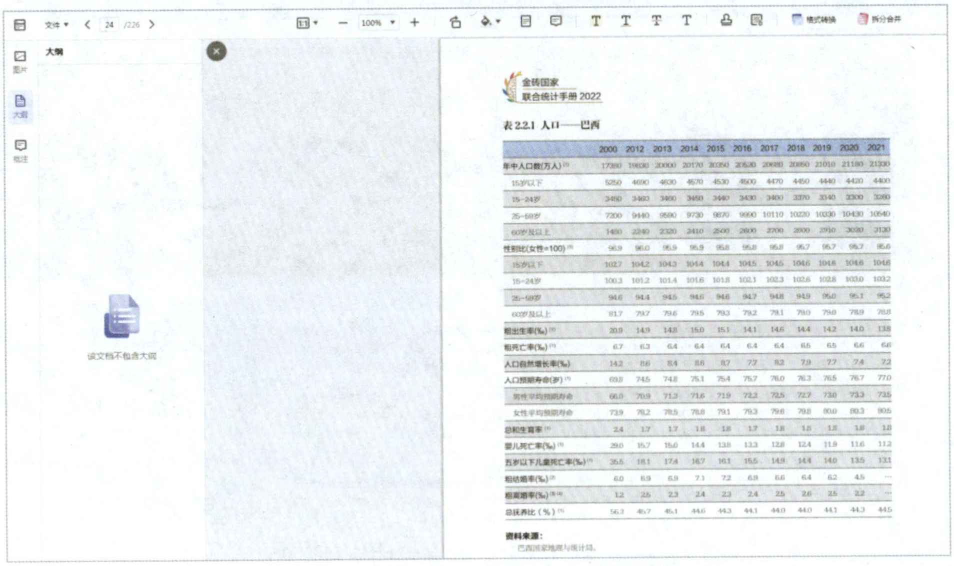

图 5-35　查看关于巴西人口的具体信息

5.2.6　使用百科检索信息

使用百科检索信息

百科通常是指百科全书的缩写或简称。百科全书是一种系统收集、整理并详细介绍人类知识的参考书籍。这类书籍旨在全面而详尽地呈现各种学科领域的知识，涵盖自然科学、社会科学、人文艺术等广泛的主题。

百科全书是一种重要的知识资源，旨在帮助人们了解和学习关于世界各个领域的知识。随着数字技术的发展，现代百科全书也以电子版的形式存在，使读者能够更便捷地获取信息。那么，如何使用百科检索信息呢？下面以百度百科为例，介绍检索信息的具体方法。

Step 01　进入百度百科的官网“首页”页面，在搜索框中输入检索词，如输入“冬至”，单击“进入词条”按钮，如图 5-36 所示，进行百科信息的检索。

图 5-36　单击“进入词条”按钮

Step 02 执行操作后，即可跳转至对应页面，查看关于“冬至”的百科信息，如图 5-37 所示。

图 5-37　查看关于“冬至”的百科信息

本章小结

本章主要介绍了图书馆信息资源检索的相关知识，包括图书馆信息资源的基础知识、图书馆信息资源的检索技巧和图书馆发现系统的基础知识。希望通过本章的学习，读者能够熟练掌握图书馆信息资源检索的基础知识和操作技巧。

课后习题

鉴于本章知识的重要性，本节将通过课后习题，帮助读者进行简单的知识回顾和补充，以便读者更好地掌握所学知识。

课后习题 1　　课后习题 2

1．使用词典检索“一鼓作气”的相关信息，效果如图 5-38 所示。

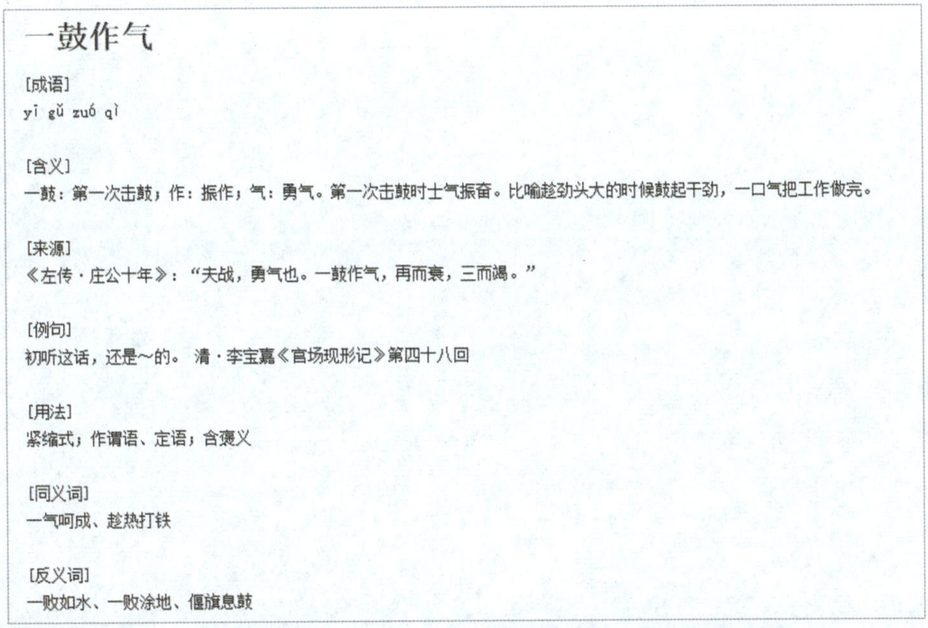
一鼓作气

[成语]
yī gǔ zuò qì

[含义]
一鼓：第一次击鼓；作：振作；气：勇气。第一次击鼓时士气振奋。比喻趁劲头大的时候鼓起干劲，一口气把工作做完。

[来源]
《左传·庄公十年》：“夫战，勇气也。一鼓作气，再而衰，三而竭。”

[例句]
初听这话，还是～的。 清·李宝嘉《官场现形记》第四十八回

[用法]
紧缩式；作谓语、定语；含褒义

[同义词]
一气呵成、趁热打铁

[反义词]
一败如水、一败涂地、偃旗息鼓

图 5-38　使用词典检索“一鼓作气”的相关信息

2．使用百科检索“信息检索”的相关信息，效果如图 5-39 所示。

图 5-39　使用百科检索“信息检索”的相关信息

第 6 章
特种文献信息检索

特种文献通常用来指代某一领域或特定主题的专业文献，其内容集中于狭窄的专业领域。这些文献通常由专业人士、研究者或领域内的专家撰写，用以记录、传播和分享该领域的专业知识。本章将主要讲解特种文献信息检索的相关知识，帮助读者掌握常见特种文献的检索技巧。

本章重点

- 专利信息的检索
- 标准信息的检索
- 论文信息的检索
- 科技报告信息的检索

思政目标

- 树立学生的自我意识，让学生在特种文献中获得思想上的提升
- 树立版权保护意识，让学生明白特种文献信息的使用要合法合规

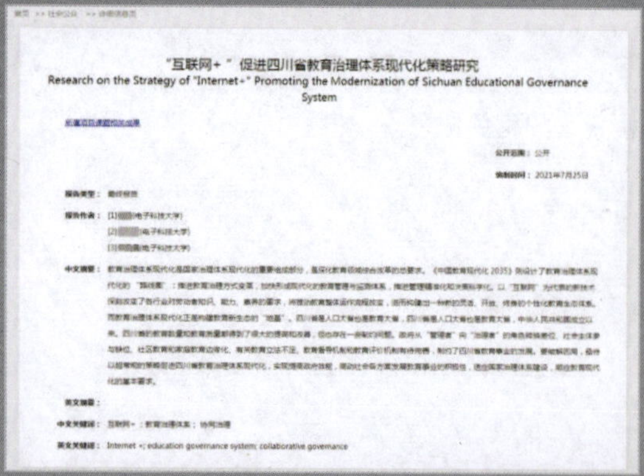

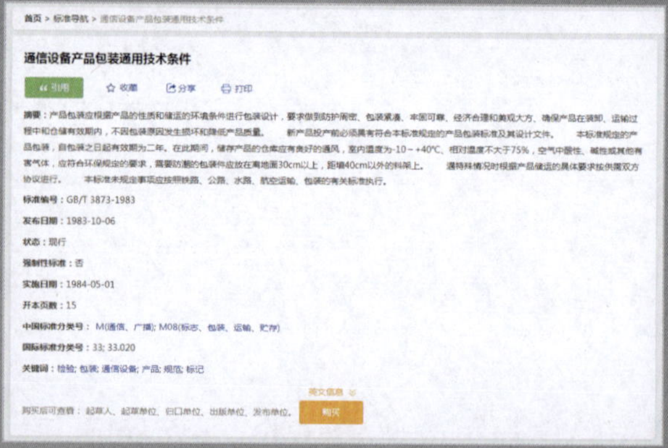

6.1　专利信息的检索

专利信息是一种比较常见、检索频率相对较高的特种文献信息，这种信息通常需要通过专门的检索工具或数据库进行检索。本节将介绍专利信息及其检索的相关信息，帮助读者快速检索到所需的专利信息。

6.1.1　专利信息的概念

专利信息的概念

专利信息是与专利相关的各种数据和文献等信息。专利信息是对已有发明进行法律保护的一种形式，使得发明者在一定的时间内对其发明享有专有权。专利信息的常见内容，如图 6-1 所示。

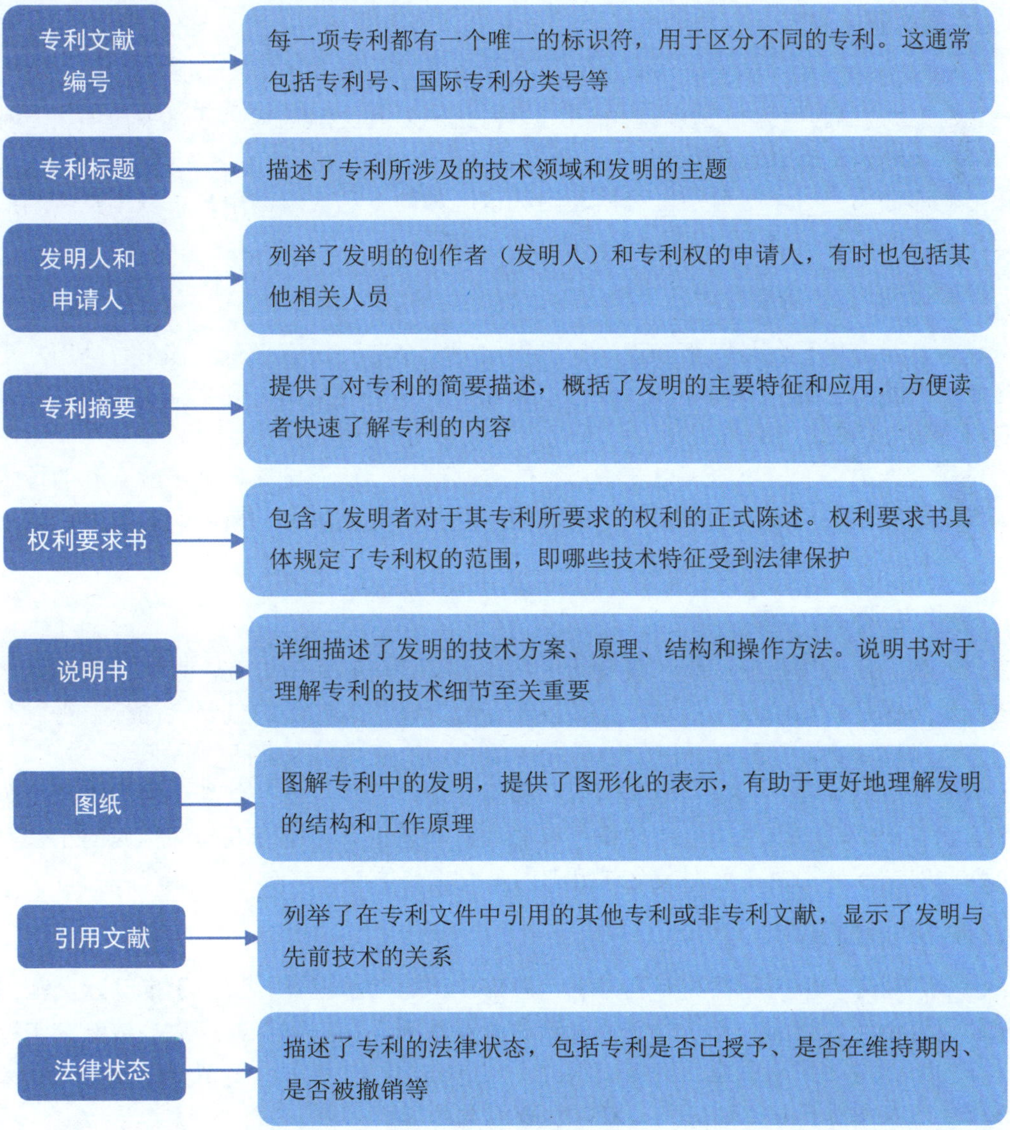

图 6-1　专利信息的常见内容

专利信息对于研究和创新非常重要，研究人员、发明家、企业等常常需要查阅专利信息，以了解技术发展趋势、避免侵权、评估市场竞争状况等。专利数据库和专利检索工具是获取专利信息的主要途径。

6.1.2　专利信息的检索工具

专利信息的检索工具

在进行专利信息检索时，有许多专门的工具可供使用，下面介绍常见的几种专利信息检索工具。

1．中国知网专利库

中国知网的专利库（即专利板块）是该学术资源平台的一个子部分，旨在提供全面而便捷的专利信息服务。用户可以在该板块中进行多样化的专利文献检索，通过关键词、专利号、发明人等方式迅速定位感兴趣的专利。

该专利库通常包含了覆盖中国境内及国际范围内的专利文献，用户可以浏览专利的摘要、权利要求和说明书等信息，深入了解专利的技术细节。

2．专利检索及分析平台

专利检索及分析平台是国家知识产权局提供的一个专利检索平台，该平台为用户提供了全面的专利文献检索工具。专利检索及分析平台涵盖了丰富的中国专利文献，用户可以轻松查找与自身研究领域相关的专利信息。

通过检索结果页面，用户可以查看详细的专利信息，从而更深入地了解专利的技术内容。专利检索及分析平台的高级功能和友好的界面有助于研究人员、创新者和企业更精准地获取所需的专利信息，支持科研和创新活动。

3．美国专利与商标局

美国专利与商标局是美国联邦政府的机构，负责管理和颁发专利，以及注册商标。它致力于促进创新和保护知识产权，通过审查和授予专利，确保发明者和创新者的权益得到充分的法律保护。该机构还负责管理商标注册，确保商标的合法使用和保护商业品牌。

美国专利与商标局通过提供专业的专利和商标检索工具，支持创新研究和市场竞争，同时通过教育和培训活动，促进公众对知识产权的理解与意识。美国专利与商标局的工作对于推动科技创新和保护商业利益在美国及全球范围内具有重要影响。

4．欧洲专利局

欧洲专利局是一个国际性的专利组织，总部位于德国慕尼黑，致力于推动欧洲范围内的专利保护和促进创新。它的主要任务包括审查和颁发欧洲专利，确保其在大多数欧洲国家中获得保护。作为欧洲多国共同组建的机构，欧洲专利局提供一种在单一申请中覆盖多个欧洲国家的简化程序，为发明者和企业提供更高效、一致的专利保护服务。

此外，欧洲专利局通过提供专业的专利检索工具、培训和教育活动，支持创新研究和知识产权的全球理解。欧洲专利局在欧洲及国际上起到了促进技术创新和知识产权保护的关键角色。

5. WIPO 全球专利检索

世界知识产权组织（World Intellectual Property Organization，缩写为：WIPO）提供全球专利检索服务，旨在支持国际范围内的知识产权管理。WIPO 的专利检索工具，允许用户搜索来自全球不同国家和地区的专利文献。

该平台提供高度先进的检索功能，用户可以根据关键词、国家、发明人等多种条件进行精确的专利检索，以便更全面地了解技术发展和全球专利动态。WIPO 的全球专利检索服务为研究人员、企业和创新者提供了一个跨越国界的资源，有助于促进全球科技创新和知识产权保护。

6.1.3　专利信息的检索方法

了解了专利信息的检索工具之后，只需选择合适的工具进行检索即可。下面以中国知网专利库为例，讲解专利信息的检索方法。

专利信息的检索方法

Step 01 进入中国知网的官网默认页面，在搜索框中输入检索词，如“计算机设备”，选中“专利”复选框，取消选中其他的复选框，单击 Q 按钮，如图 6-2 所示，进行专利信息的检索。

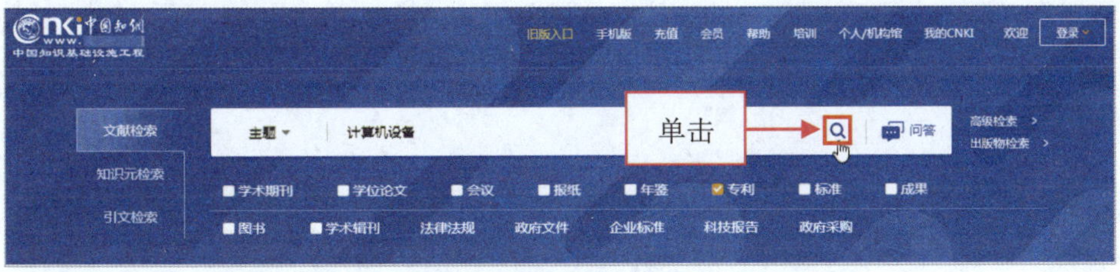

图 6-2　单击 Q 按钮

Step 02 执行操作后，即可检索到与“计算机设备”相关的信息，单击想要查看的专利信息对应的链接，如图 6-3 所示。

图 6-3　单击想要查看的专利信息对应的链接

Step 03 执行操作后，即可进入对应专利的详情页面，查看专利的具体信息，如图 6-4 所示。

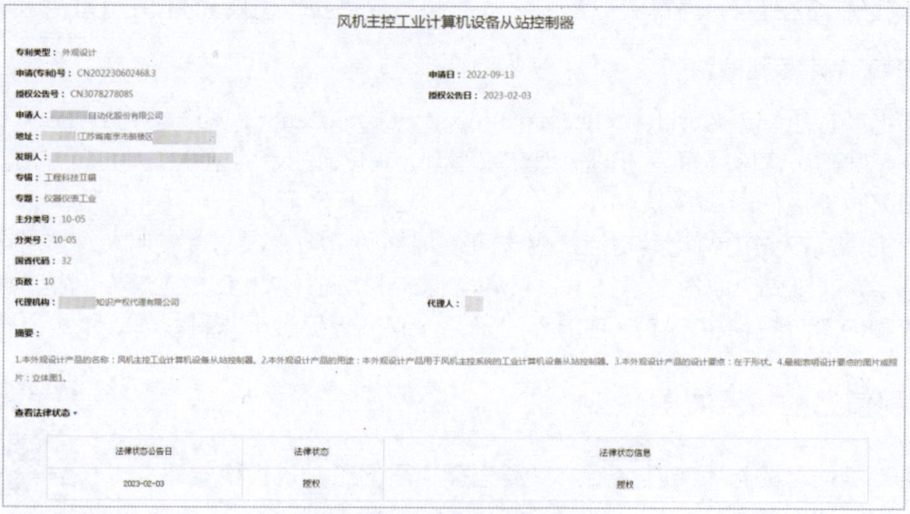
风机主控工业计算机设备从站控制器

专利类型：外观设计

申请(专利)号：CN202230602468.3　　申请日：2022-09-13

授权公告号：CN307827808S　　授权公告日：2023-02-03

申请人：自动化股份有限公司

地址：江苏省南京市鼓楼区

发明人：

专辑：工程科技Ⅱ辑

专题：仪器仪表工业

主分类号：10-05

分类号：10-05

国省代码：32

页数：10

代理机构：知识产权代理有限公司　　代理人：

摘要：

1.本外观设计产品的名称：风机主控工业计算机设备从站控制器。2.本外观设计产品的用途：本外观设计产品用于风机主控系统的工业计算机设备从站控制器。3.本外观设计产品的设计要点：在于形状。4.最能表明设计要点的图片或照片：立体图1。

查看法律状态

法律状态公告日	法律状态	法律状态信息
2023-02-03	授权	授权

图 6-4　查看专利的具体信息

6.1.4　专利信息的分析方法

专利信息的分析方法

分析检索到的专利信息是一个关键的步骤，可以帮助研究人员、创新者和企业深入了解技术领域的发展趋势、竞争格局和知识产权状况。专利信息的常见分析方法如图 6-5 所示。

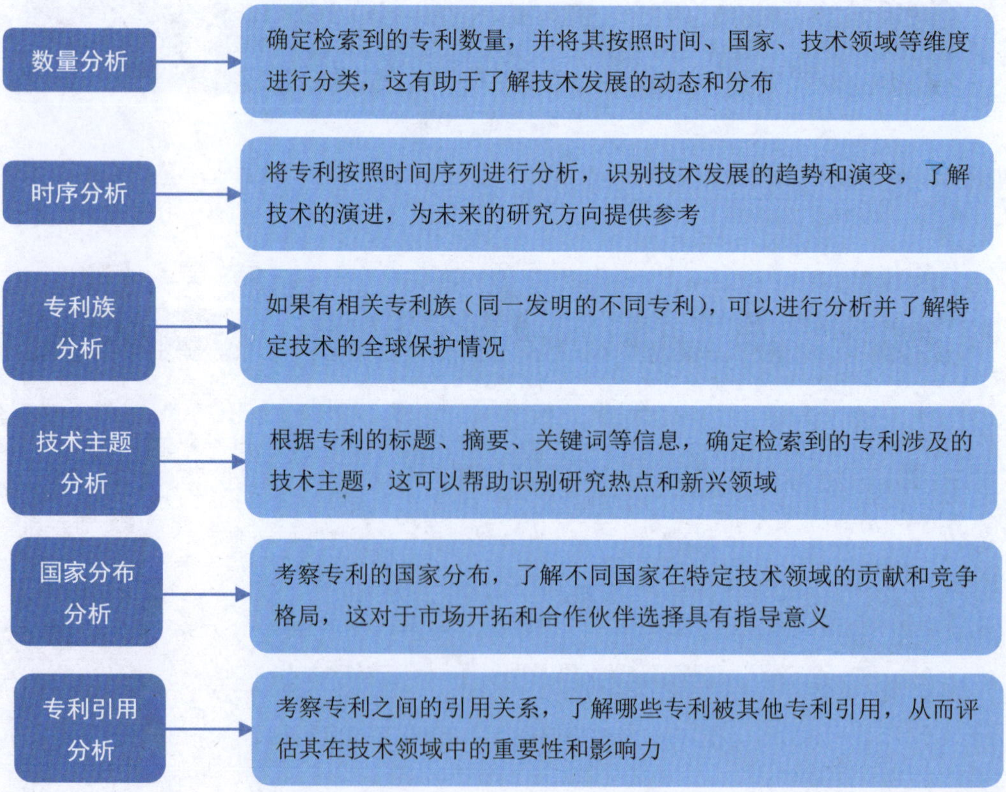

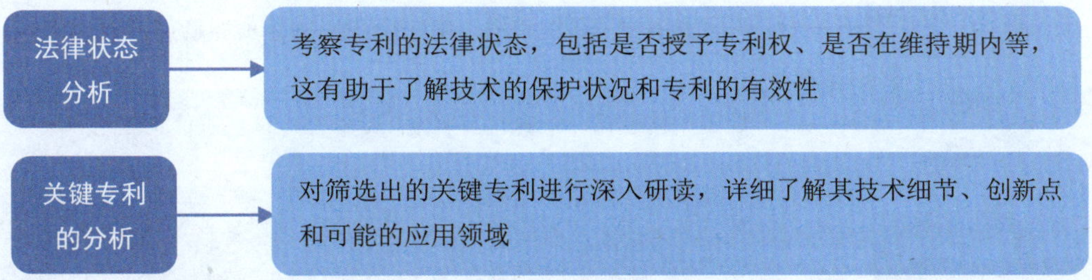

图 6-5　专利信息的常见分析方法

6.2　标准信息的检索

很多东西都有一定的标准，通过信息的检索，可以找到所需的标准。本节将主要介绍标准信息及其检索技巧。

6.2.1　标准信息的概念

标准信息的概念

标准信息是一组规范化的数据、准则、规范或约定，用于确保产品、服务、流程或系统的一致性、互相操作性。这些标准由相关的标准化组织、行业协会或政府机构制定，并通常涵盖特定领域的技术、管理、安全等方面。常见的标准信息如图 6-6 所示。

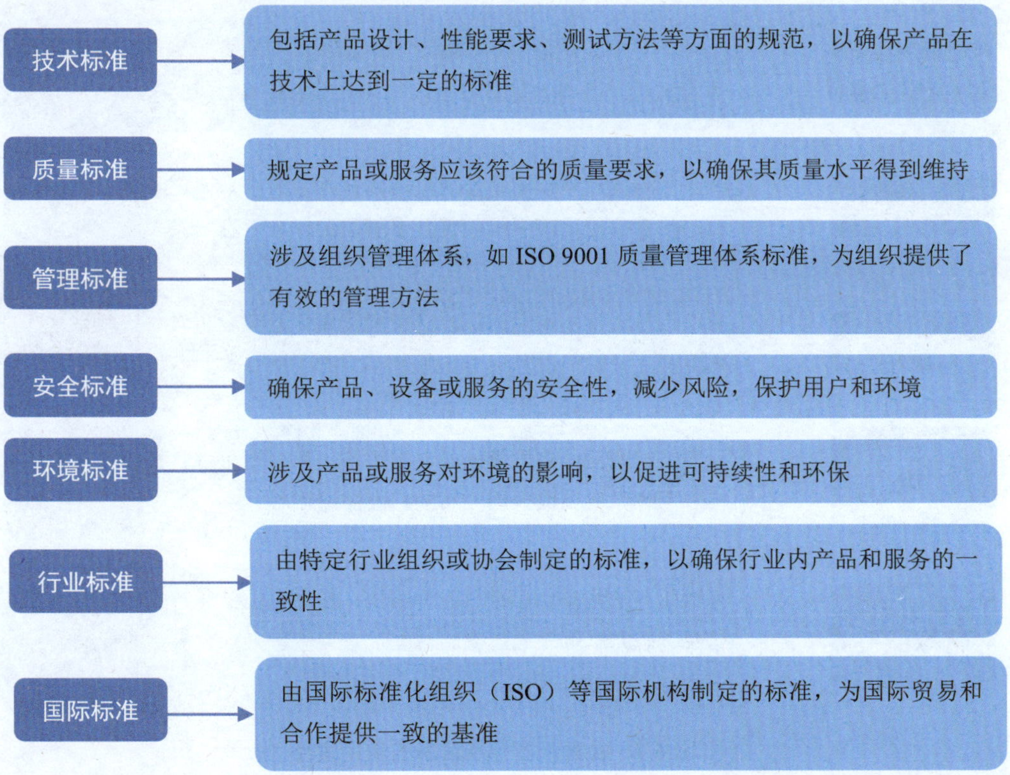

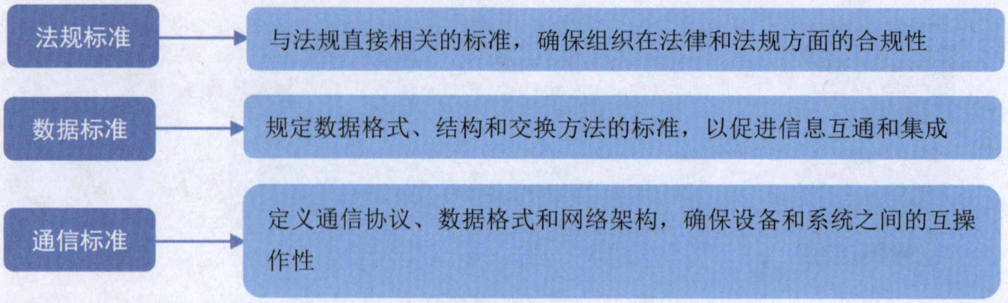

图 6-6　常见的标准信息

这些标准信息通常以文件、规范文本、图表、测试方法等形式存在，为各类组织和行业提供了共同的框架，以确保他们的产品和服务满足一定的质量、性能和安全标准。标准信息的应用有助于提高效率、降低风险、推动创新和促进国际交流。

6.2.2　纸本标准信息的检索

纸本标准信息的检索

纸本标准信息的检索，通常包括在印刷出版物、文档或手册中查找特定的标准。检索纸本标准信息的常见途径如图 6-7 所示。

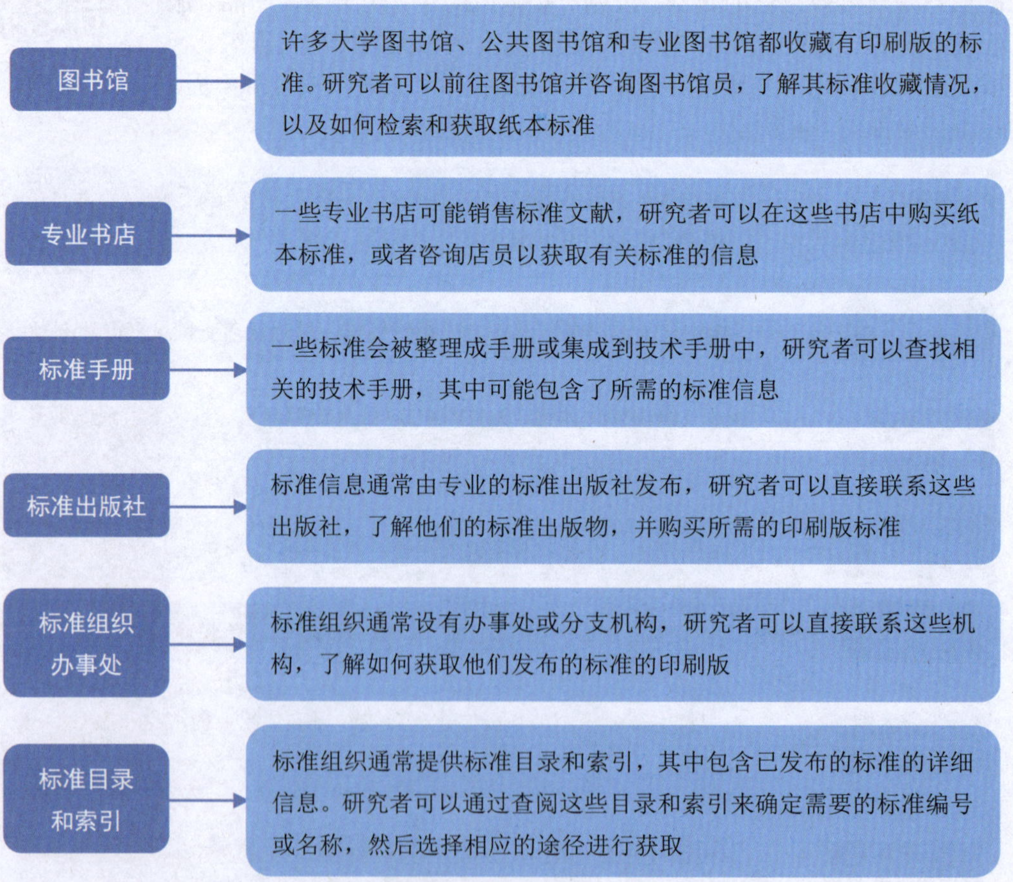

图 6-7　检索纸本标准信息的常见途径

6.2.3　网络标准信息的检索

网络标准信息的检索

网络标准信息的检索可以通过标准组织的网站和其他专业平台进行。那么，如何进行网络标准信息的检索呢？下面以国家标准全文公开系统为例，介绍网络标准信息的检索方法。

Step 01　进入国家标准全文公开系统的官网默认页面，在搜索框中输入检索词，如“食品机械安全”，单击“检索”按钮，如图 6-8 所示，进行信息的检索。

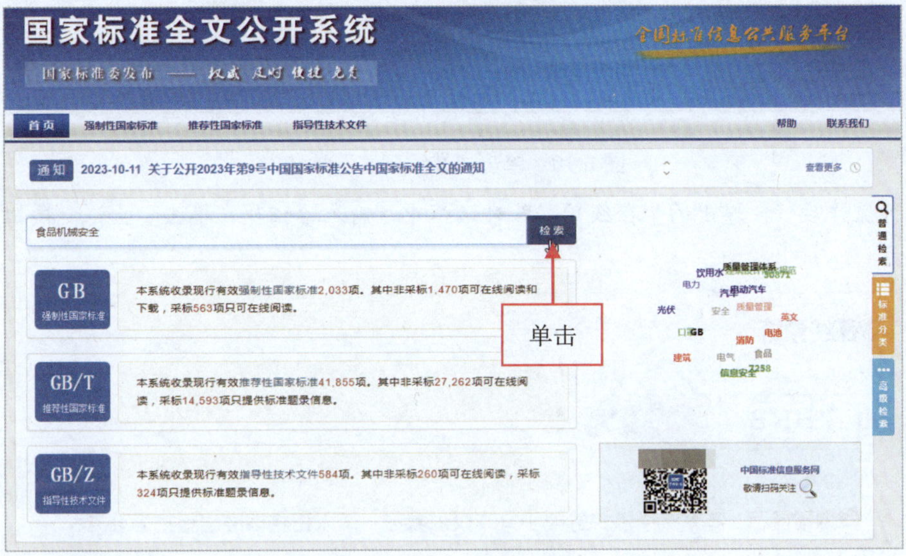

图 6-8　单击“检索”按钮

Step 02　执行操作后，即可检索到与“食品机械安全”相关的标准信息，单击想要查看的标准信息对应的链接，如图 6-9 所示。

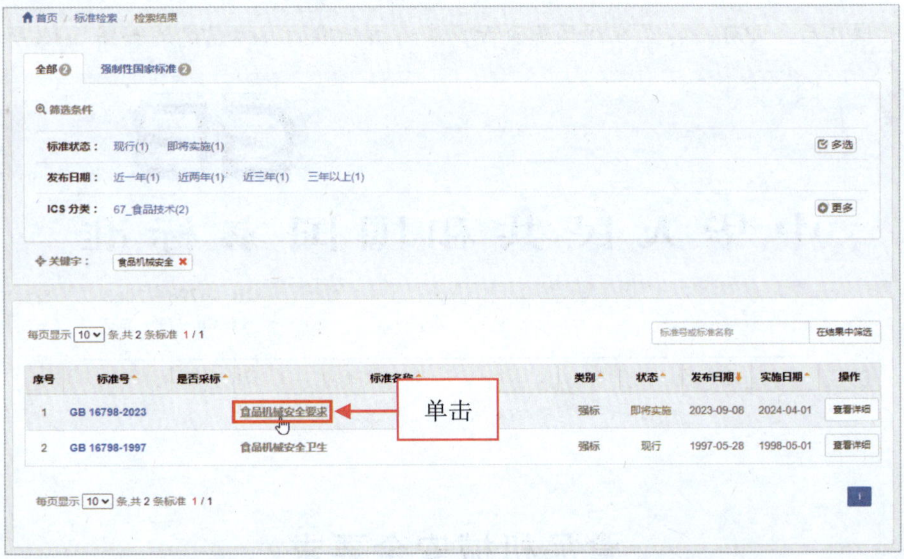

图 6-9　单击想要查看的标准信息对应的链接

Step 03 执行操作后，即可查看对应标准的基本信息。如果想查看该标准的更多信息，可以单击“在线预览”按钮，如图 6-10 所示。

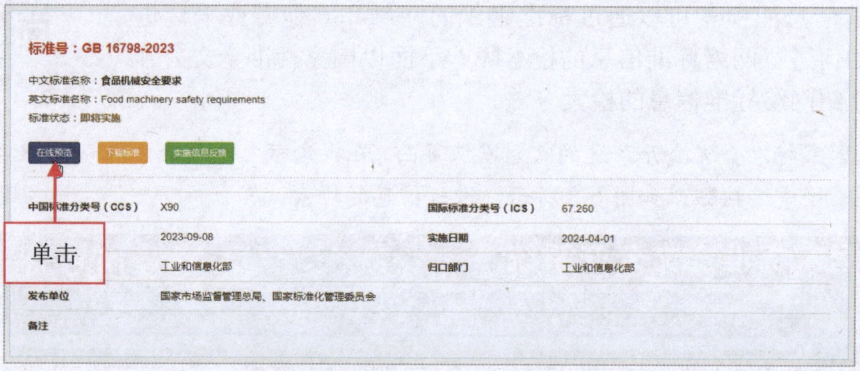

图 6-10　单击“在线预览”按钮

Step 04 执行操作后，在弹出的“在线预览”对话框中，输入验证码，单击“验证”按钮，如图 6-11 所示。

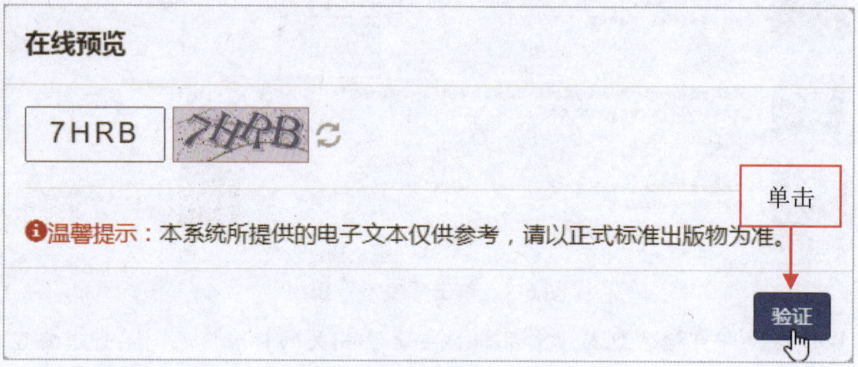

图 6-11　单击“验证”按钮

Step 05 执行操作后，即可跳转至在线预览页面，查看该标准的具体信息，如图 6-12 所示。

图 6-12　查看标准的具体信息

6.2.4　标准数据库信息的检索

标准数据库信息的检索通常需要使用专门设计的在线标准数据库。这些数据库提供了高级的搜索和检索功能，以便用户能够精确地找到他们需要的标准信息。那么，如何进行网络标准信息的检索呢？下面以万方数据知识服务平台为例，介绍标准数据库信息的检索方法。

标准数据库信息的检索

Step 01 进入万方数据知识服务平台的官网默认页面，单击“全部”按钮，在弹出的列表框中，单击“标准”按钮，如图 6-13 所示，调用标准数据库信息。

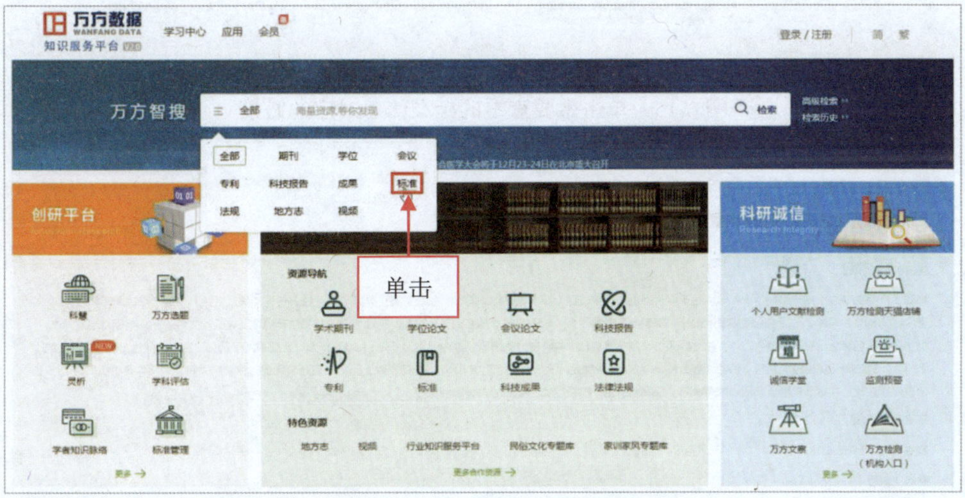

图 6-13　单击“标准”按钮

Step 02 执行操作后，在搜索框中输入检索词，如“通信设备产品包装”，单击“检索”按钮，如图 6-14 所示，进行信息的检索。

图 6-14　单击“检索”按钮

Step 03 执行操作后，即可检索到与“通信设备产品包装”相关的标准信息，单击想要查看的标准信息对应的链接，如图 6-15 所示。

Step 04 执行操作后，即可查看对应标准的基本信息，如图 6-16 所示。如果想查看该标准的更多信息，可以单击“购买”按钮，获得信息的查看权。

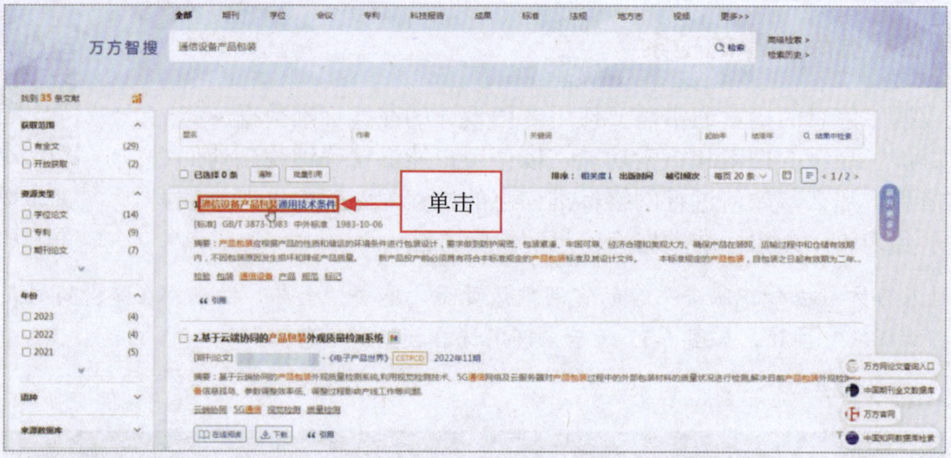

图 6-15　单击想要查看的标准信息对应的链接

图 6-16　查看对应标准的基本信息

6.3　论文信息的检索

在进行论文写作时，甚至于论文写作完成后，很多人都会习惯性地进行论文信息的检索。那么，要如何做好论文信息的检索呢？本节将主要介绍论文信息检索的相关知识。

6.3.1　论文信息检索的概念

论文信息检索的概念

论文信息检索是指通过使用各种信息检索技术和工具，从大规模的学术文献数据库中找到与特定主题或关键词相关的学术论文。这是研究人员、学生和其他学术从业者在进行科研工作时经常进行的一个重要步骤。论文信息检索对于学术研究和学术写作是非常重要的，其主要用途如下。

1．进行文献综述

在开始一项新研究之前，研究人员通常会进行文献综述，即对过去关于该主题的研究进行全面回顾。通过论文信息检索，研究人员能够找到相关的学术论文，了解先前的研究成果，填补知识空白，并确定自己的研究在学术领域的位置。

2．验证理论框架

验证理论框架是确保研究所采用的理论和框架在当前学术背景下是有效的关键过程。研究人员在论文信息检索中可以找到与其研究领域相关的理论和框架。这有助于他们验证自己的理论框架，加强研究的理论基础。

3．学术交流和发表

用过论文信息的检索，可以帮助研究人员了解领域内最新研究成果，从而更好地参与学术交流，撰写具有前瞻性和创新性的论文，并提高论文的可被引用性。

4．研究设计和方法

通过检索相关文献，研究人员可以了解到先前在相似领域使用的研究设计和方法。这有助于他们选择适当的方法，避免重复已有研究，提高研究的科学性和有效性。

5．正确解读研究结果

通过查阅相关文献，研究人员可以获得关于数据分析方法和结果解释的指导。这对于正确解读研究结果、提出结论和讨论研究的影响具有重要意义。

总体而言，论文信息检索是科学研究中不可或缺的一环，有助于研究人员更好地理解当前的知识体系，构建自己的研究框架，推动学术领域的进展。

6.3.2　本校学位论文的检索

要检索本校学位论文，首先访问学校图书馆的官方网站，在其学术资源或图书检索部分查找学位论文检索系统。可能会提供在线目录或数据库链接，以便学生和查找特定主题或作者的学位论文。

此外，可以咨询学校图书馆管理员或学术服务机构以获取更多帮助。在做信息检索时，输入相关的关键词、作者名或其他标识性的检索词，以找到所需的学位论文，并了解如何获取或借阅这些论文。

那么，如何进行本校学位论文的检索呢？下面以西南交通大学图书馆为例，介绍具体的检索方法。

本校学位论文的检索

Step 01　进入西南交通大学图书馆的官网默认页面，单击“高级检索”按钮，如图 6-17 所示，进行高级检索信息的设置。

Step 02　执行操作后，会弹出一个对话框，在该对话框中输入题名的检索关键词，如“短视频”，单击“A = 作者”右侧的▼按钮，如图 6-18 所示。

图 6-17　单击“高级检索”按钮

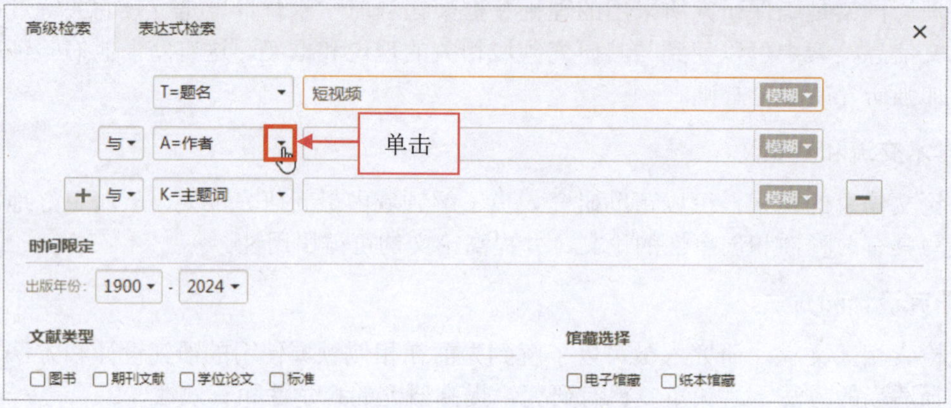

图 6-18　单击“A＝作者”右侧的▾按钮

Step 03 执行操作后，在弹出的列表框中，选择“O＝机构”选项，如图 6-19 所示，调出学校信息的检索框。

图 6-19　选择“O＝机构”选项

Step 04 执行操作后，在“O＝机构”右侧的输入框中，输入对应学校的名称，如输入“西南交通大学”，选中“学位论文”复选框，单击“检索”按钮，如图 6-20 所示，根据设置的信息进行检索。

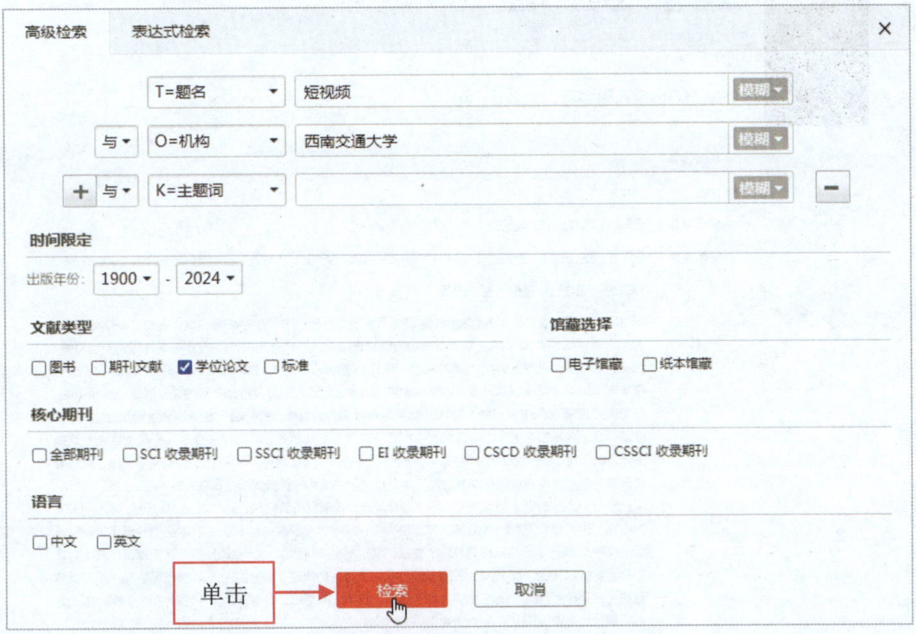

图 6-20　单击“检索”按钮

Step 05 执行操作后，即可检索到与“短视频”相关的学位论文信息，单击想要查看的学位论文信息对应的链接，如图 6-21 所示。

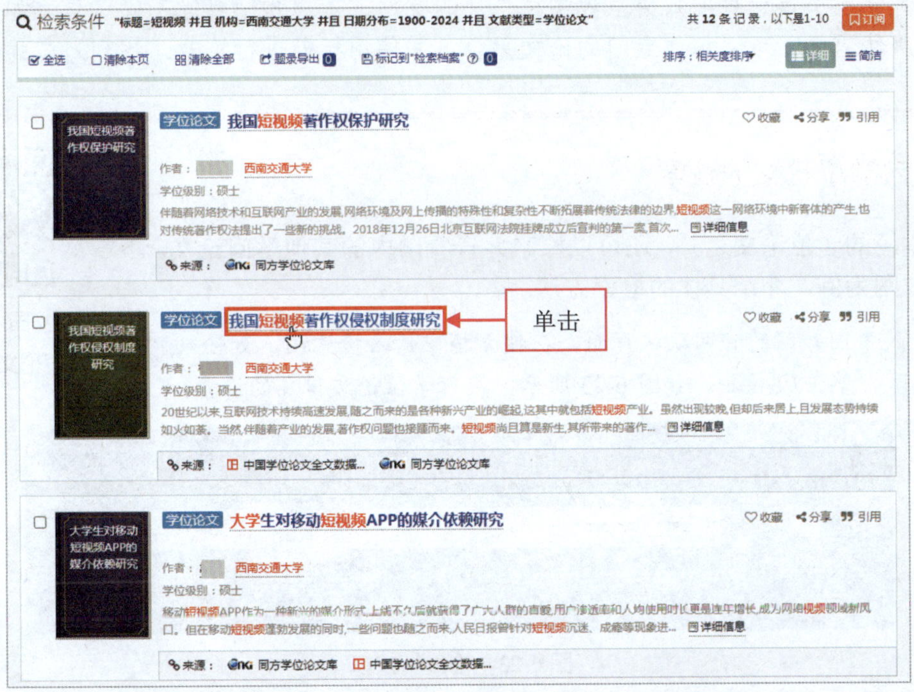

图 6-21　单击想要查看的学位论文信息对应的链接

Step 06 执行操作后，即可跳转至“文献详情”页面，查看该学位论文的相关信息，如图 6-22 所示。

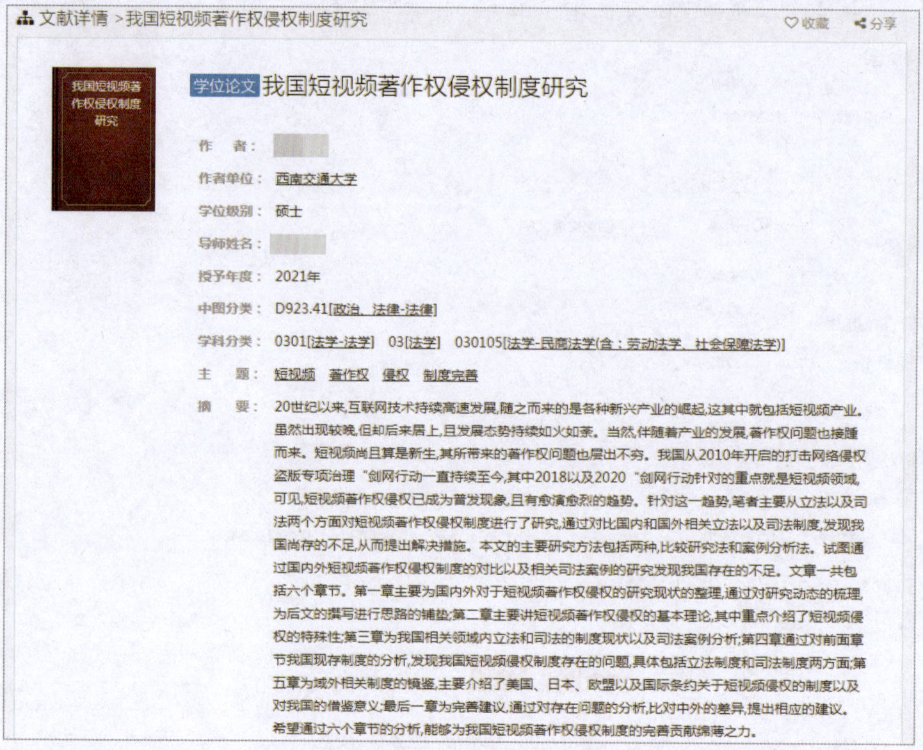

图 6-22　查看学位论文的相关信息

> **专家指点**
>
> 有的大学图书馆中可能只会呈现学位论文的标题、主题和摘要等基础信息，如果要查看该论文的具体信息，可以前往专门的论文平台，并使用标题进行检索，找到对应的论文再进行查看。

6.3.3　国内学位论文的检索

国内学位论文的检索

除了本校的学位论文之外，还可以检索并查看国内的其他学问论文。下面以中国知网为例，介绍具体的检索方法。

Step 01 进入中国知网的官网默认页面，在搜索框中输入检索词，如输入“直播”，单击 按钮，如图 6-23 所示，进行学位论文信息的检索。

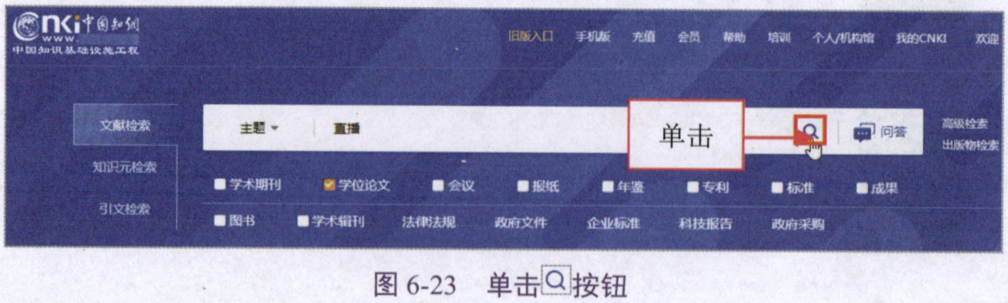

图 6-23　单击 按钮

Step 02 执行操作后，即可检索到与“直播”相关的学位论文信息，单击想要查看的学位论文信息对应的链接，如图 6-24 所示。

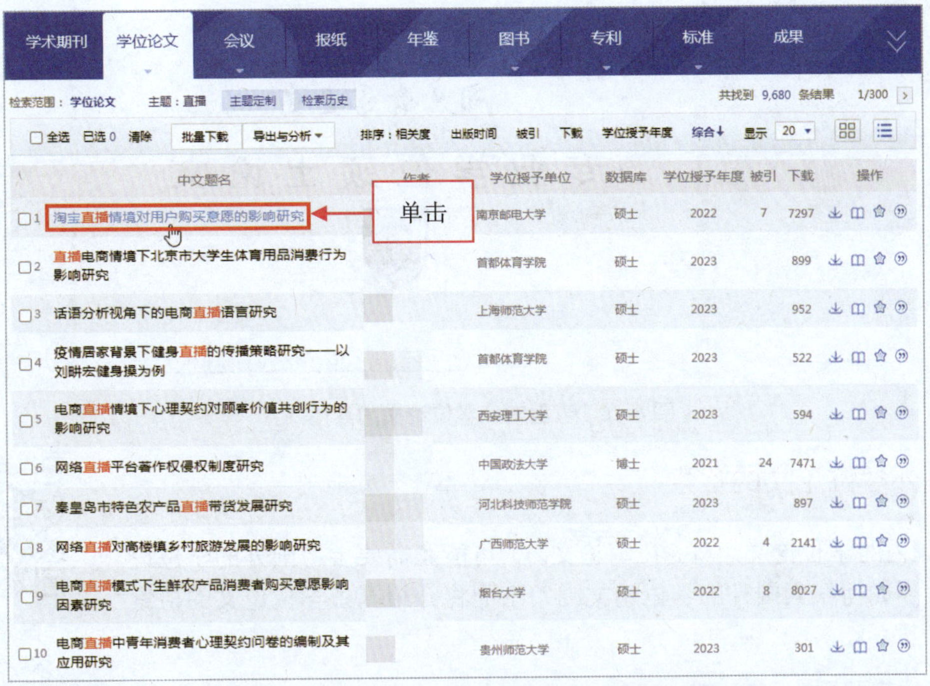

图 6-24　单击想要查看的学位论文信息对应的链接

Step 03 执行操作后，即可跳转至对应学位论文的详情页面，如果要在线查看该学位论文的具体内容，可以单击“在线阅读”按钮，如图 6-25 所示。

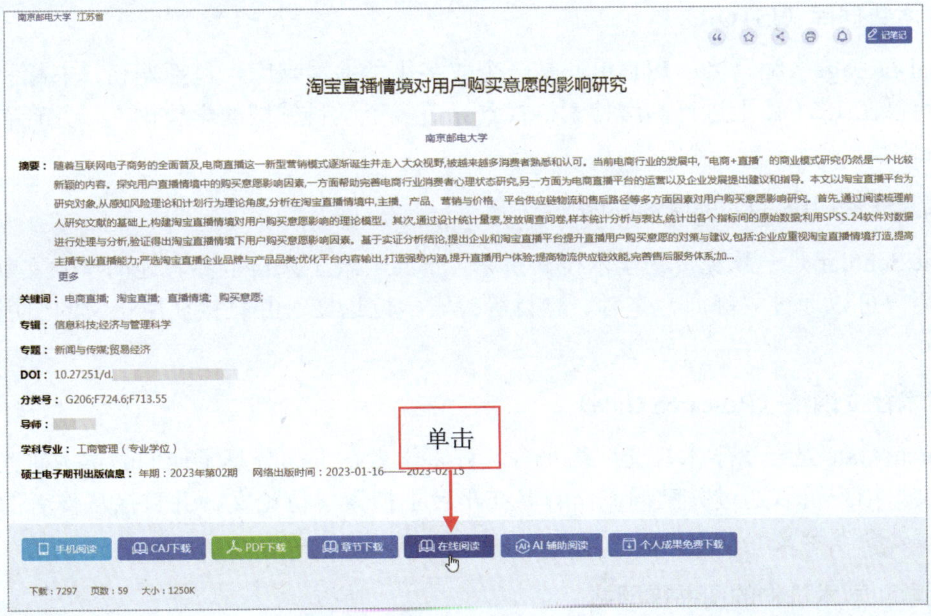

图 6-25　单击“在线阅读”按钮

Step 04 执行操作后，即可跳转至在线阅读页面，查看对应学位论文的具体内容，如图 6-26 所示。

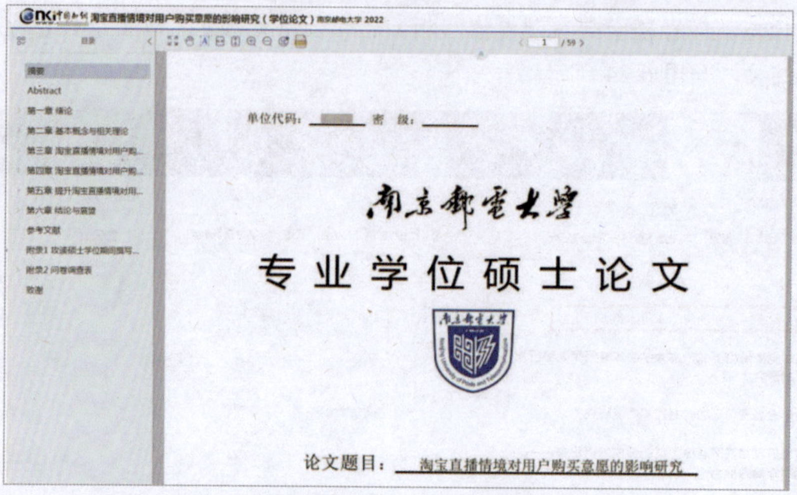

图 6-26　查看对应学位论文的具体内容

6.3.4　国外学位论文的检索

国外学位论文的检索

除了国内的学位论文之外，在写论文时，可能还需要参考国外的学位论文。那么，要如何检索国外的学位论文呢？下面将介绍国外学位论文的检索渠道。

1．开放获取平台（OATD）

Open Access Theses and Dissertations（缩写为：OATD）是一个致力于开放获取学位论文的平台。用户可以在该平台上搜索并获取免费访问的学位论文，促进知识的自由传播和分享。

2．学术数据库（JSTOR）

Journal Storage（缩写为：JSTOR）是一个数字化学术文献库，包括期刊、书籍和学位论文等。用户可以在 JSTOR 上进行高级检索，找到涵盖多个学科领域的学位论文，并查看其详细信息和全文链接。

3．学术搜索引擎（Google Scholar）

Google Scholar 是一款免费的学术搜索引擎，全面收录了来自世界各地的学术文献，包括学位论文。用户可以通过关键词、作者、题目等检索学位论文，并直接获取论文的引用信息和全文链接。

4．学术社交网络（Research Gate）

Research Gate 是一个学术社交网络平台，许多学者在上面分享了他们的学术研究成果，包括学位论文。用户可以通过关键词或作者名在平台上搜索学位论文，并直接从作者的个人页面或相关链接处获取全文。

5．大学和学术机构的图书馆网站

国外很多大学和学术机构的图书馆网站，都提供了学位论文的检索服务，用户可以通过访问学校或机构的图书馆网站，利用在线检索工具查找学位论文，并了解相关信息和获取方式。

6．国际图书馆联合目录（WorldCat）

WorldCat 是一个全球性的图书馆联合目录，包含各大图书馆的馆藏信息，也包括学位论文。用户可以通过关键词检索学位论文，并查看在全球范围内的图书馆馆藏情况，找到最近的馆藏地点。

7．学术数据库（ProQuest Dissertations & Theses）

ProQuest Dissertations & Theses 是一个综合性的学术数据库，涵盖了全球学位论文和学术文献。通过该数据库，用户可以利用高级检索功能查找学位论文，并获取详细的论文信息、摘要和全文链接，为深入研究提供便利。

6.4　科技报告的检索

科技报告信息检索是关键的信息获取方式，为科研人员、工程师和政策制定者提供了迅速获取最新科技信息和研究成果的途径。本节就来重点介绍科技报告信息检索的相关知识。

6.4.1　科技报告信息检索的概念

科技报告信息检索的概念

科技报告信息检索是指通过特定的检索工具和方法，找到关于科技研究、技术开发和工程项目等方面的报告。这些报告通常由科研机构、工程公司、政府部门等机构发布，包含了详细的研究成果、技术方案、实验数据、技术评估等信息。

通过检索科技报告，可以获取详实的实验数据、技术方案和研究成果，支持科学研究、技术开发以及政策制定。这不仅有助于保持在科技领域的前沿，提高科研工作的质量和效率，还为解决实际问题提供了创新的技术解决方案。科技报告信息检索促进了知识传递与分享，推动了科技创新的发展，对于科技领域的持续进步具有重要意义。

6.4.2　科技报告信息检索的特点

科技报告信息检索的特点

科技报告信息检索具有一些特点，这些特点与科技报告的独特性和检索工具的设计有关。具体来说，科技报告信息检索的主要特点如图 6-27 所示。

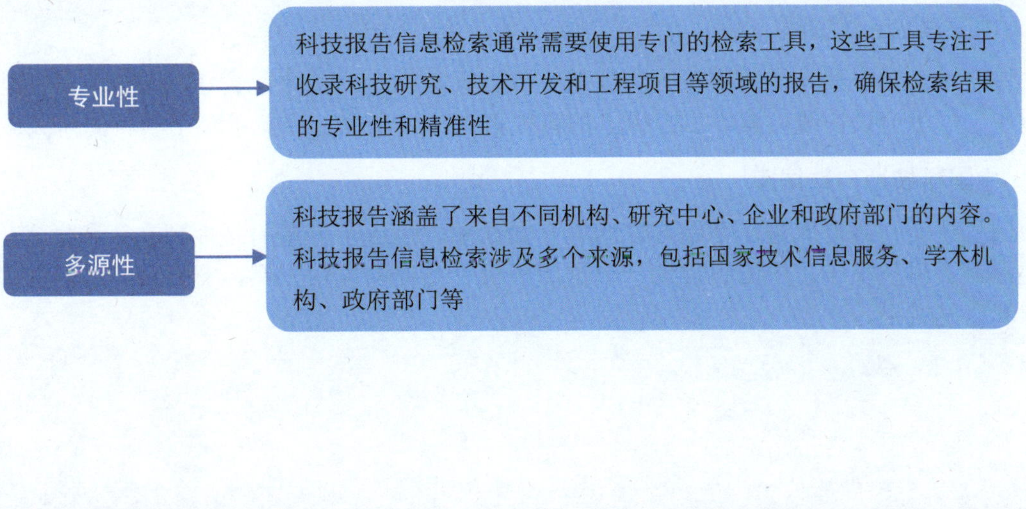

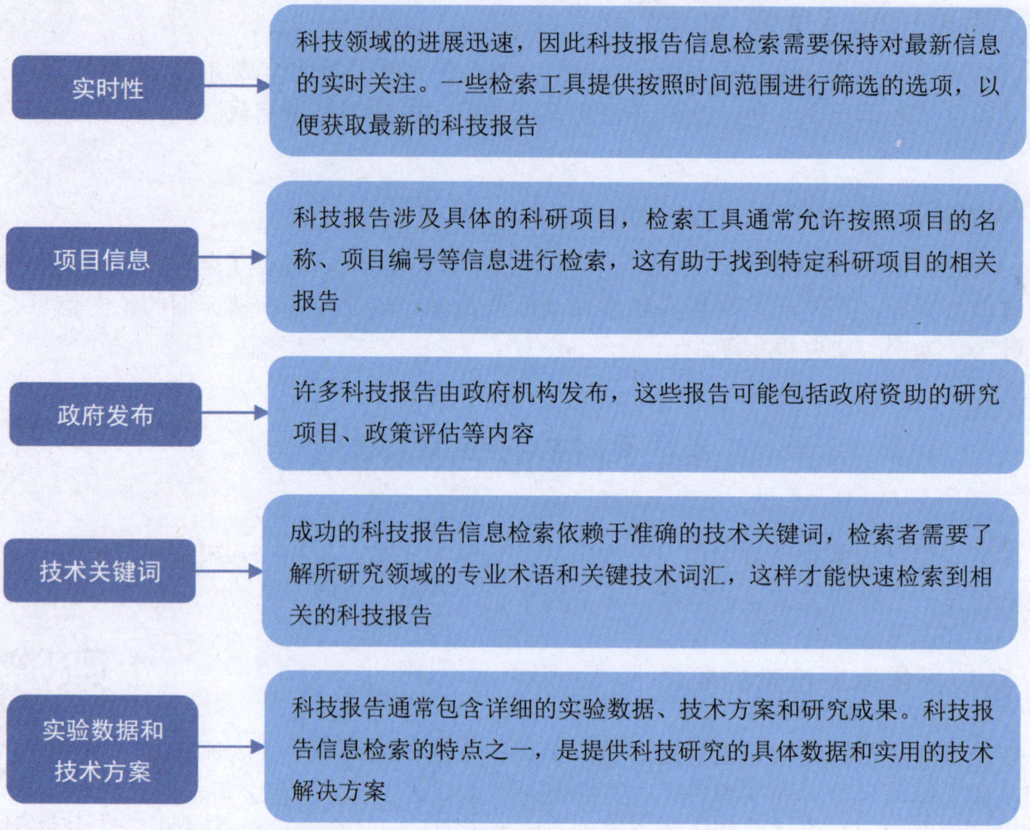

图 6-27　科技报告信息检索的主要特点

6.4.3　科技报告的检索渠道

科技报告的检索渠道

在检索科技报告时，需要先找到合适的检索渠道。下面将介绍科技报告信息检索的常用渠道。

1．中国知网

中国知网是中国领先的学术信息服务平台，该平台提供了广泛的科技报告、学术论文和期刊文章。用户可以通过该平台便捷地使用关键词、作者等进行科技报告的检索，查看多个学科领域的报告内容。

2．中国学术会议在线

中国学术会议在线是专注于学术会议论文的数据库平台，其中包含了大量的科技报告。可以通过中国学术会议在线检索学术会议上的科技报告，该平台上涵盖了多个学科的研究成果。

3．中国科技期刊数据库

中国科技期刊数据库是一个综合性的期刊数据库，包含了大量科技期刊文章和学术论文，同时也涵盖了科技报告。中国科技期刊数据库提供了方便的检索工具，支持用户查找相关的科技报告和研究成果。

4．中国工程科技知识中心

中国工程科技知识中心是专注于工程科技领域的信息服务平台，提供了大量的工程科技类文献资源，包括科技报告、技术论文等。通过中国工程科技知识中心，用户可以检索工程科技领域的最新研究成果。

5．国家科技报告服务系统

国家科技报告服务系统是由国家有关机构或部门负责建设和运维的系统，旨在为科技、决策者和企业等提供科技报告信息检索和服务。该系统整合了丰富的科技报告资源，通过检索功能使用户能够便捷地获取所需信息。

6．中国科学技术信息研究所

中国科学技术信息研究所致力于提供科技信息服务，包括科技报告、研究成果等。中国科学技术信息研究所为用户提供了全面的科技信息资源，方便用户获取相关领域的最新科研成果。

7．中国国家图书馆学术文献检索服务系统

中国国家图书馆学术文献检索服务系统由中国国家图书馆提供，是一个学术文献检索服务系统，包含了大量的中文和英文文献资源，其中就涵盖了科技报告，用户可以通过该服务系统进行科技报告信息检索。

6.4.4　科技报告的检索方法

科技报告的检索方法

了解了科技报告的检索渠道之后，就可以选择合适的渠道进行信息的检索了。下面以国家科技报告服务系统为例，介绍科技报告的具体检索方法。

Step 01　进入国家科技报告服务系统的官网默认页面，在搜索框中输入检索词，如“互联网”，单击“检索”按钮，如图 6-28 所示，进行科技报告的检索。

图 6-28　单击“检索”按钮

Step 02　执行操作后，即可检索到与“互联网”相关的科技报告，单击想要查看的科技报告对应的链接，如图 6-29 所示。

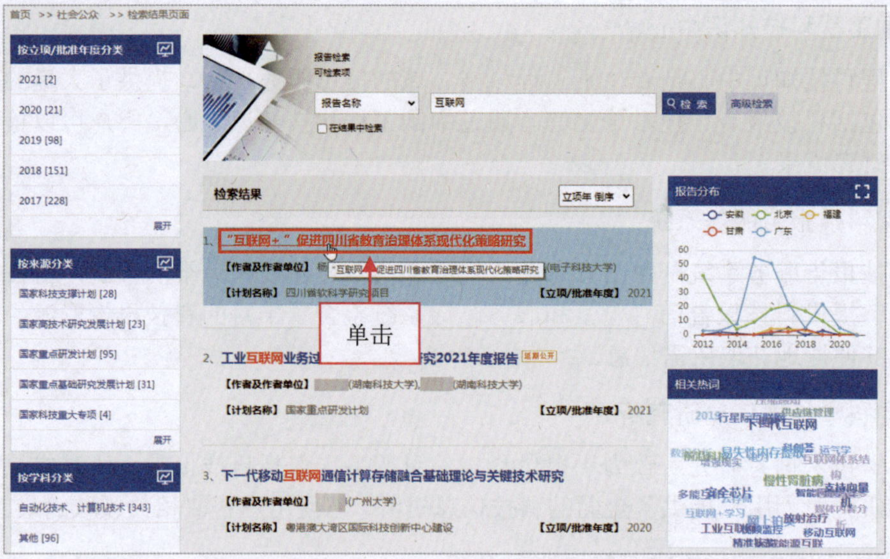

图 6-29　单击想要查看的科技报告对应的链接

Step 03 执行操作后，即可跳转至“详细信息页”页面，查看对应科技报告的具体信息，如图 6-30 所示。

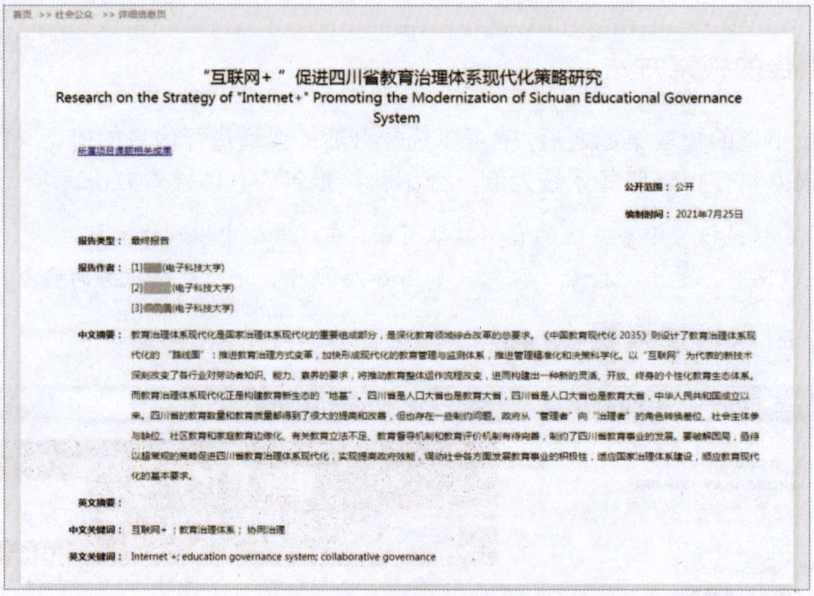
首页 >> 社会公众 >> 详细信息页

“互联网+”促进四川省教育治理体系现代化策略研究

Research on the Strategy of "Internet+" Promoting the Modernization of Sichuan Educational Governance System

公开范围：公开

编制时间：2021年7月25日

报告类型：最终报告

报告作者：[1](电子科技大学)
[2](电子科技大学)
[3](电子科技大学)

中文摘要：教育治理体系现代化是国家治理体系现代化的重要组成部分，是深化教育领域综合改革的总要求。《中国教育现代化 2035》则设计了教育治理体系现代化的“路线图”：推进教育治理方式变革，加快形成现代化的教育管理与监测体系，推进管理精准化和决策科学化。以“互联网”为代表的新技术深刻改变了各行业对劳动者知识、能力、素养的要求，将推动教育整体运作流程改变，进而构建出一种新的灵活、开放、终身的个性化教育生态体系。而教育治理体系现代化正是构建教育新生态的“地基”。四川省是人口大省也是教育大省，四川省是人口大省也是教育大省，中华人民共和国成立以来，四川省的教育数量和教育质量都得到了很大的提高和改善，但也存在一些制约问题。政府从“管理者”向“治理者”的角色转换错位、社会主体参与缺位、社区教育和家庭教育边缘化、有关教育立法不足、教育督导机制和教育评价机制有待完善，制约了四川省教育事业的发展。要破解困局，亟待以超常规的策略促进四川省教育治理体系现代化，实现提高政府效能，调动社会各方面发展教育事业的积极性，适应国家治理体系建设，顺应教育现代化的基本要求。

英文摘要：

中文关键词：互联网+；教育治理体系；协同治理

英文关键词：Internet +; education governance system; collaborative governance

图 6-30　查看对应科技报告的具体信息

本章小结

本章主要介绍了特种文献信息检索的相关知识，包括专利信息、标准信息、论文信息和科技报告信息的检索技巧。希望通过本章的学习，读者能够熟练特种文献信息检索的基础知识和操作技巧。

课后习题

课后习题 1　　课后习题 2

鉴于本章知识的重要性，本节将通过课后习题，帮助读者进行简单的知识回顾和补充，以便读者更好地掌握所学知识。

1．检索“食品安全国家标准”，查看相关的标准信息，效果如图 6-31 所示。

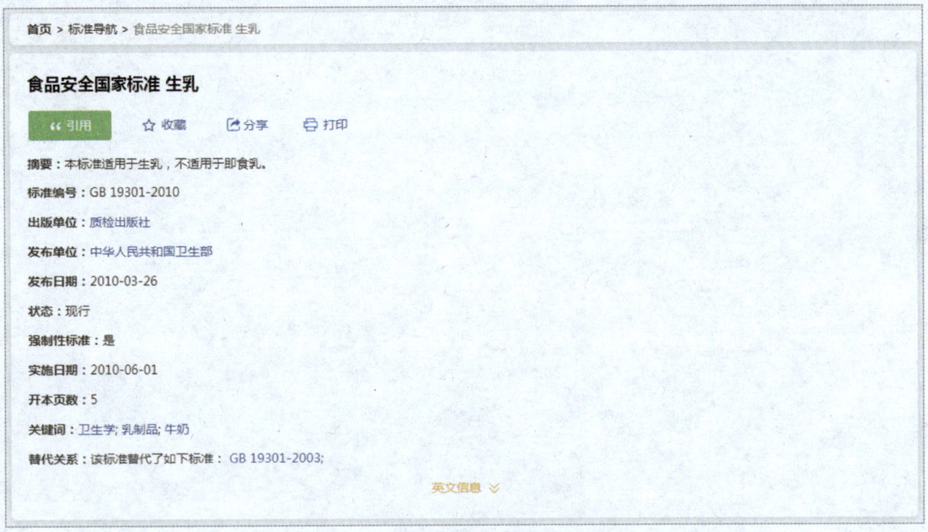

图 6-31　查看相关的标准信息

2．检索“3D 打印技术研究”，查看相关的科技报告信息，效果如图 6-32 所示。

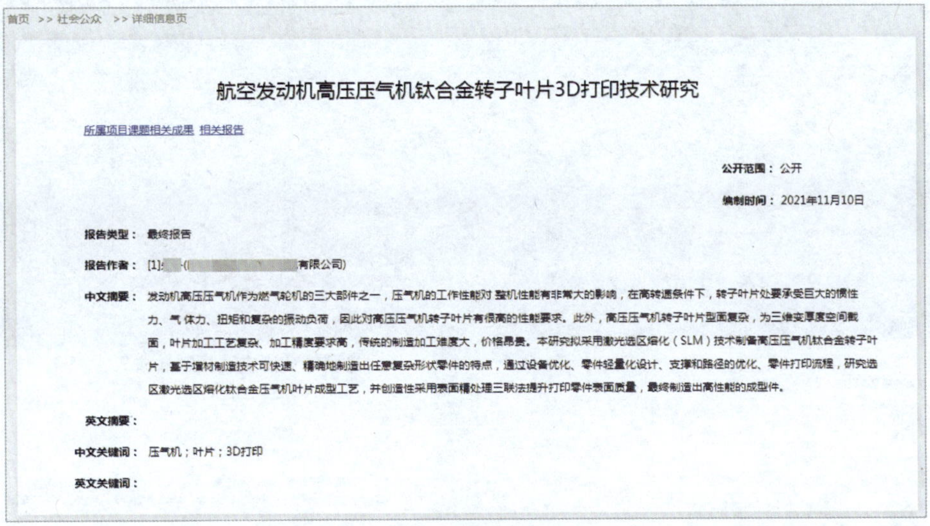

图 6-32　查看相关的科技报告信息

第 7 章 信息检索在论文创作中的应用

7

信息检索在论文创作中起着至关重要的作用，涵盖了从获取研究素材到分析和整合信息的全过程。信息检索在论文写作中是一个不可或缺的工具，它有助于用户收集、筛选和整合各种信息，提高论文的深度和广度，使研究更有科学性和可靠性。本章将主要介绍信息检索在论文创作中的应用，帮助读者更好地完成论文内容的撰写。

本章重点

- 论文选题的检索应用
- 论文写作的检索应用
- 文献综述的检索应用
- 论文创作规范的检索应用

思政目标

- 发扬拼搏创新精神，帮助学生创作高质量的论文内容
- 培育自信自强精神，鼓励学生开发出有新意的论文选题

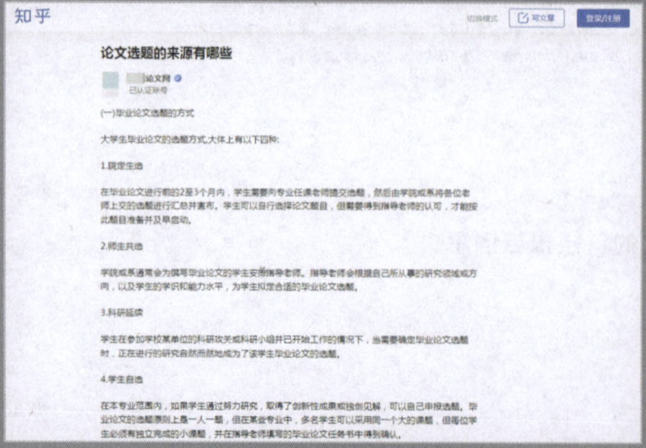

知乎　切换模式　写文章　登录/注册

论文选题的来源有哪些

论文网
已认证账号

(一)毕业论文选题的方式

大学生毕业论文的选题方式,大体上有以下四种:

1.院定生选

在毕业论文进行前的2至3个月内，学生需要向专业任课老师提交选题，然后由学院或系将各位老师上交的选题进行汇总并宣布。学生可以自行选择论文题目，但需要得到指导老师的认可，才能按此题目准备并及早启动。

2.师生共选

学院或系通常会为撰写毕业论文的学生安排指导老师。指导老师会根据自己所从事的研究领域或方向，以及学生的学识和能力水平，为学生拟定合适的毕业论文选题。

3.科研延续

学生在参加学校某单位的科研攻关或科研小组并已开始工作的情况下，当需要确定毕业论文选题时，正在进行的研究自然而然地成为了该学生毕业论文的选题。

4.学生自选

在本专业范围内，如果学生通过努力研究，取得了创新性成果或独创见解，可以自己申报选题。毕业论文的选题原则上是一人一题，但在某些专业中，多名学生可以采用同一个大的课题，但每位学生必须有独立完成的小课题，并在指导老师填写的毕业论文任务书中得到确认。

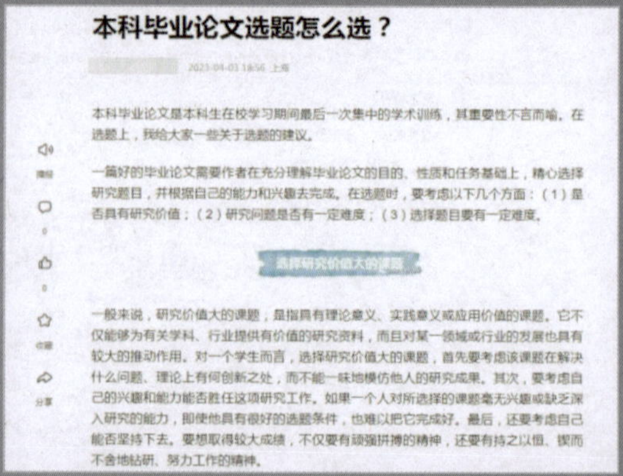

本科毕业论文选题怎么选？

2023-04-03 18:56 上海

本科毕业论文是本科生在校学习期间最后一次集中的学术训练，其重要性不言而喻。在选题上，我给大家一些关于选题的建议。

一篇好的毕业论文需要作者在充分理解毕业论文的目的、性质和任务基础上，精心选择研究题目，并根据自己的能力和兴趣去完成。在选题时，要考虑以下几个方面：（1）是否具有研究价值；（2）研究问题是否有一定难度；（3）选择题目要有一定难度。

选择研究价值大的课题

一般来说，研究价值大的课题，是指具有理论意义、实践意义或应用价值的课题。它不仅能够为有关学科、行业提供有价值的研究资料，而且对某一领域或行业的发展也具有较大的推动作用。对一个学生而言，选择研究价值大的课题，首先要考虑该课题在解决什么问题、理论上有何创新之处，而不能一味地模仿他人的研究成果。其次，要考虑自己的兴趣和能力能否胜任这项研究工作。如果一个人对所选择的课题毫无兴趣或缺乏深入研究的能力，即使他具有很好的选题条件，也难以把它完成好。最后，还要考虑自己能否坚持下去。要想取得较大成绩，不仅要有顽强拼搏的精神，还要有持之以恒、锲而不舍地钻研、努力工作的精神。

7.1 论文选题的检索应用

信息检索在论文选题中的应用是非常关键的，它能帮助读者找到合适的研究方向、明确研究问题，并确保选题的新颖性和研究的可行性。本节主要介绍信息检索在论文选题中的具体应用技巧。

7.1.1 论文选题来源的检索应用

信息检索在论文选题来源中的应用，有助于系统地搜集和整理有关研究领域的信息，为选定适切、有深度的研究选题提供基础，确保选题的学术质量和实际意义。具体来说，信息检索在论文选题来源中的主要应用如图 7-1 所示。

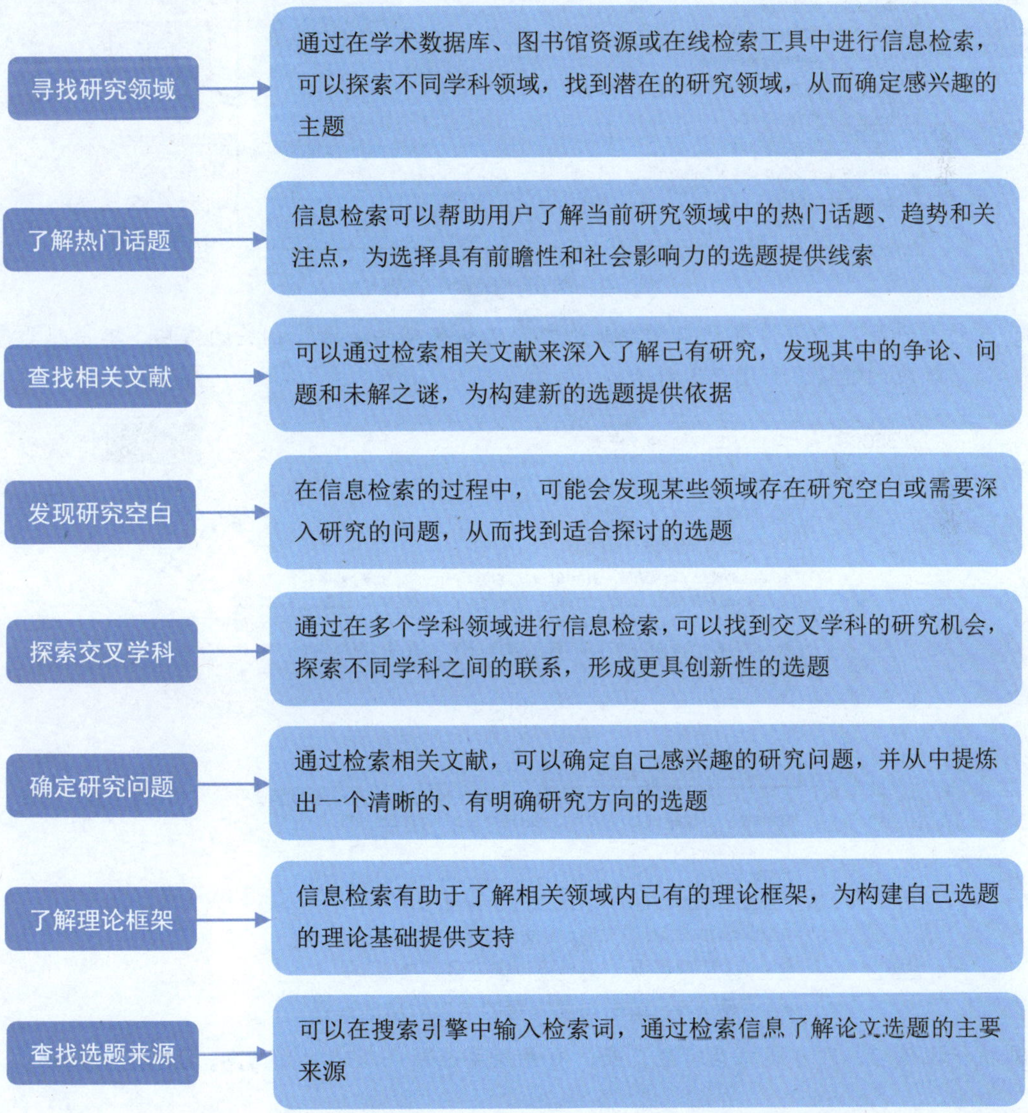

图 7-1 信息检索在论文选题来源中的主要应用

例如，当不知道论文选题的来源时，可以选择合适的搜索引擎进行信息检索，具体操作步骤如下。

论文选题来源的检索应用

Step 01 选择合适的搜索引擎，并进入其默认页面，如进入 360 搜索的默认页面，在搜索框中输入检索词，如输入“毕业论文的选题有哪些来源”，单击“搜索”按钮，如图 7-2 所示，进行信息的检索。

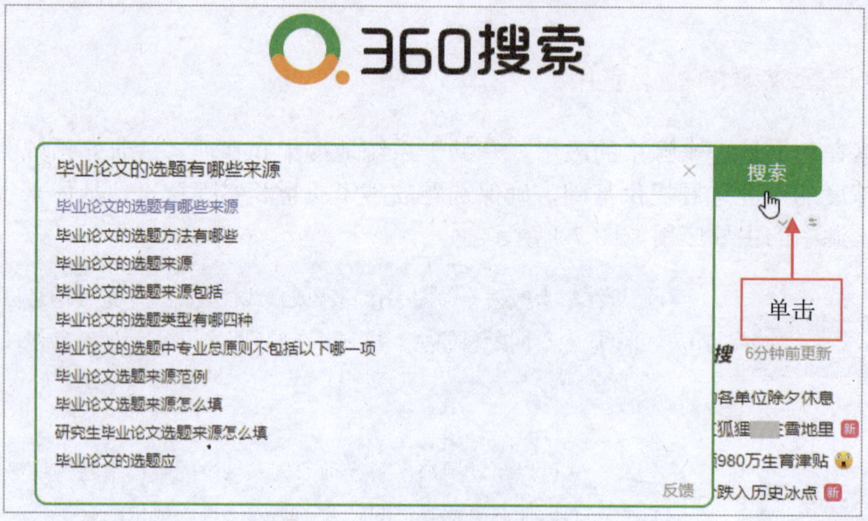

图 7-2 单击“搜索”按钮

Step 02 执行操作后，即可检索到与“毕业论文的选题有哪些来源”相关的信息，单击想要查看的信息对应的链接，如图 7-3 所示。

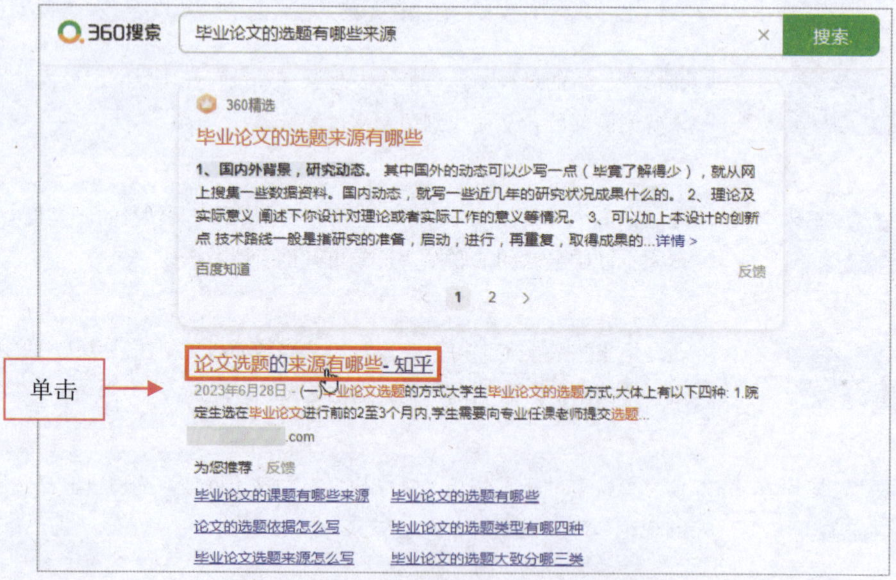

图 7-3 单击想要查看的信息对应的链接

Step 03 执行操作后，即可跳转至对应页面，查看论文选题来源的相关信息，如图 7-4 所示。

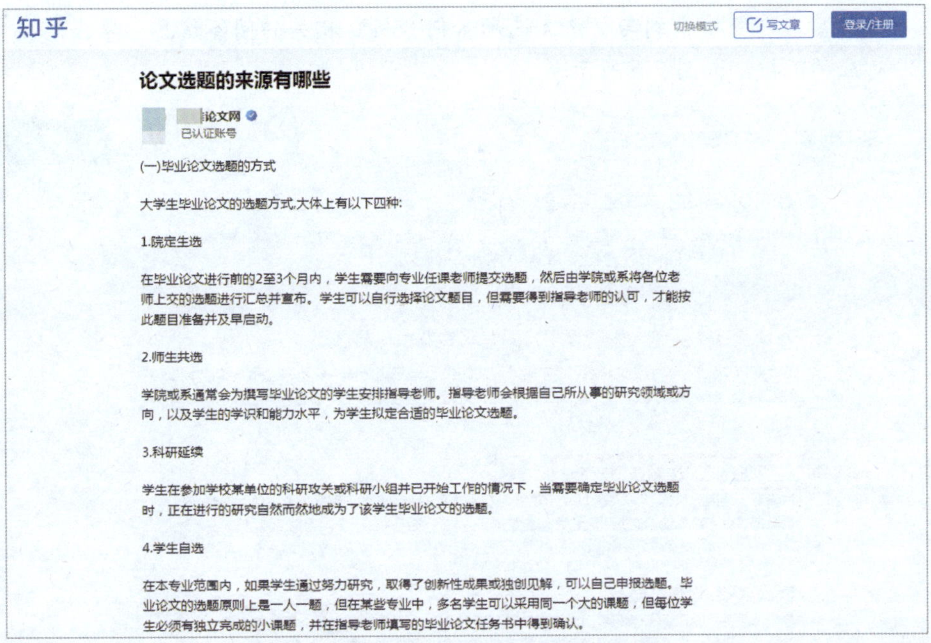

图 7-4　查看论文选题来源的相关信息

7.1.2　论文选题分析的检索应用

论文选题分析的检索应用

了解了论文选题的来源之后，还需要掌握论文选题的分析方法，从而更好地判断自己的论文选题是否适合。那么，如何分析论文的选题呢？对此，可以通过信息检索寻找论文选题的分析方法。下面以 360 问答为例，讲解信息检索在论文选题分析中的应用方法。

Step 01　进入 360 搜索的默认页面，在输入框中输入检索词，如输入“论文选题如何分析”，单击“搜索”按钮，即可进行信息的检索，接下来单击“问答”按钮，如图 7-5 所示，进行选项卡的切换。

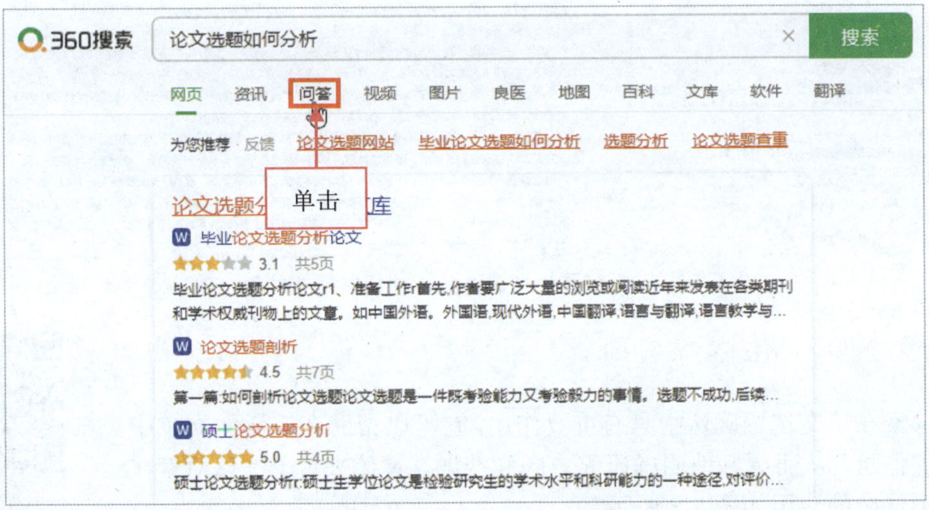

图 7-5　单击“问答”按钮

Step 02 执行操作后，即可检索到与“论文选题如何分析”相关的问答信息，单击想要查看的问答信息对应的链接，如图 7-6 所示。

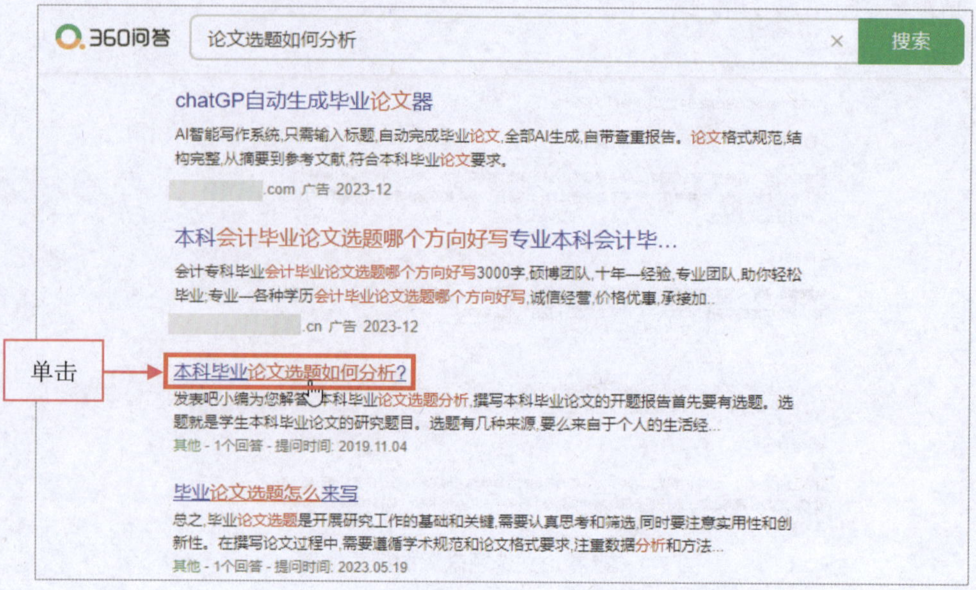

图 7-6　单击想要查看的问答信息对应的链接

Step 03 执行操作后，即可跳转至对应页面，查看论文选题分析的相关问答信息，如图 7-7 所示。

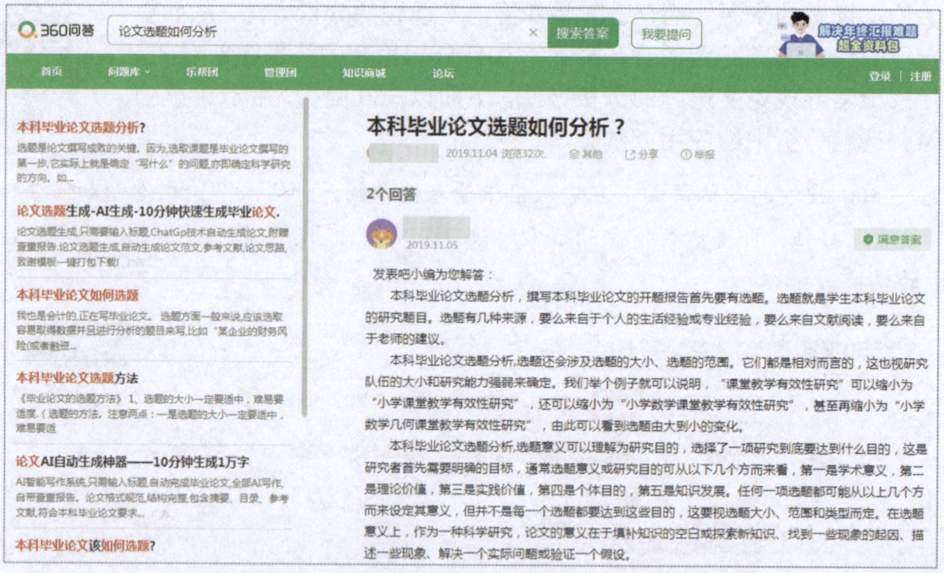

图 7-7　查看论文选题分析的相关问答信息

7.1.3　论文选题确认的检索应用

信息检索在论文选题确认中具有重要作用，它可以帮助在广泛的文献中找到相关的信息，从而更好地明确研究方向和选题。具体来说，信息检索在论文选题确认中的应用如图 7-8 所示。

论文选题确认的检索应用

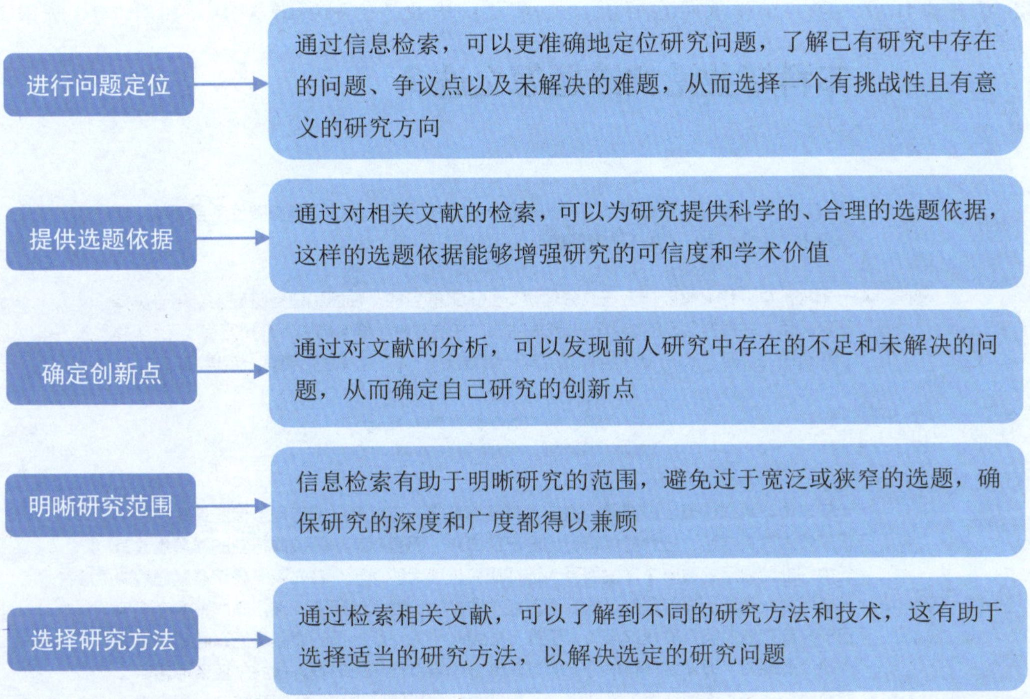

图 7-8　信息检索在论文选题确认中的应用

7.1.4　本科毕业论文选题中的检索应用

本科毕业论文选题中的检索应用

信息检索在本科毕业论文选题中的应用是非常重要的，它可以帮助学生明确研究方向，确定合适的论文主题，以及开展系统性的文献综述。例如，当不知道如何为本科毕业论文选题时，可通过信息检索获得一些思路，具体操作方法如下。

Step 01 进入搜索引擎（如百度）的默认页面，在输入框中输入检索词，如输入“本科毕业论文如何选题”，单击“百度一下”按钮，进行信息的检索，单击想要查看的信息对应的链接，如图 7-9 所示。

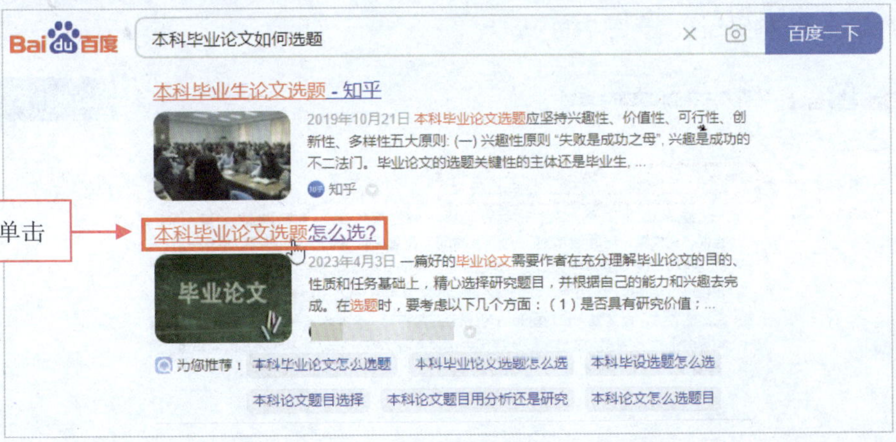

图 7-9　单击想要查看的信息对应的链接

Step 02 执行操作后，即可跳转至对应页面，查看本科毕业论文的选题方法，如图 7-10 所示。

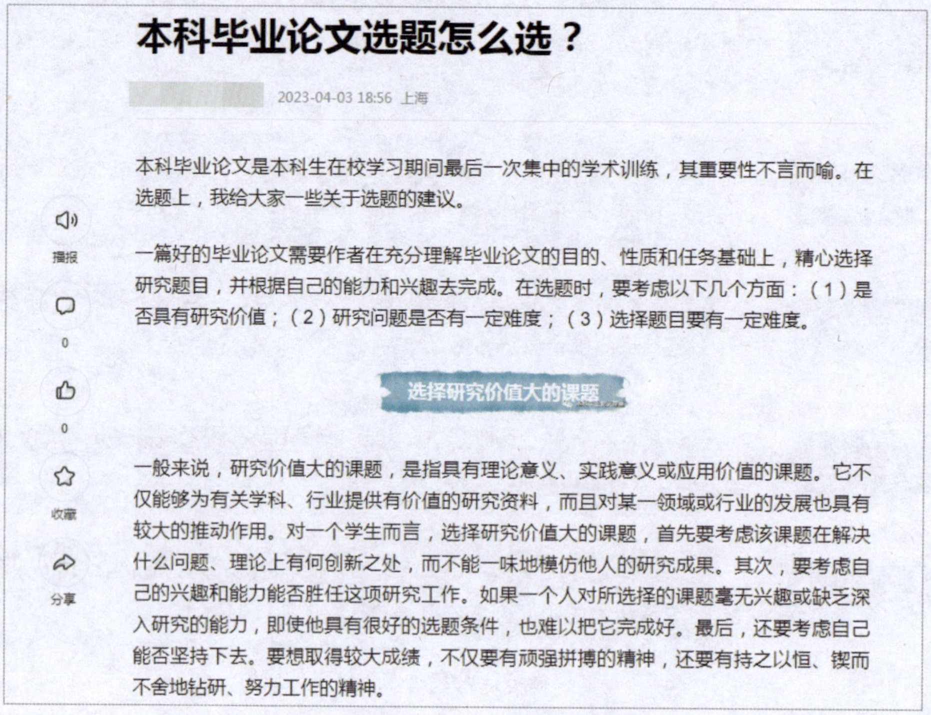
本科毕业论文选题怎么选？

2023-04-03 18:56 上海

本科毕业论文是本科生在校学习期间最后一次集中的学术训练，其重要性不言而喻。在选题上，我给大家一些关于选题的建议。

一篇好的毕业论文需要作者在充分理解毕业论文的目的、性质和任务基础上，精心选择研究题目，并根据自己的能力和兴趣去完成。在选题时，要考虑以下几个方面：（1）是否具有研究价值；（2）研究问题是否有一定难度；（3）选择题目要有一定难度。

选择研究价值大的课题

一般来说，研究价值大的课题，是指具有理论意义、实践意义或应用价值的课题。它不仅能够为有关学科、行业提供有价值的研究资料，而且对某一领域或行业的发展也具有较大的推动作用。对一个学生而言，选择研究价值大的课题，首先要考虑该课题在解决什么问题、理论上有何创新之处，而不能一味地模仿他人的研究成果。其次，要考虑自己的兴趣和能力能否胜任这项研究工作。如果一个人对所选择的课题毫无兴趣或缺乏深入研究的能力，即使他具有很好的选题条件，也难以把它完成好。最后，还要考虑自己能否坚持下去。要想取得较大成绩，不仅要有顽强拼搏的精神，还要有持之以恒、锲而不舍地钻研、努力工作的精神。

图 7-10　查看本科毕业论文的选题方法

7.1.5　研究生学位论文选题中的检索应用

信息检索在研究生学位论文选题中的应用是至关重要的，它有助于学生快速找到自身所需的信息，为确定论文选题提供科学依据。例如，当不知道如何为研究生学位论文选题时，可以通过信息检索获得一些方法，具体操作方法如下。

研究生学位论文选题中的检索应用

Step 01 进入搜索引擎（如百度）的默认页面，在输入框中输入检索词，如输入“研究生学位论文如何选题”，单击“百度一下”按钮，进行信息的检索，单击想要查看的信息对应的链接，如图 7-11 所示。

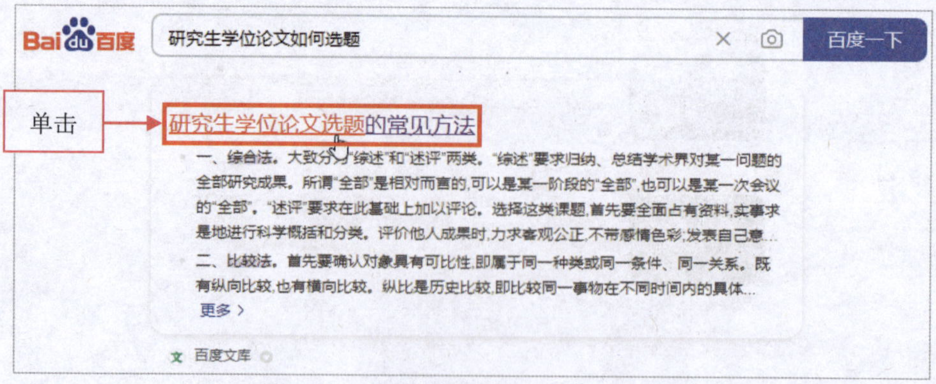

图 7-11　单击想要查看的信息对应的链接

Step 02 执行操作后，即可跳转至对应页面，查看研究生学位论文的选题方法，如图 7-12 所示。

研究生学位论文选题的常见方法

在工作实践中，[redacted]归纳发现，研究生学位论文题目来自于实践与理论的矛盾，实践中提出的新问题，原有理论难以解决，就构成课题。所以，积极参与社会实践，深入调查研究，是研究生学位论文选题的基本途径，常见的方法如下：

一、综合法。大致分为“综述”和“述评”两类。“综述”要求归纳、总结学术界对某一问题的全部研究成果。所谓“全部”是相对而言的，可以是某一阶段的“全部”，也可以是某一次会议的“全部”。“述评”要求在此基础上加以评论。选择这类课题，首先要全面占有资料，实事求是地进行科学概括和分类。评价他人成果时，力求客观公正，不带感情色彩；发表自己意见时，要有独到见解，有理有据。

二、比较法。首先要确认对象具有可比性，即属于同一种类或同一条件、同一关系。既有纵向比较，也有横向比较。纵比是历史比较，即比较同一事物在不同时间内的具体变化；横比是不同的具体事物在同一标准下的比较，确定其相同与相异之处，并探索原因何在。

三、社会调查法。学位论文的最终目的是为社会服务，选题的确定，应以社会需要为出发点，注重社会调查，从社会实践中搜集第一手资料，去粗取精，去伪存真，将感性认识上升为理性认识，最终确立选题。真正做到选题源于实践，服务于实践。

四、材料提取法。阅读材料是多多益善，要勤于动手、认真思考、归纳分类。要弄清哪些属于本学科目前亟待解决的问题，哪些属于本学科争论的焦点问题。经过反复琢磨和提炼升华，形成自己的选题。

五、拟想验证法。是指先有拟想，而后通过阅读资料并验证来确定选题的方法。根据自己平素的观察和学习，初步确定选题范围，再阅读大量资料，了解学术界的探讨。

六、启发法。将课堂知识与课外阅读相结合，从某一问题论证的观点、依据、方法中获得启发，开拓思路，进而找到合适的选题。

图 7-12　查看研究生学位论文的选题方法

7.2　论文写作的检索应用

信息检索在论文写作中的应用非常关键，它可以帮助获取并整理有关论文主题的必要信息，以支持论点、强化文献综述，并确保论文的深度和广度。本节将介绍信息检索在论文写作中各阶段的应用技巧。

7.2.1　论文设计初始阶段中的检索应用

论文设计初始阶段中的检索应用

确定论文的选题之后，便进入了论文设计的初始阶段，这个阶段的主要任务是完成开题报告的写作。学生准备着手进行具体研究之前，会向导师和评审委员会展示研究计划和设想的文档，这个过程被称为“开题”，而开题报告则是展示和解释研究计划的文件。开题报告包含的主要内容，如图 7-13 所示。

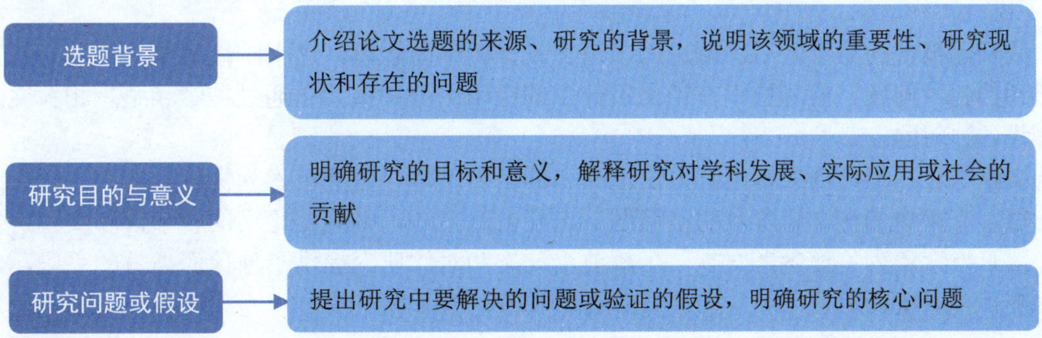

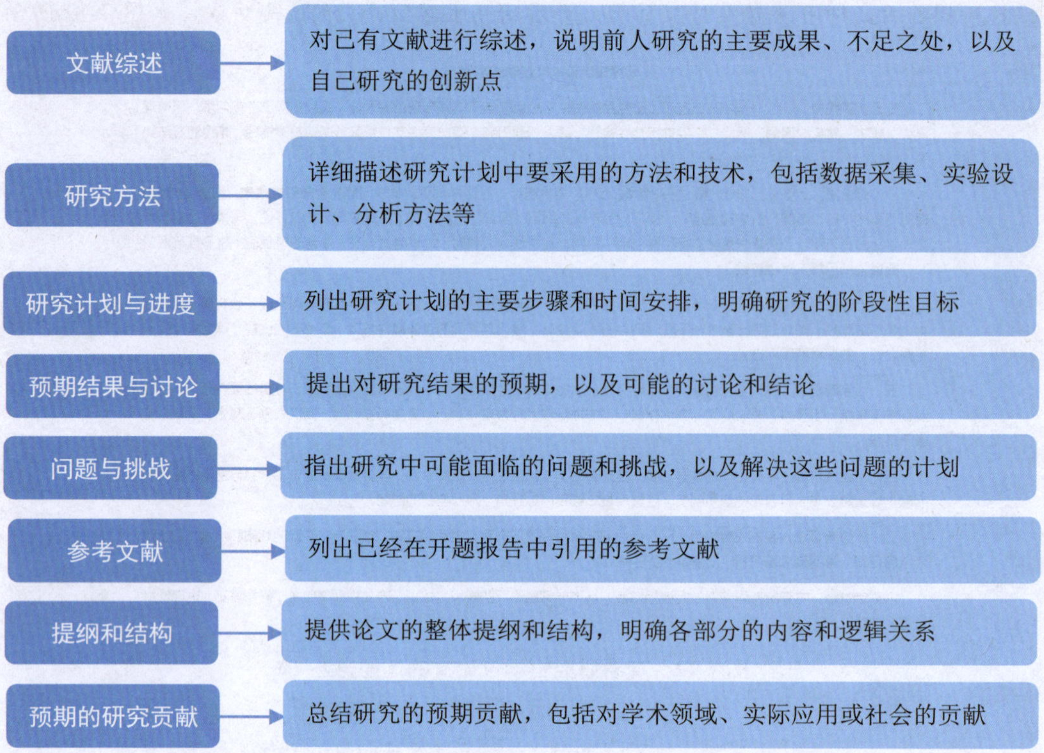

图 7-13　开题报告包含的主要内容

信息检索在开题报告写作中具有多方面的应用。首先，通过系统检索相关文献，能够全面了解研究领域的现有状况和前沿动态，为选题提供坚实的理论基础。这不仅有助于构建引言部分，还能够向读者清晰地呈现研究的背景，论证研究的重要性。

其次，信息检索有助于发现前人研究的不足和待解决的问题，为开题报告提供独特的研究视角和创新点。通过深入挖掘文献，能够让研究的问题更加具体、明确，为研究的深入展开提供基础。

最后，信息检索还能支持研究方法的选择。可通过查找相关文献，了解各种研究方法的优缺点，从而明晰自己的研究方法选择，并在开题报告中系统地阐述研究设计的科学性和合理性。

综合而言，信息检索在开题报告的撰写过程中发挥着关键作用，帮助人们建立起扎实的学术基础，明确研究问题和方法，确保整个研究计划的科学性和可行性。

7.2.2　论文设计中间阶段中的检索应用

完成开题报告的写作之后，就进入了论文设计的中间阶段，这个阶段的主要任务是解决设计中遇到的各种问题。信息检索在论文设计中的应用十分关键，它通过搜索和整理相关文献，帮助解决各种问题。

从文献综述、理论框架构建到方法选择和创新点确定，信息检索为提供了深入了解研究领域的途径，支持他们在设计阶段明确问题、选择合适方法，并确保论文的科学性和实际价值。此外，信息检索还为整理参考文献、了解前沿动态和对比研究提供了便捷而高效的手段，是研究过程中不可或缺的工具。

例如，在论文设计中，为了增强相关信息的说服力，可能需要使用一些数据，那么如何查找这些数据呢？此时，便可以借助信息检索寻找论文数据的查找渠道，具体操作步骤如下。

论文设计中间阶段中的检索应用

Step 01 进入搜索引擎（如 360 搜索）的默认页面，在输入框中输入检索词，如输入“论文的数据去哪里找”，单击“搜索”按钮，进行信息的检索，单击想要查看的信息对应的链接，如图 7-14 所示。

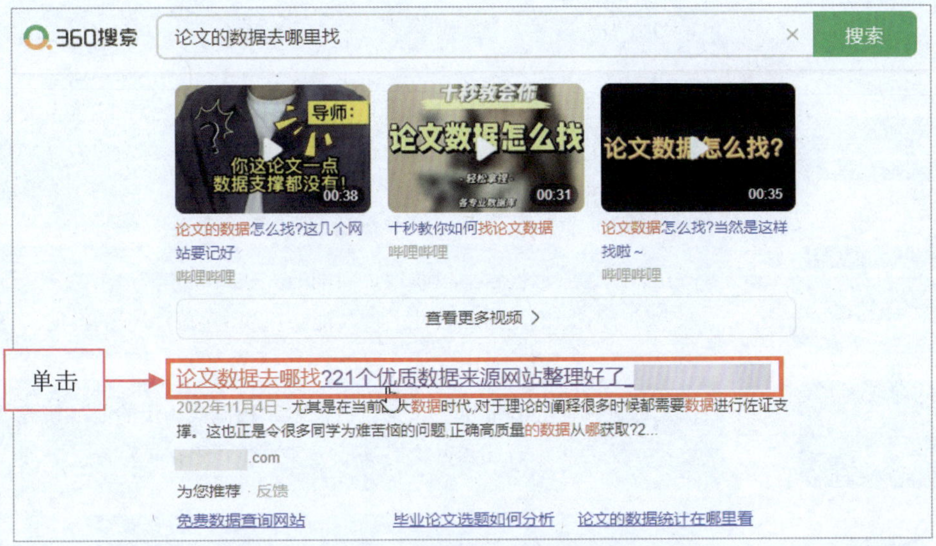

图 7-14　单击想要查看的信息对应的链接

Step 02 执行操作后，即可跳转至对应页面，查看论文数据的查找渠道，如图 7-15 所示。

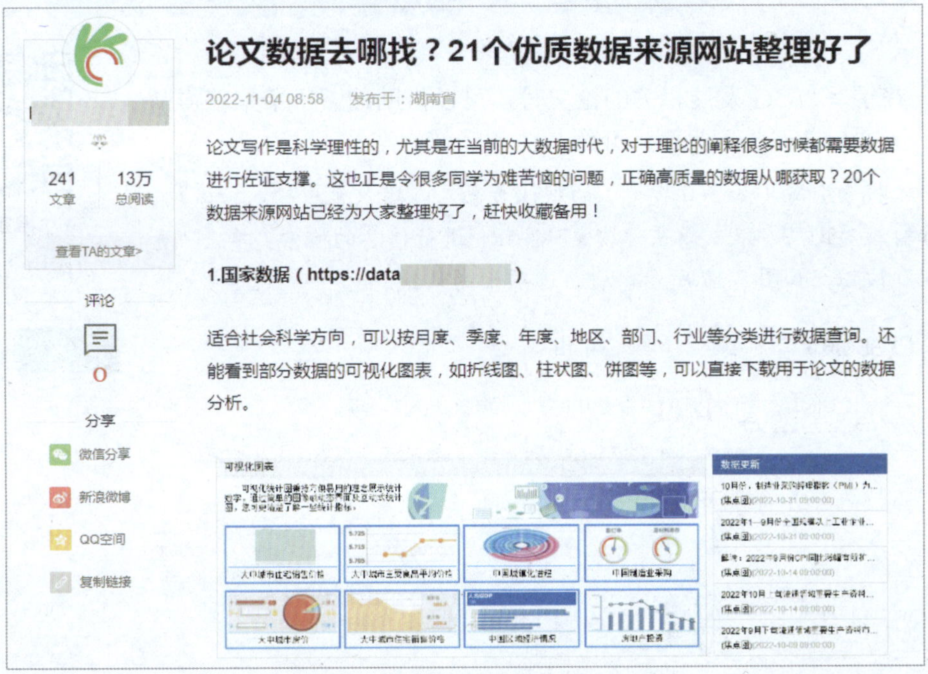

图 7-15　查看论文数据的查找渠道

7.2.3 论文撰写与完成阶段中的检索应用

信息检索在论文撰写与完成阶段中发挥着至关重要的作用，为提供了广泛的学术支持和资源。具体来说，信息检索在论文撰写与完成阶段中的主要应用如图 7-16 所示。

- 理论基础建设 → 信息检索用于获取相关领域的理论文献，帮助研究者建构论文的理论框架。这有助于确保论文具备扎实的理论基础，从而更好地支持和解释研究的主要观点和发现
- 引用文献管理 → 信息检索工具可以帮助研究者更轻松地管理引用文献，确保引文的准确性和格式规范。这在撰写论文时是一个关键的环节，有助于提高文献引用的质量
- 实时获取前沿资讯 → 研究者通过信息检索可以获取最新的研究成果和领域前沿的资讯。这有助于保持论文的时效性，使其能够反映领域内最新的发展动态
- 对比研究和讨论支持 → 信息检索为研究者提供了查找与自己研究相似或相反的其他研究的途径，这为对比研究和讨论提供了更多的参考和比较对象
- 数据采集和实证研究 → 在实证研究阶段，信息检索可以用于获取相关的数据集、实验工具和调查问卷，这有助于确保研究数据的可靠性，支持实证研究的进行和分析

图 7-16　信息检索在论文选题确认中的应用

例如，在撰写与 5G 发展相关的论文时，可以借助搜索引擎来获得前沿的资讯。下面以 360 搜索为例，介绍具体的操作方法。

论文撰写与完成阶段中的检索应用

Step 01 进入搜索引擎（如 360 搜索）的默认页面，在输入框中输入检索词，如输入“5G 基站”，单击“搜索”按钮，进行信息的检索，单击“资讯”按钮，如图 7-17 所示，进行选项卡的切换。

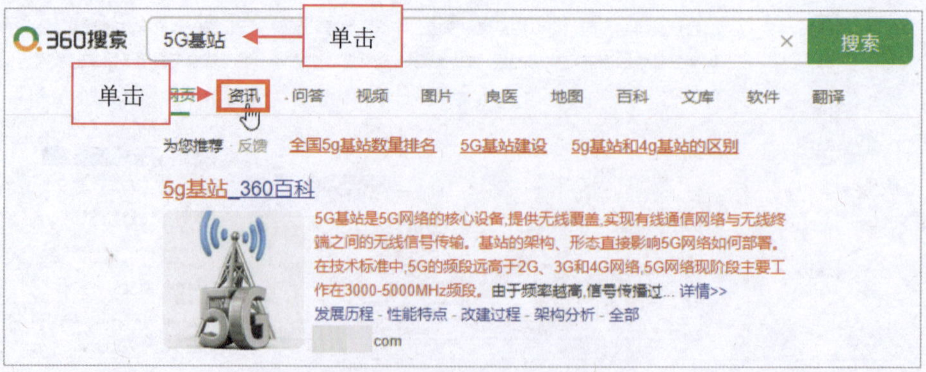

图 7-17　单击“资讯”按钮

Step 02 执行操作后，切换至“资讯”选项卡，即可检索到与“5G 基站”相关的资讯信息，单击想要查看的资讯信息对应的链接，如图 7-18 所示。

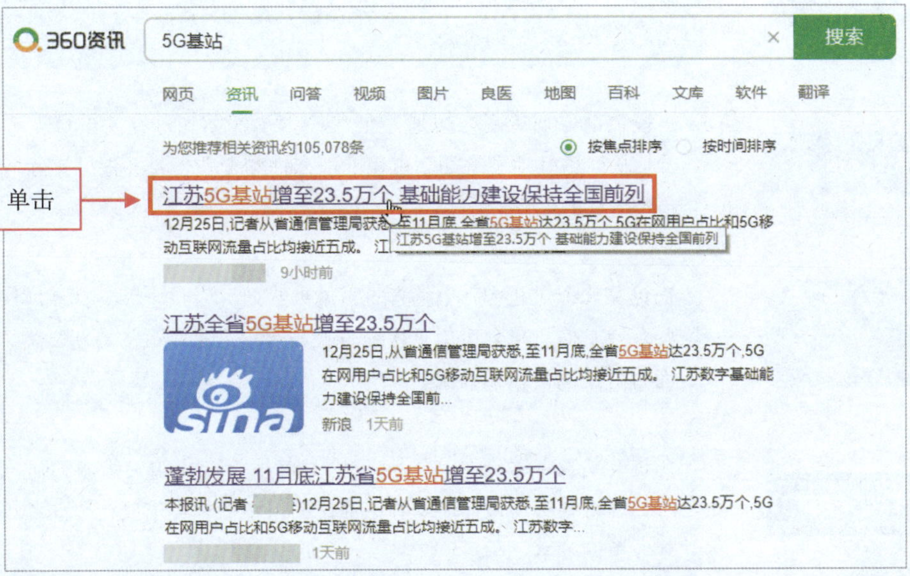

图 7-18　单击想要查看的资讯信息对应的链接

Step 03 执行操作后，即可跳转至对应页面，查看 5G 基站的相关资讯，如图 7-19 所示。

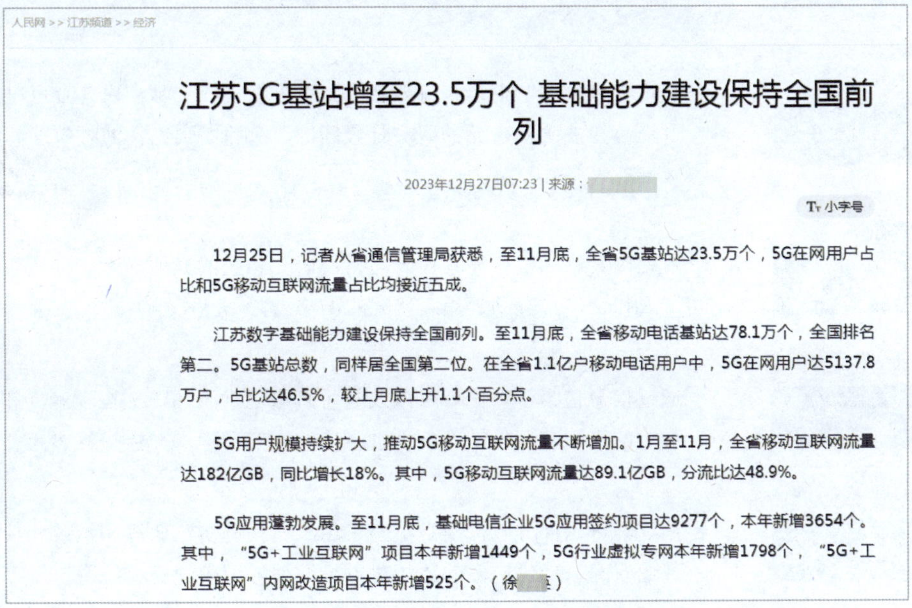

人民网 >> 江苏频道 >> 经济

江苏5G基站增至23.5万个 基础能力建设保持全国前列

2023年12月27日07:23 | 来源：

Tт 小字号

12月25日，记者从省通信管理局获悉，至11月底，全省5G基站达23.5万个，5G在网用户占比和5G移动互联网流量占比均接近五成。

江苏数字基础能力建设保持全国前列。至11月底，全省移动电话基站达78.1万个，全国排名第二。5G基站总数，同样居全国第二位。在全省1.1亿户移动电话用户中，5G在网用户达5137.8万户，占比达46.5%，较上月底上升1.1个百分点。

5G用户规模持续扩大，推动5G移动互联网流量不断增加。1月至11月，全省移动互联网流量达182亿GB，同比增长18%。其中，5G移动互联网流量达89.1亿GB，分流比达48.9%。

5G应用蓬勃发展。至11月底，基础电信企业5G应用签约项目达9277个，本年新增3654个。其中，“5G+工业互联网”项目本年新增1449个，5G行业虚拟专网本年新增1798个，“5G+工业互联网”内网改造项目本年新增525个。（徐 ）

图 7-19　查看 5G 基站的相关资讯

7.2.4　论文发表阶段中的检索应用

信息检索在论文发表阶段依然扮演着关键的角色，其能够支持在选择期刊、改进论文质量、回应审稿意见等方面做出明智的决策。具体来说，信息检索在论文发表阶段中的主要应用如图 7-20 所示。

- **期刊选择** → 研究者通过信息检索找到与自己研究领域相关的期刊，了解期刊的影响因子、审稿时长、发表周期等信息，以便做出合适的期刊选择，提高论文被接受的机会
- **审稿人选择** → 在投稿前，研究者可以通过信息检索了解期刊过往的审稿人和编委，从而更好地了解期刊审稿的严谨性和专业性，并根据实际情况选择合适的期刊
- **投稿前的补充文献查找** → 在论文修改过程中，审稿意见可能要求研究者进一步支持或解释某些观点。信息检索可用于快速查找与审稿意见相关的最新文献，从而更好地满足审稿要求
- **同行评审准备** → 在提交论文到期刊之前，信息检索可用于查找相关领域的研究方法、理论和实验设计，以确保论文的科学性和可信度，提高通过同行评审的几率
- **回应审稿意见** → 研究者通过信息检索找到相关领域的最新研究，用于回应审稿意见并加强论文的论证和讨论，提高论文的质量
- **引用文献的更新** → 在审稿过程中，审稿人可能会提到新近发表的文献，研究者可以通过信息检索确保自己的引文是最新的，从而增强论文的时效性和权威性
- **学术社交和合作** → 信息检索有助于研究者找到与自己研究相关的其他学者，促进学术交流和合作，有助于提高研究的影响力
- **发表的影响评估** → 通过信息检索，研究者可以及时了解自己发表的论文在学术界和社会中的引用和评价情况，为进一步的研究和学术交流提供参考
- **对比研究和讨论** → 在撰写讨论部分时，信息检索可用于查找与自己研究相似或相反的其他研究，提供更多的比较对象，增强讨论的深度和广度
- **领域专家联系** → 在论文发表阶段，研究者可能需要联系领域内的专家，寻求他们的意见和建议。信息检索可以帮助找到相关领域的专家，并了解他们的研究方向和联系方式

图 7-20　信息检索在论文发表阶段中的主要应用

论文创作完成后，可以借助相关平台给特定的期刊投稿，快速发表自己的论文。下面以中国学术期刊论文投稿平台（即中国知网投稿服务平台）为例，介绍论文投稿的具体操作方法。

论文发表阶段中的检索应用

Step 01 进入搜索引擎（如 360 搜索）的默认页面，在输入框中输入检索词，如输入“中国学术期刊论文投稿平台”，单击对应的链接，即可进入中国学术期刊论文投稿平台的官网默认页面，如图 7-21 所示。

图 7-21　中国学术期刊论文投稿平台的官网默认页面

Step 02 滑动页面至“05 快速投稿”板块，单击下方的“投递稿件”按钮，如图 7-22 所示，进行论文的投稿。

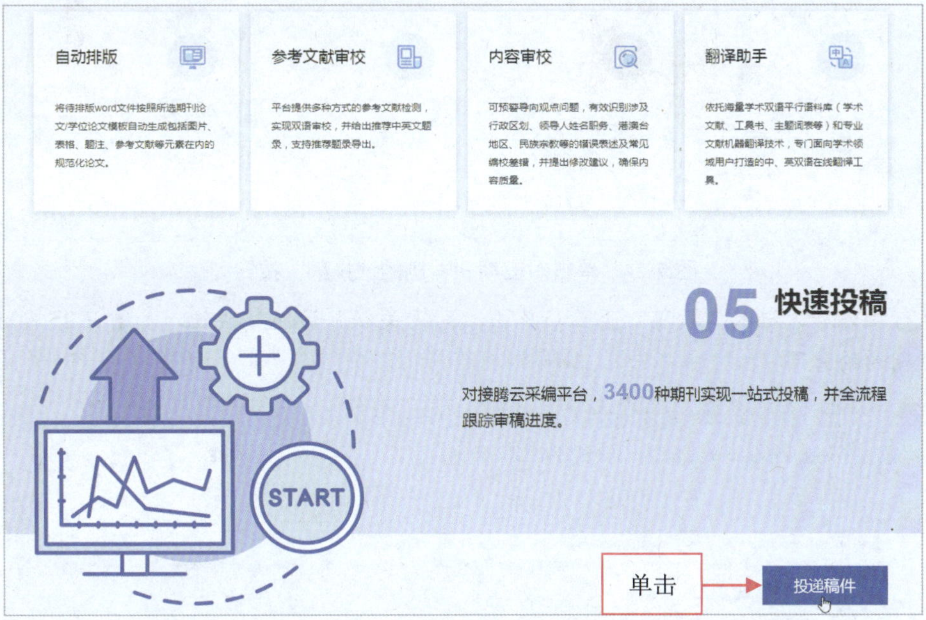

图 7-22　单击“投递稿件”按钮

Step 03 执行操作后，跳转至“期刊大全”页面，在搜索框中输入期刊的检索词，如输入“无线电通信”，单击 按钮，如图 7-23 所示。

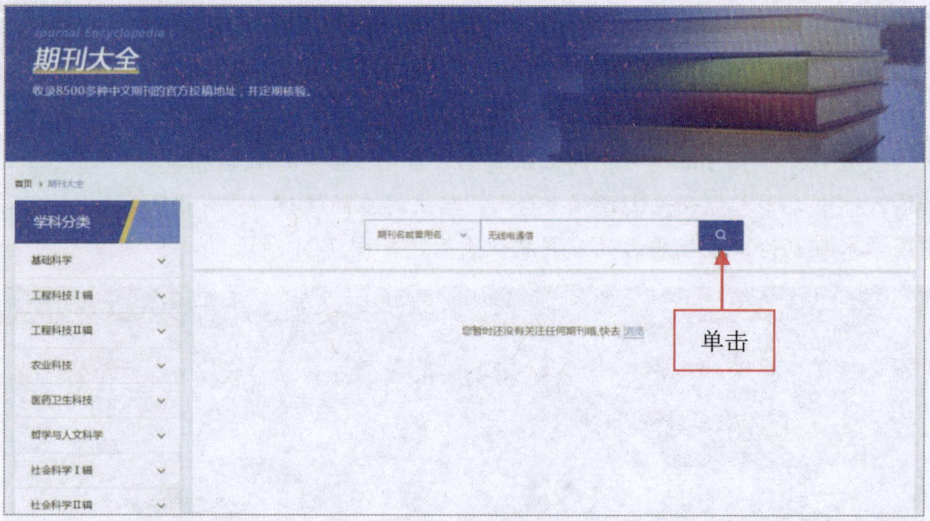

图 7-23　单击 按钮

Step 04 执行操作后，即可检索到与“无线电通信”相关的期刊，单击对应期刊右侧的“投稿”按钮，如图 7-24 所示。

图 7-24　单击对应期刊右侧的“投稿”按钮

Step 05 执行操作后，进入“投稿”页面，单击“同意关联并访问”按钮，如图 7-25 所示，访问对应期刊的官网。

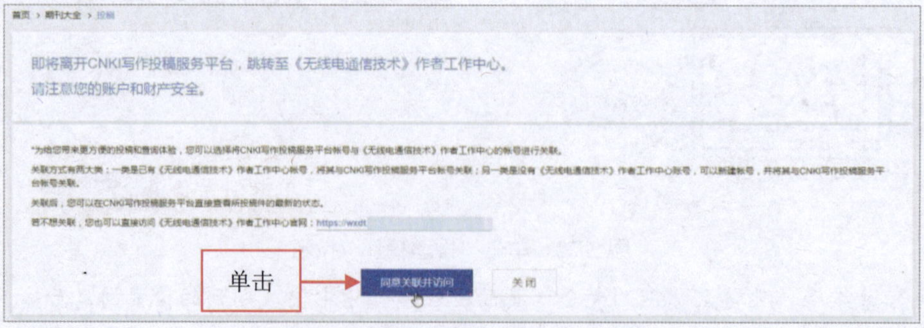

图 7-25　单击“同意关联并访问”按钮

Step 06 执行操作后，进入对应期刊的官网“稿件中心”页面，单击“我的投稿”按钮，如图 7-26 所示，查看投稿的相关信息。

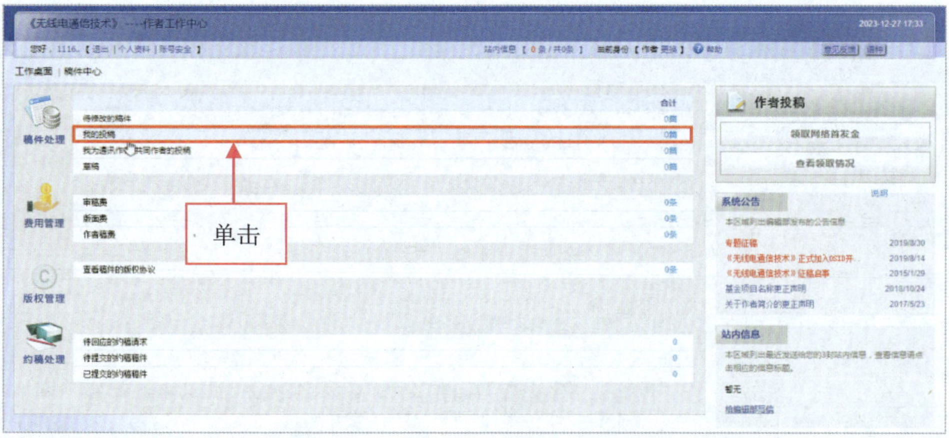

图 7-26　单击“我的投稿”按钮

Step 07 执行操作后，进入“我的投稿”页面，依次单击“投稿”按钮和“一步式投稿”按钮，如图 7-27 所示，进行一步式投稿。

图 7-27　单击“一步式投稿”按钮

Step 08 执行操作后，跳转至“投稿须知”页面，查看投稿的相关信息，单击“已阅读&下一步”按钮，如图 7-28 所示，进行下一步操作。

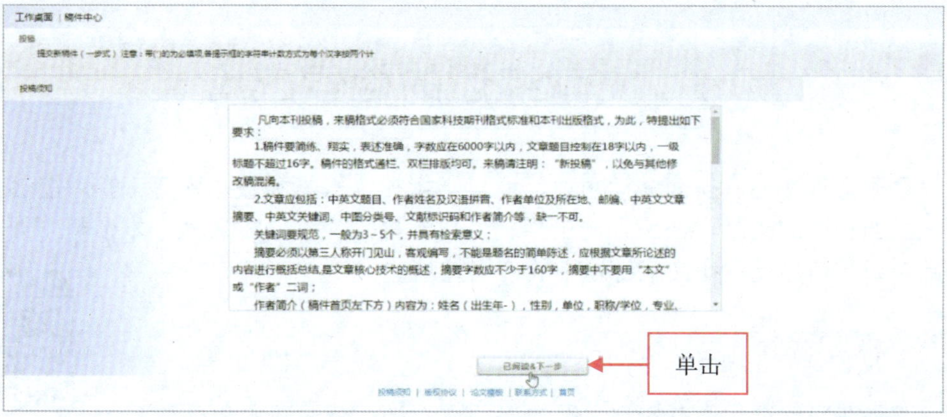

图 7-28　单击“已阅读&下一步”按钮

Step 09 执行操作后，跳转至“版权转让协议”页面，查看版权转让的相关信息，单击“同意”按钮，如图 7-29 所示，同意转让论文的版权。

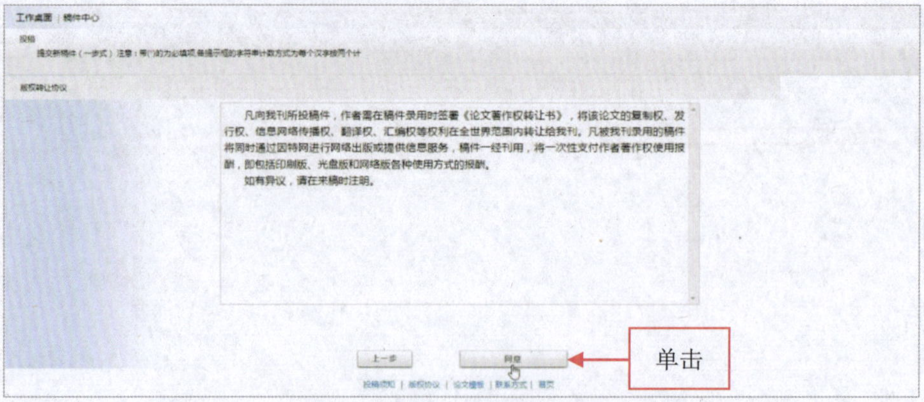

图 7-29　单击“同意”按钮

Step 10 执行操作后，跳转至投稿信息设置页面，如图 7-30 所示。在该页面中设置投稿的相关信息，上传论文的相关文档，并根据提示进行操作，即可完成论文的投稿。

图 7-30　投稿信息设置页面

7.3　文献综述的检索应用

信息检索在文献综述中扮演关键角色，通过学术搜索引擎和数据库等工具，能够系统性地搜集与研究主题相关的文献，快速筛选出相关资料，提高文献的相关性。本节将主要介绍文献综述的基础知识和信息检索在文献综述中的应用技巧。

7.3.1　文献综述的概念

文献综述的概念

文献综述是在研究过程中对特定主题的相关文献进行全面回顾和总结。

它不仅包括已有研究的主要发现和结论，还涵盖了相关研究的方法、理论框架和研究设计等方面的信息。文献综述的目的是为读者提供对研究领域的全面了解，为研究问题的确立和解决提供理论基础。具体来说，文献综述的常见内容如图 7-31 所示。

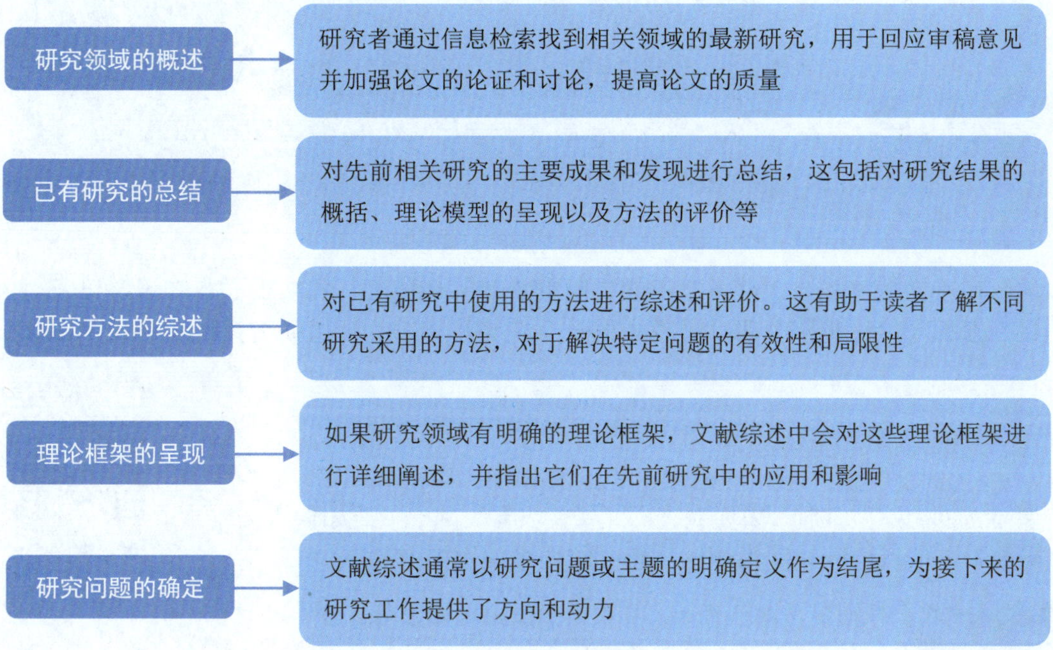

图 7-31　文献综述的常见内容

7.3.2　文献综述的主要特点

文献综述是研究过程中的一种文献分析和总结方法。其主要特点如图 7-32 所示。

文献综述的主要特点

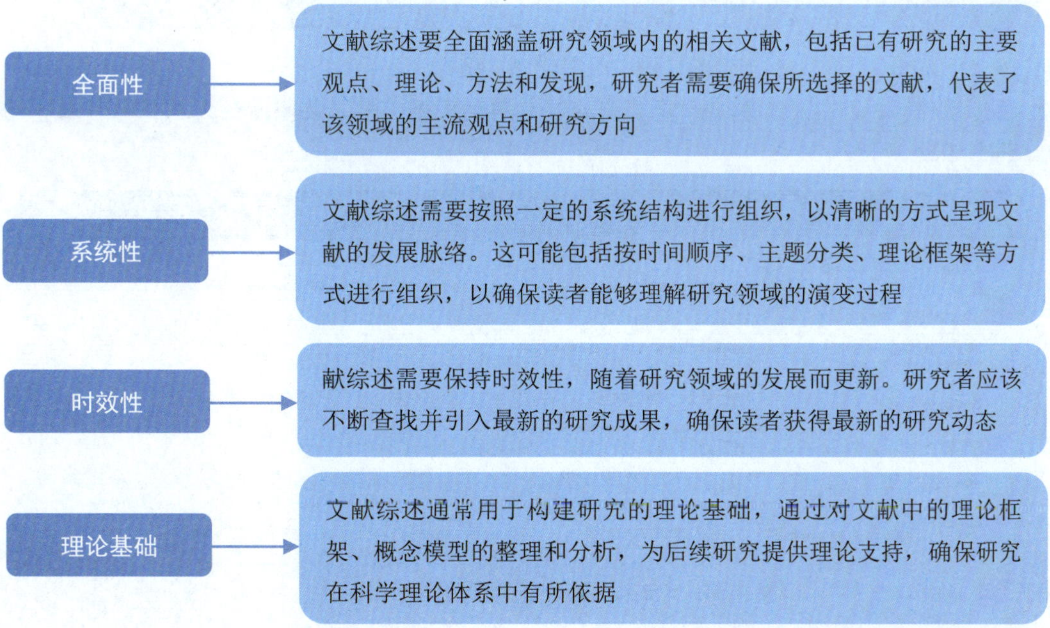

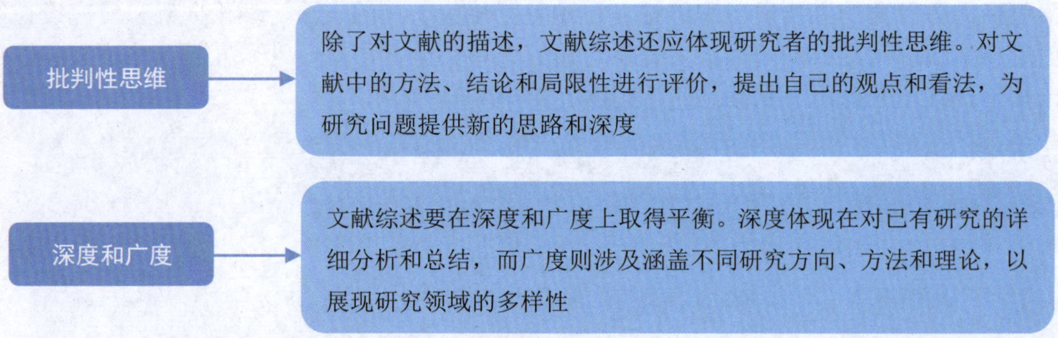

图 7-32　文献综述的主要特点

总体而言，文献综述要求具备广泛的文献搜索和筛选能力，扎实的学科知识，以及对已有研究的批判性思考。它是整个研究过程中的一个关键步骤，为后续研究提供了理论基础和研究框架。

7.3.3　文献查阅中的检索应用

在撰写文献综述内容时，需要先查阅相关的文献。那么，要如何查阅相关的文献呢？下面以中国知网为例，讲解文献信息的查阅方法。

文献查阅中的检索应用

Step 01 进入中国知网的官网默认页面，在搜索框中输入检索词，如输入“有声小说”，选中需要检索的文献类型的复选框，单击🔍按钮，如图 7-33 所示，进行文献信息的检索。

图 7-33　单击🔍按钮

Step 02 执行操作后，即可检索到与“有声小说”相关的文献，单击要查看的文献信息对应的链接，如图 7-34 所示。

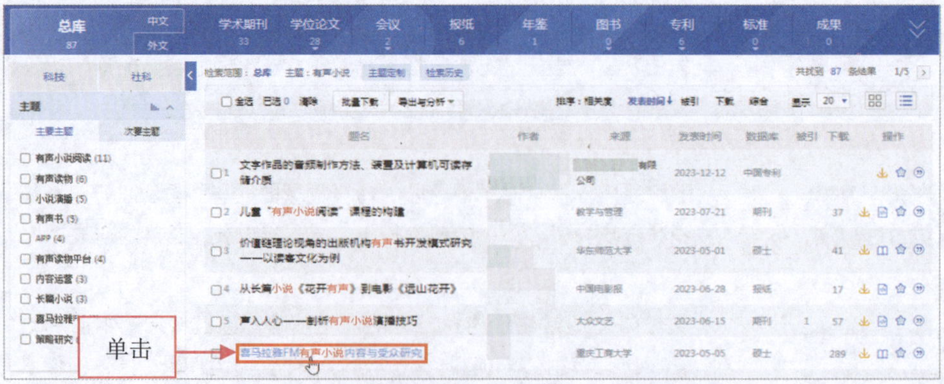

图 7-34　单击要查看的文献信息对应的链接

Step 03 执行操作后，即可跳转至对应页面，查看文献的基本信息，如果要查看该文献的具体内容，可以单击“在线阅读”按钮，如图 7-35 所示。

图 7-35　单击“在线阅读”按钮

Step 04 执行操作后，即可跳转至在线阅读页面，查看对应文献的具体内容，如图 7-36 所示。

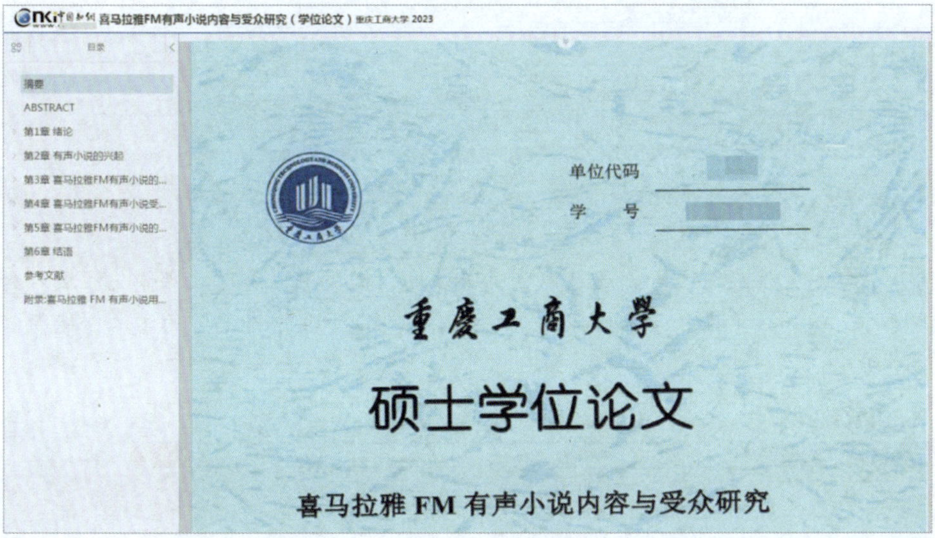

图 7-36　查看对应文献的具体内容

7.3.4　文献分析中的检索应用

文献分析中的检索应用

在撰写文献综述内容时，需要对相关文献进行分析，以了解对应主题的研究成果。信息检索可以说是文献分析的基础，只有通过信息检索找到文献的相关信息，才能对文献进行准确的分析。那么，要如何通过信息检索分析文献呢？下面讲解具体的操作方法。

Step 01 进入中国知网的官网默认页面，单击“知识元检索”按钮，进行选项卡的切换，选中“指数”复选框，在搜索框中输入检索词，如输入“共享充电宝”，单击 按钮，如图 7-37 所示，进行文献指数信息的检索。

图 7-37　单击按钮

Step 02 执行操作后，即可跳转至共享充电宝的指数分析页面，查看“学术关注度”方面的信息，如图 7-38 所示。

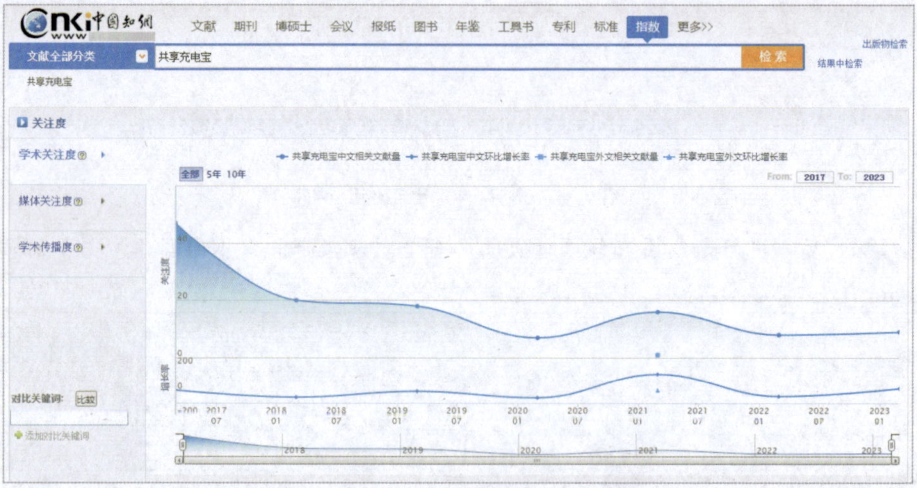

图 7-38　查看“学术关注度”方面的信息

Step 03 除了“学术关注度”之外，还可以在“关注度”板块中，查看“媒体关注度”和“学术传播度”。例如，单击“学术传播度”按钮，即可查看共享充电宝的学术传播度信息，如图 7-39 所示。

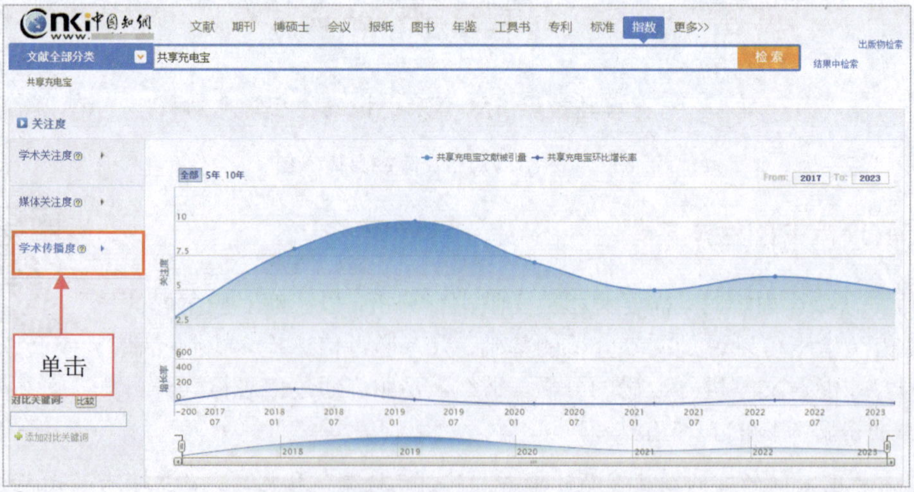

图 7-39　查看共享充电宝的学术传播度信息

Step 04 滑动页面，可以查看相关文献的“关注文献”和“学科分布”信息，如图 7-40 所示。

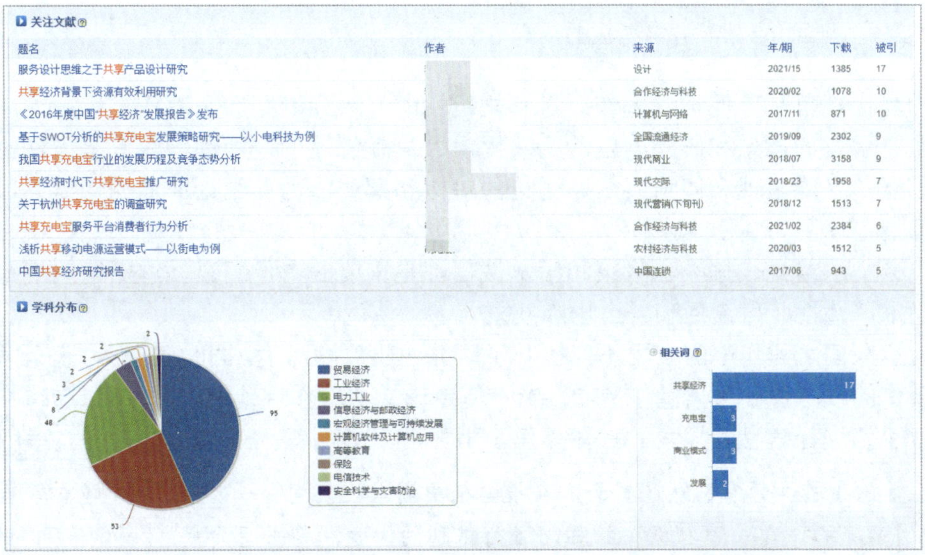

图 7-40　查看相关文献的“关注文献”和“学科分布”信息

Step 05 继续滑动页面，还可以查看相关文献的“研究进展”和“机构分布”信息，如图 7-41 所示。可以结合“指数”页面中的信息，对充电宝的相关文献信息进行综合的分析，了解当前的研究成果。

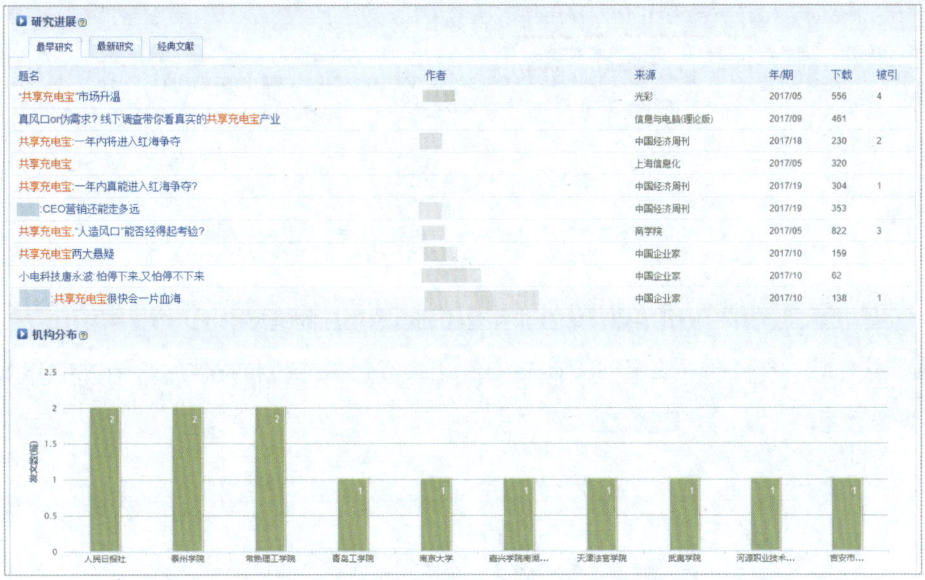

图 7-41　查看相关文献的“研究进展”和“机构分布”信息

7.4　论文创作规范的检索应用

信息检索在论文创作规范中具有多方面的应用，这主要体现在写作规范、引用规范和学术规范这 3 个方面。本节将进行具体的讲解。

7.4.1 论文写作规范中的检索应用

论文的写作规范是确保学术著作质量和规范性的一系列准则。在写作过程中，应注意标题的简洁明了、引言的背景和研究问题的明确提出、文献综述的全面性与深度、方法论的详细描述、结果部分的客观呈现和清晰展示、讨论的对比和解释能力、结论的简明扼要，以及引用和参考文献的规范使用。

此外，论文的格式、排版、附录和学术诚信都是重要的考量因素。遵循这些规范有助于确保论文的学术严谨性、可读性和符合出版要求。

信息检索在论文写作中的应用不仅提升了研究的质量和深度，同时确保了学术著作的规范性和可信度。例如，当不清楚论文的写作规范时，可以借助搜索引擎进行信息的检索，具体操作步骤如下。

论文写作规范中的检索应用

Step 01 进入 360 搜索的官网默认页面，在搜索框中输入检索词，如“论文写作规范”，单击“搜索”按钮，进行信息的检索，单击想要查看的信息对应的链接，如图 7-42 所示。

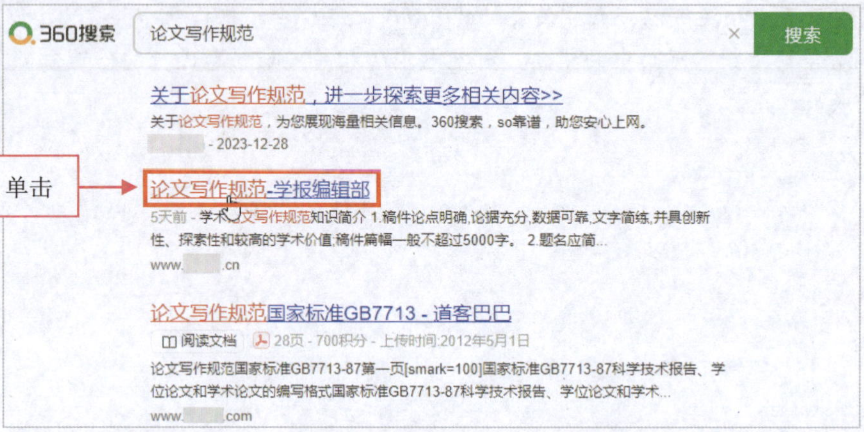

图 7-42　单击想要查看的信息对应的链接

Step 02 执行操作后，即可跳转至对应页面，查看论文写作规范的相关信息，如图 7-43 所示。

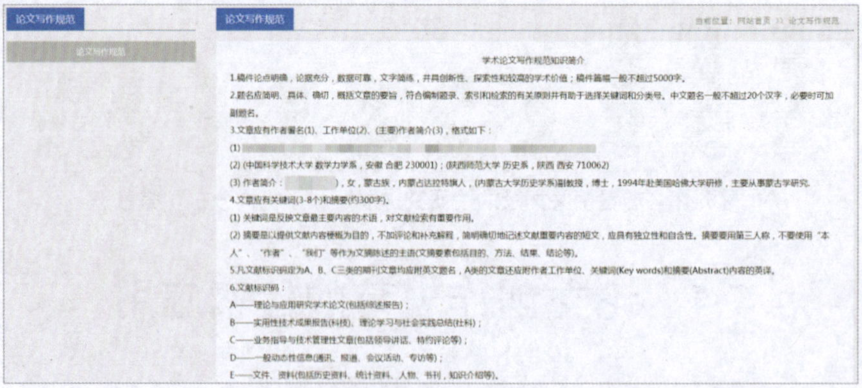

图 7-43　查看论文写作规范的相关信息

7.4.2 论文引用规范中的检索应用

论文的引用规范是确保学术著作学术诚信和可追溯性的重要准则。在引文中，应使用规范的引文格式（如 APA、MLA、Chicago 等），确保引文的一致性和准确性。每一处引用他人研究成果的地方都需要标注明确的引文信息，包括作者姓名、出版年份、刊物名称、文章或书籍标题等。

信息检索在引用规范中的应用有助于确保论文引文的准确性、完整性和一致性。通过有效的信息检索，能够更好地管理引用文献，避免抄袭，保持论文的学术诚信。

例如，在引用学位论文时，为了保证引用内容的准确性，可以前往专业的网站进行信息的检索。下面以中国知网为例，讲解引用内容的检索方法。

论文引用规范中的检索应用

Step 01 进入中国知网的官网默认页面，在搜索框中输入检索词，如输入“综艺节目的创新”，选中“学位论文”复选框，取消选中其他的复选框，单击 按钮，如图 7-44 所示，进行学位论文的检索。

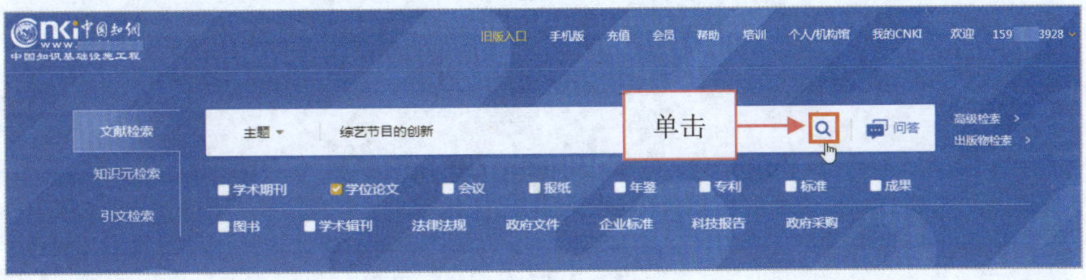

图 7-44 单击 按钮

Step 02 执行操作后，即可检索到与“综艺节目的创新”相关的学位论文，单击要查看的学位论文的对应链接，如图 7-45 所示。

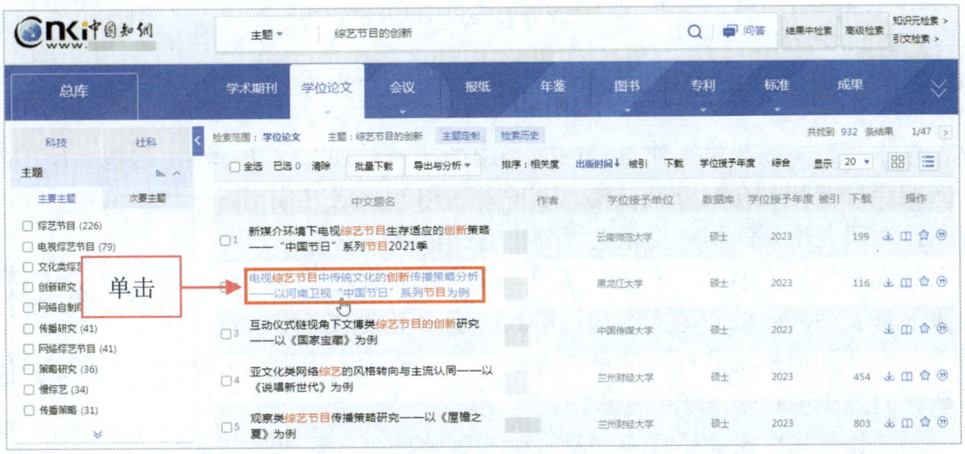

图 7-45 单击要查看的学位论文对应的链接

Step 03 执行操作后，即可跳转至对应页面，查看学位论文的基本信息，如果要查看该学位论文的更多信息，可以单击“在线阅读”按钮，如图 7-46 所示。

Step 04 执行操作后，即可跳转至在线阅读页面，查看对应学位论文的具体内容，如图 7-47 所示。

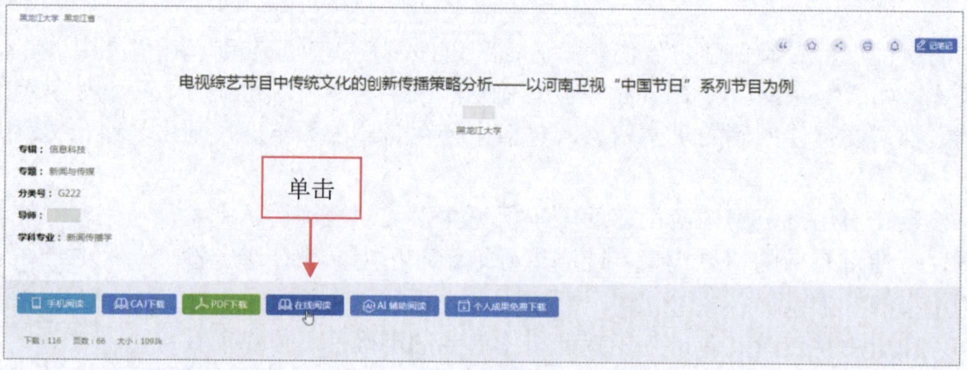

图 7-46　单击“在线阅读”按钮

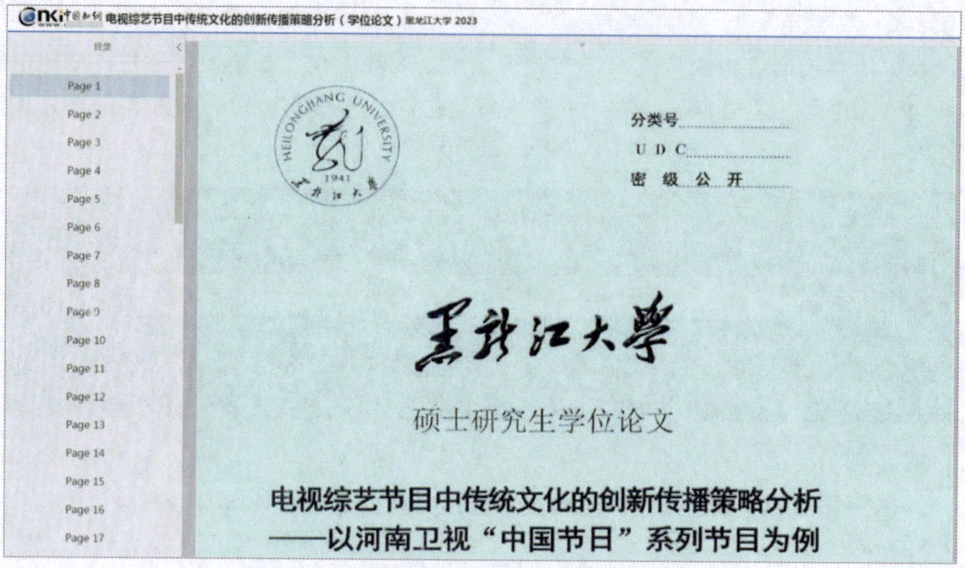

图 7-47　查看对应文献的具体内容

7.4.3　论文学术规范中的检索应用

论文的学术规范是在学术写作过程中应当遵循的一系列准则和标准。这包括但不限于学术诚信，要求避免抄袭和剽窃，以及诚实、透明地引用他人研究成果。学术规范还要求文献综述全面、深入，对研究领域的相关文献进行公正的评价。

在数据处理和分析方面，学术规范强调可靠的研究方法和透明度，确保研究结果的真实性。此外，论文结构、格式、学术语言的运用以及对比和讨论部分的客观性也是学术规范的重要方面。通过遵循这些规范，能够保持学术研究的高质量和学术道德的水平。

论文学术规范中的检索应用

例如，为了让创作出来的论文更加符合学术规范，可以通过专门的平台对论文内容进行检测。下面以万方检测平台为例，讲解论文的检测方法。

Step 01 进入万方检测的官网默认页面，单击“立即查重”按钮，如图 7-48 所示，进行论文的查重操作。

Step 02 执行操作后，跳转到“提交检测”页面，如图 7-49 所示。在该页面中设置论文的检测信息，将论文粘贴或上传至页面中，即可进行论文的检测。

图 7-48　单击“立即查重”按钮

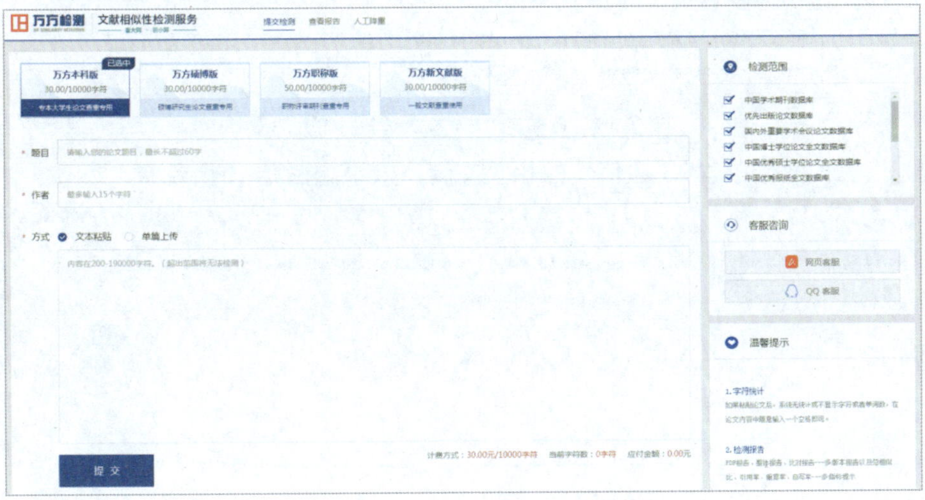

图 7-49　“提交检测”页面

本章小结

本章主要介绍了信息检索在论文创作中的应用，包括信息检索在论文选题、论文写作、文献综述和论文创作规范中的应用。希望通过本章的学习，读者能够熟练使用信息检索创作出优质的论文内容。

课后习题

课后习题 1　　课后习题 2

鉴于本章知识的重要性，本节将通过课后习题，帮助读者进行简单的知识回顾和补充，以便读者更好地掌握所学知识。

1．使用搜索引擎，查看关于“人工智能”的资讯，效果如图 7-50 所示。

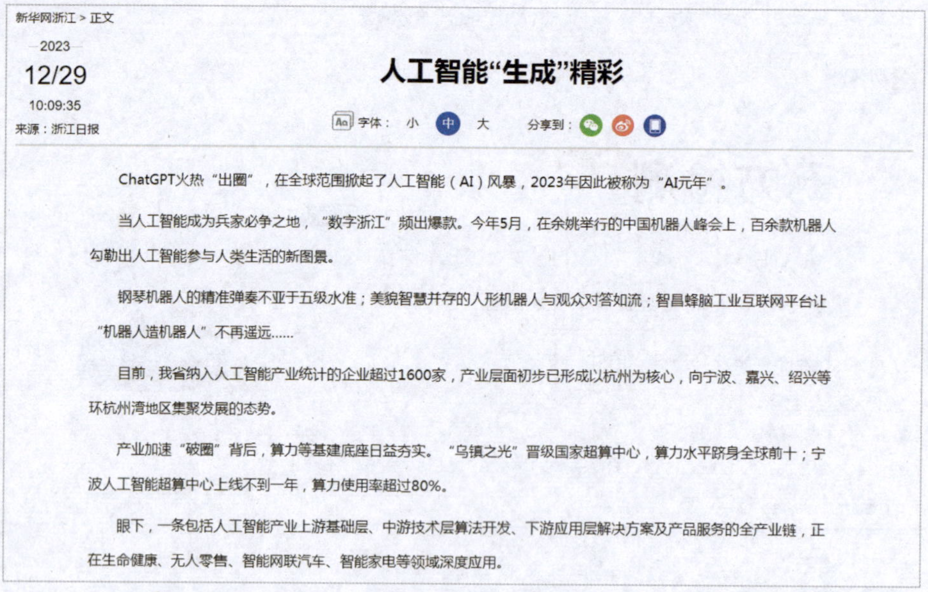

新华网浙江 > 正文

2023

12/29

10:09:35

来源：浙江日报

人工智能“生成”精彩

字体： 小 中 大　　分享到：

ChatGPT火热“出圈”，在全球范围掀起了人工智能（AI）风暴，2023年因此被称为“AI元年”。

当人工智能成为兵家必争之地，“数字浙江”频出爆款。今年5月，在余姚举行的中国机器人峰会上，百余款机器人勾勒出人工智能参与人类生活的新图景。

钢琴机器人的精准弹奏不亚于五级水准；美貌智慧并存的人形机器人与观众对答如流；智昌蜂脑工业互联网平台让“机器人造机器人”不再遥远……

目前，我省纳入人工智能产业统计的企业超过1600家，产业层面初步已形成以杭州为核心，向宁波、嘉兴、绍兴等环杭州湾地区集聚发展的态势。

产业加速“破圈”背后，算力等基建底座日益夯实。“乌镇之光”晋级国家超算中心，算力水平跻身全球前十；宁波人工智能超算中心上线不到一年，算力使用率超过80%。

眼下，一条包括人工智能产业上游基础层、中游技术层算法开发、下游应用层解决方案及产品服务的全产业链，正在生命健康、无人零售、智能网联汽车、智能家电等领域深度应用。

图 7-50　查看关于“人工智能”的资讯

2．通过信息检索分析“5G 通信”的相关文献，效果如图 7-51 所示。

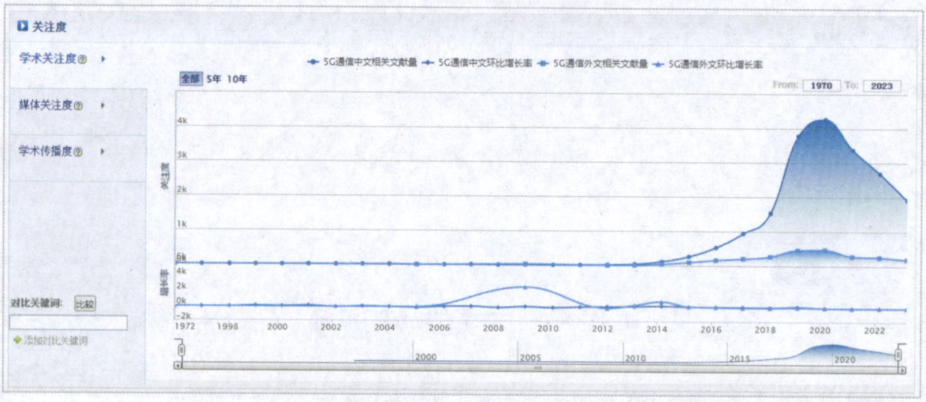

图 7-51　通过信息检索分析“5G 通信”的相关文献

第 8 章 信息检索在账号运营中的应用

近年来，新媒体平台飞速发展，越来越多人通过发布图文和短视频内容、开直播等方式，在线上进行信息的传播。通常来说，在发布内容之前，需要先拥有一个账号。而且为了获得更好的收益，很多运营者都很重视账号的运营。其实，信息检索对于账号的运营也能起到一些助益，能让运营者更直观地了解账号的运营情况。本章将主要介绍信息检索在账号运营中的应用技巧。

本章重点

- 账号基础信息的检索应用
- 账号运营数据的检索应用
- 账号粉丝数据的检索应用
- 账号销售数据的检索应用

思政目标

- 增强学生的实践能力，让学生懂得独立分析特定账号的运营情况
- 增强学生的变通能力，让学生懂得结合实际进行账号的运营分析

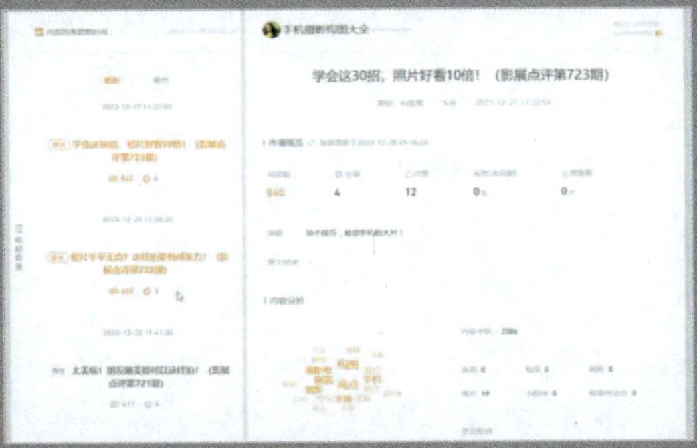

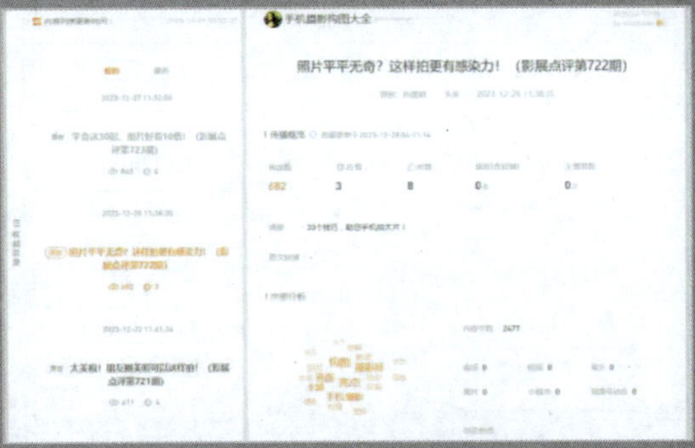

8.1 账号基础信息的检索应用

在账号的运营过程中，可以通过信息检索查看账号的一些基础信息，如检索某个特定的账号、账号作品和账号素材。本节将讲解具体的操作技巧。

8.1.1 特定账号的检索应用

特定账号的检索应用

当需要查看自己的账号或某个特定账号的相关信息时，可以前往专门的网站进行检索。通常来说，检索特定账号主要有两种方法，第一种方法是直接输入账号名称进行检索；第二种方法是借助平台的信息设置进行检索。下面以灰豚数据平台为例，介绍通过信息设置检索特定账号的具体方法。

Step 01 进入灰豚数据的官网默认页面，单击“立即使用”按钮，如图 8-1 所示，启用灰豚数据。

图 8-1 单击“立即使用”按钮

Step 02 执行操作后，即可进入灰豚数据的“工作台”页面，依次单击“达人”按钮和“达人库”按钮，如图 8-2 所示，进行页面的跳转。

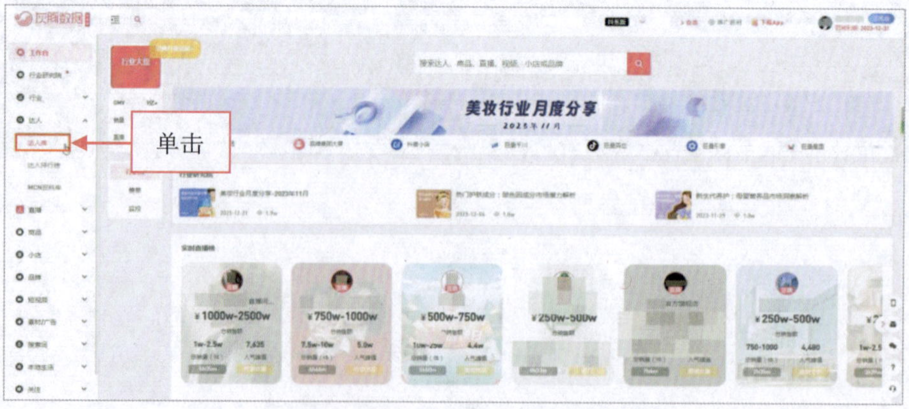

图 8-2 单击“达人库”按钮

Step 03 执行操作后，即可跳转至“达人库”页面，在该页面中设置检索信息，即可检索到符合要求的账号，单击需要查看信息的账号（不要直接单击账号头像或右侧的按钮），如图 8-3 所示。

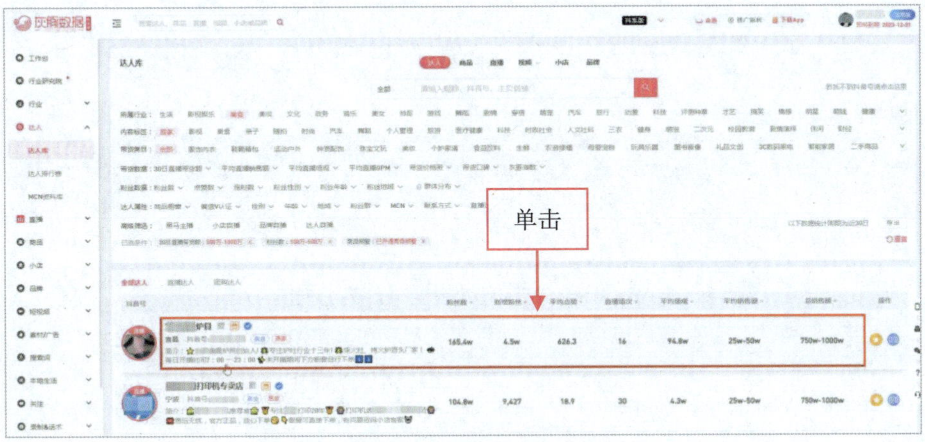

图 8-3　单击需要查看信息的账号

Step 04 执行操作后，即可跳转至对应账号的“数据预览”页面，查看该账号的基础信息和相关的数据分析，如图 8-4 所示。

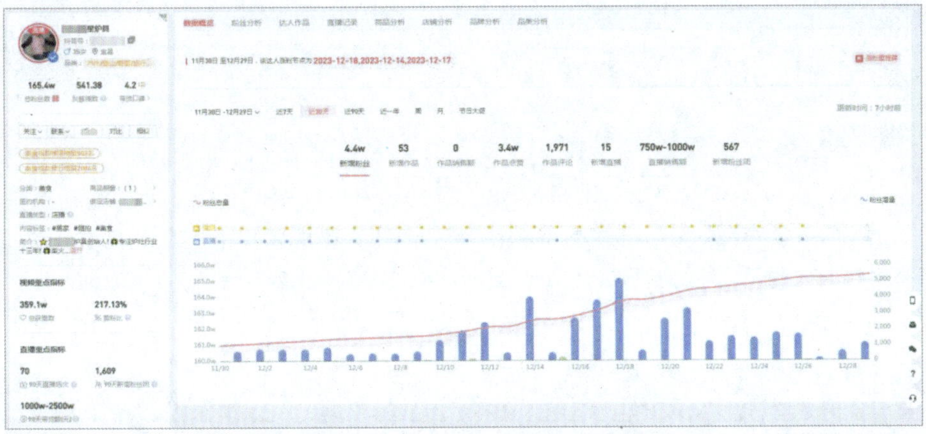

图 8-4　查看账号的基础信息和相关的数据分析

8.1.2　账号作品的检索应用

账号作品的检索应用

只需要查看账号中某个作品的相关信息，此时便可以输入该作品的关键词，进行作品信息的检索。下面以灰豚数据平台为例，介绍账号短视频作品的检索方法。

Step 01 进入灰豚数据的“工作台”页面，依次单击“短视频”按钮和“热门视频库”按钮，如图 8-5 所示，进行页面的跳转。

Step 02 执行操作后，即可跳转至“热门视频库”页面，在搜索框中输入短视频标题的关键词，如输入“草莓糖葫芦”，单击🔍按钮，如图 8-6 所示，进行短视频作品的检索。

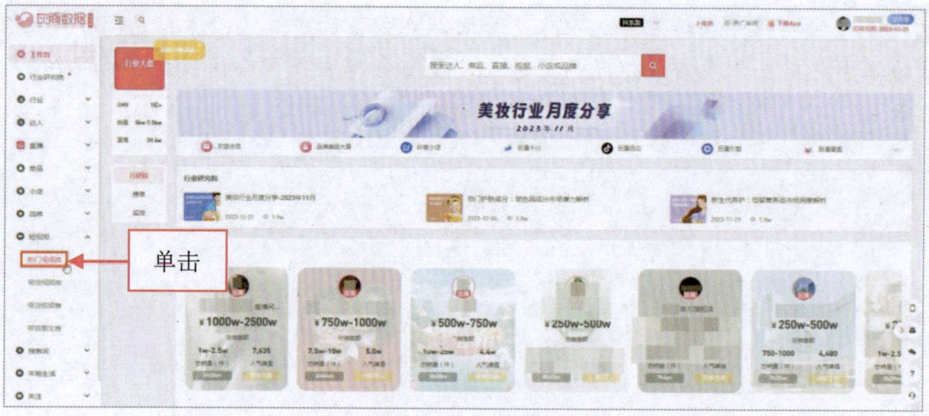

图 8-5 单击“热门视频库”按钮

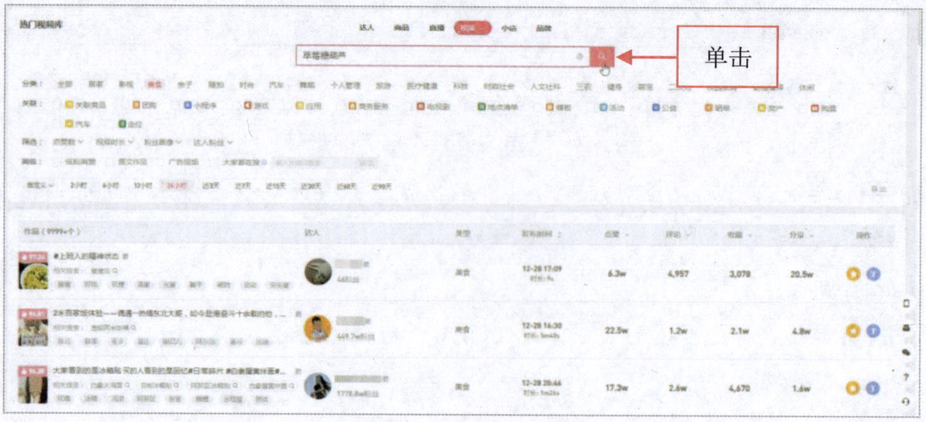

图 8-6 单击 按钮

Step 03 执行操作后，即可检索到与“草莓糖葫芦”相关的短视频作品，单击需要查看信息的短视频作品（不要直接单击账号头像或右侧的按钮），如图 8-7 所示。

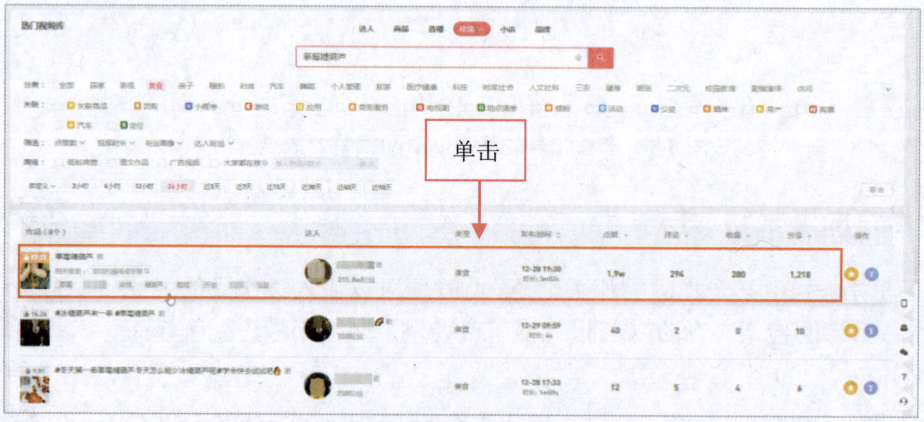

图 8-7 单击需要查看信息的短视频作品

Step 04 执行操作后，即可跳转至对应短视频作品的“数据预览”页面，查看该短视频作品的基础数据，如图 8-8 所示。如果要查看该短视频作品的其他信息，还可以单击页面中的按钮，进行选项卡的切换。

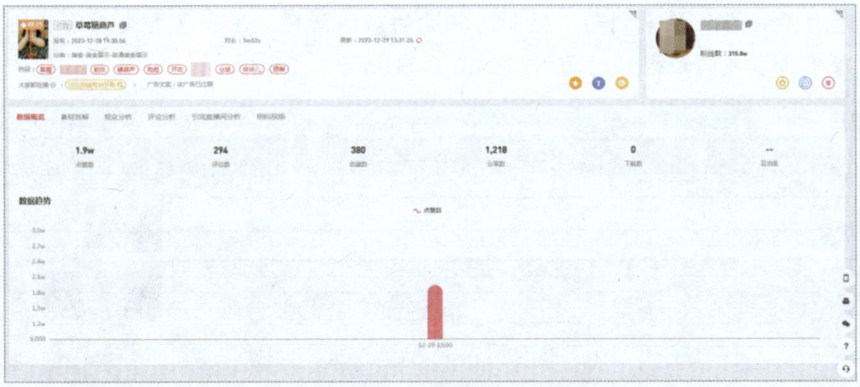

图 8-8　查看对应短视频作品的基础数据

8.1.3　账号素材的检索应用

账号素材的检索应用

在运营账号的过程中，为了更好地打造出热门内容，可能需要先找到合适的素材。下面以灰豚数据平台为例，介绍账号素材的检索方法。

Step 01 进入灰豚数据的“工作台”页面，单击“素材/广告”按钮，在展开的列表框中单击对应素材的按钮，如单击“热门话题”按钮，如图 8-9 所示。

图 8-9　单击“热门话题”按钮

Step 02 执行操作后，即可跳转至热门话题的相关页面，在搜索框中输入话题的关键词，如输入“摄影”，单击按钮，如图 8-10 所示，进行热门话题的检索。

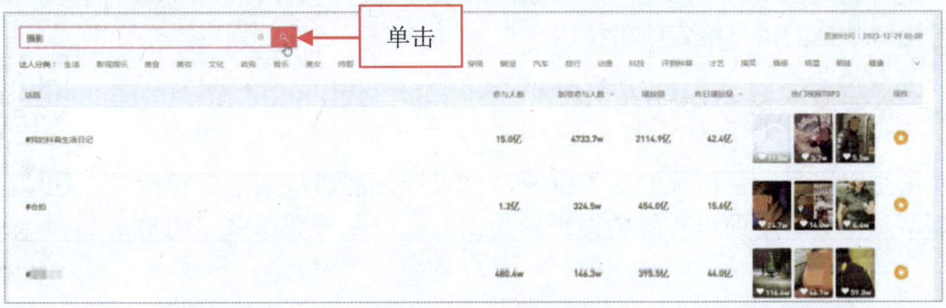

图 8-10　单击按钮

Step 03 执行操作后，即可检索到与“摄影”相关的热门话题，单击需要查看信息的热门话题（不要直接单击右侧的短视频封面），如图 8-11 所示。

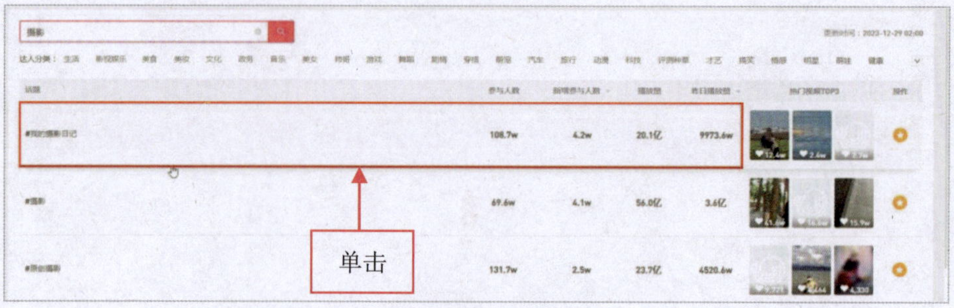

图 8-11　单击需要查看信息的热门话题

Step 04 执行操作后，即可跳转至对应热门话题的“数据预览”页面，查看该热门话题的基础数据，如图 8-12 所示。如果要查看带有该热门话题的视频，只需单击“关联视频“按钮，进行选项卡的切换即可。

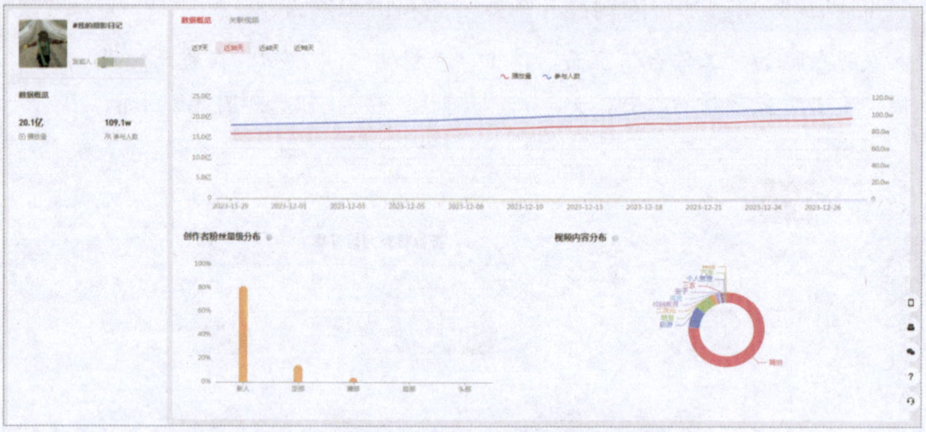

图 8-12　查看对应热门话题的基础数据

8.2　账号运营数据的检索应用

在账号运营的过程中，会产生一些数据，可以通过这些数据来判断账号的运营情况。本节将介绍账号运营数据的信息检索应用技巧。

8.2.1　账号数据概览的检索应用

数据概览是对账号运营情况的基本概况，可以通过信息检索查看对应账号的数据概览信息。下面以灰豚数据平台为例，介绍账号数据概览的检索方法。

账号数据概览的检索应用

Step 01 进入灰豚数据的“工作台”页面，在搜索框中输入账号的关键词，如输入“美食记”，单击🔍按钮，如图 8-13 所示，进行信息的检索。

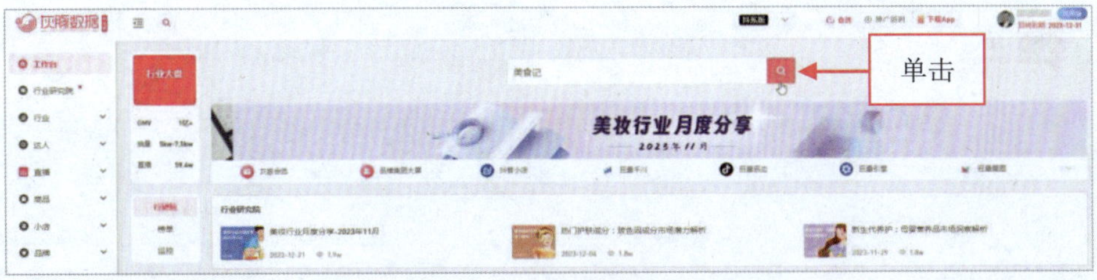

图 8-13 单击按钮

Step 02 执行操作后，会弹出一个对话框，在该对话框的“博主”板块中，单击对应的账号，如图 8-14 所示。

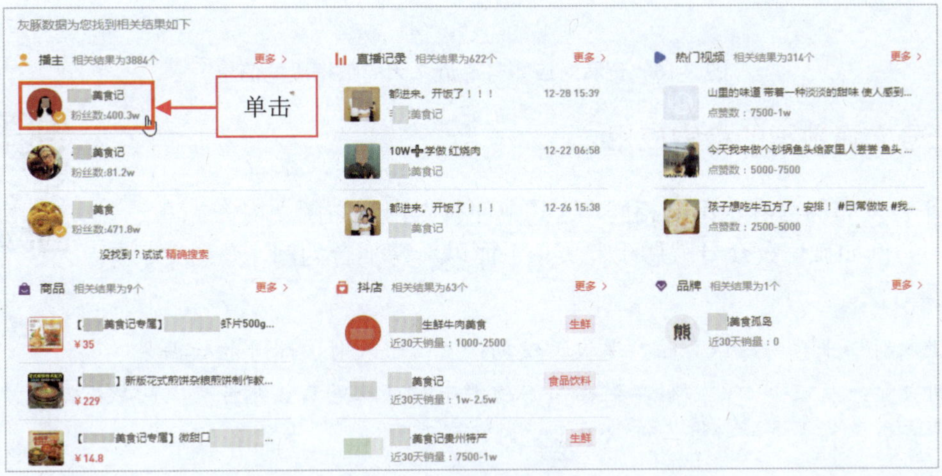

图 8-14 单击的对应账号

Step 03 执行操作后，即可跳转至对应账号的“数据预览”页面，查看该账号的基础信息和相关的数据分析。“数据概览”页面中默认展示的是账号最近 30 天的数据信息，如果要查看其他时间段的数据信息，可以单击对应的按钮，如单击“近 7 天”按钮，如图 8-15 所示。

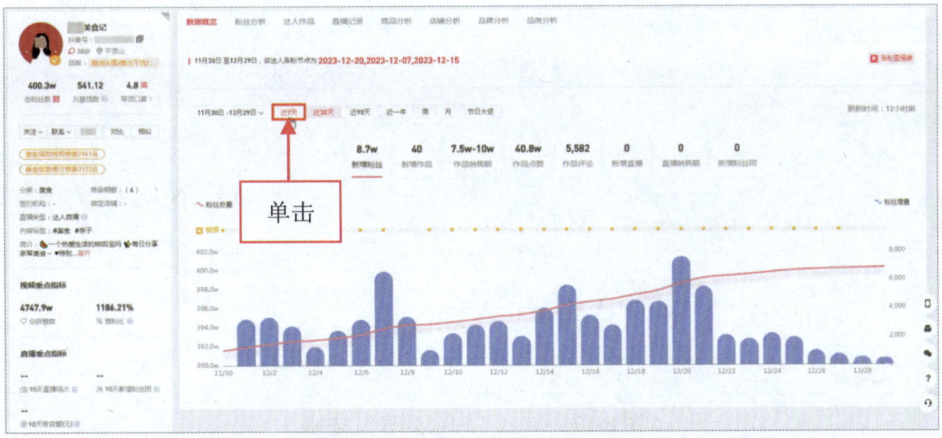

图 8-15 单击“近 7 天”按钮

Step 04 执行操作后，即可切换至“近 7 天”选项卡，查看该账号最近 7 天的数据概览信息，如图 8-16 所示。

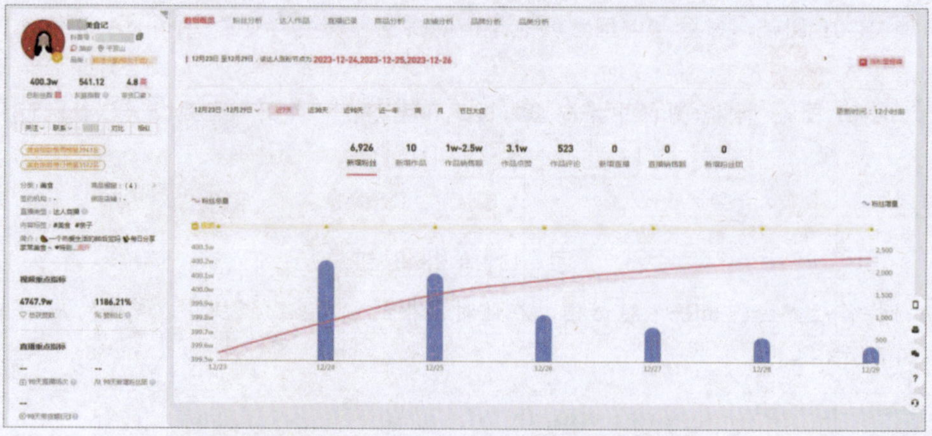

图 8-16　查看对应账号最近 7 天的数据概览信息

8.2.2　账号文章数据的检索应用

账号文章数据的检索应用

不同平台发布的内容也不尽相同，这其中便有专门发布图文内容（即文章）的账号，例如微信公众号就属于此类。下面以新榜平台为例，介绍文章数据的检索方法。

Step 01 进入新榜平台的默认页面，通过关键词检索，进入对应账号的数据分析页面，在该页面的“榜单数据”选项卡中，可以查看该账号文章的数据概览情况。如果要查看单篇文章的数据，可以单击“内容列表”按钮，如图 8-17 所示。

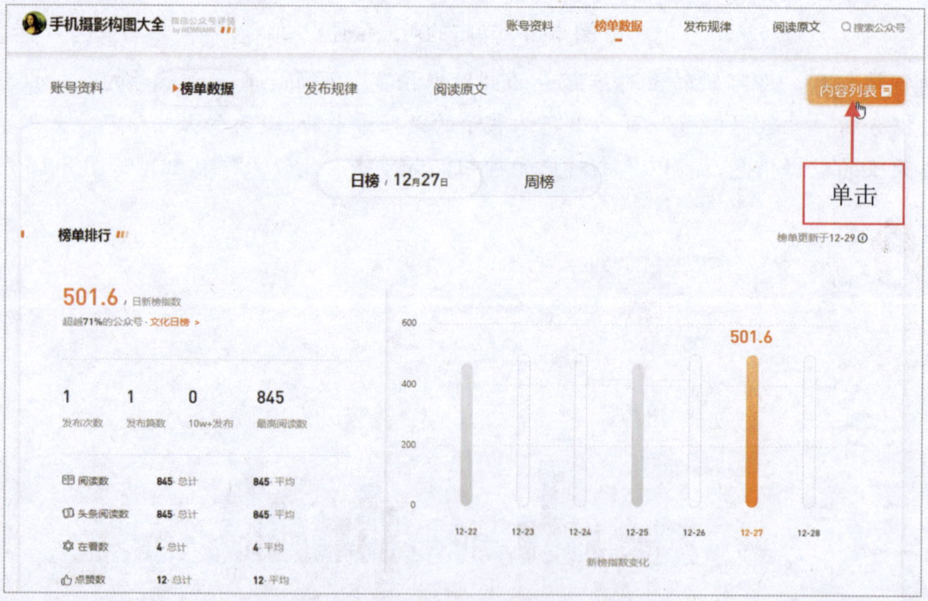

图 8-17　单击“内容列表”按钮

Step 02 执行操作后，即可进入内容列表的相关页面，查看新发布文章的数据，如果要查看其他文章的数据，可以单击对应文章的标题，如图 8-18 所示。

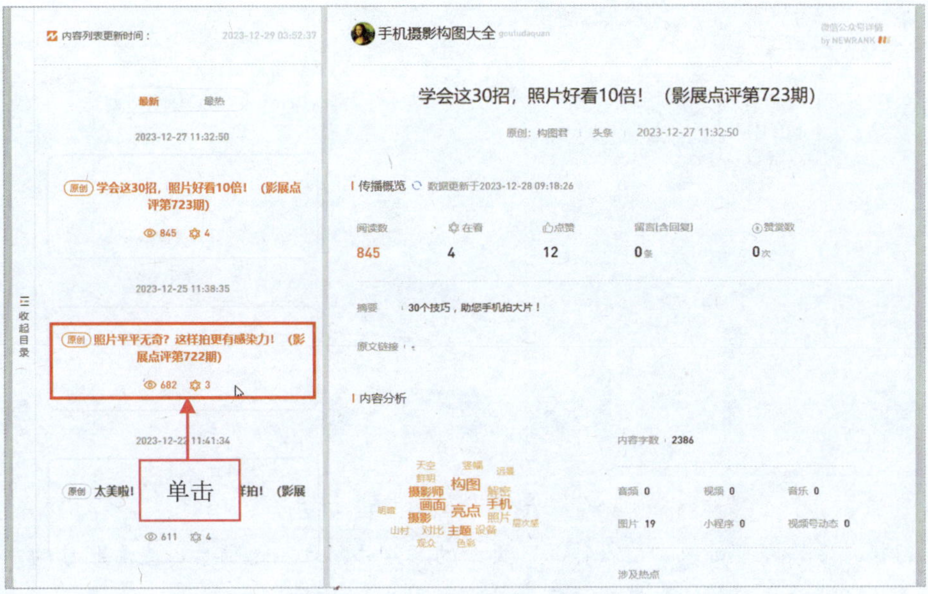

图 8-18　单击对应文章的标题

Step 03 执行操作后，即可切换选项卡，查看对应文章的数据信息，如图 8-19 所示。

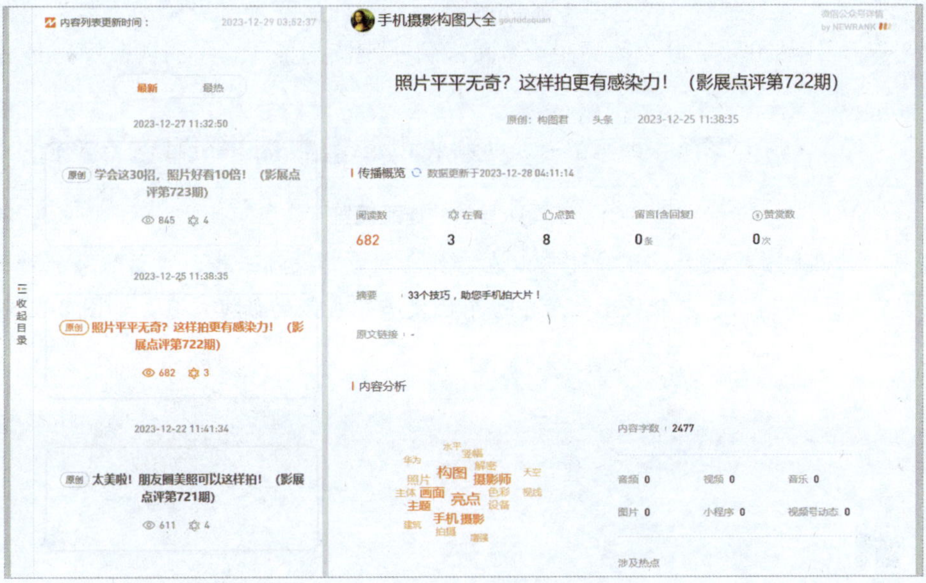

图 8-19　查看对应文章的数据信息

8.2.3　账号短视频数据的检索应用

账号短视频数据的检索应用

很多短视频账号发布的内容以短视频为主，对于这类账号而言，短视频数据是需要重点查看的内容。下面以灰豚数据平台为例，介绍短视频数据的检索方法。

Step 01 在灰豚数据平台中，通过关键词检索进入对应账号的“数据概览”页面，单击“达人作品”按钮，如图 8-20 所示，进行页面的切换。

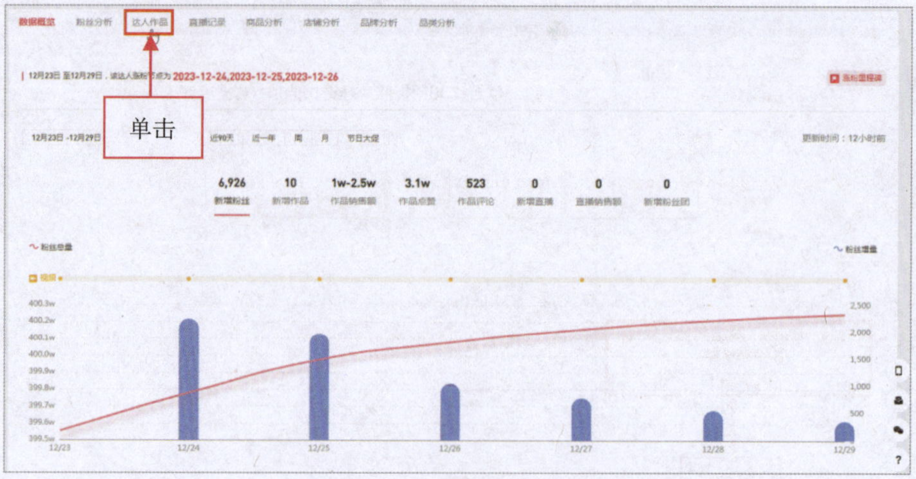

图 8-20　单击“达人作品”按钮

Step 02 执行操作后，即可进入“达人作品”页面的“作品列表”选项卡，查看账号的“作品概览”信息（即账号短视频的数据概览信息），如图 8-21 所示。

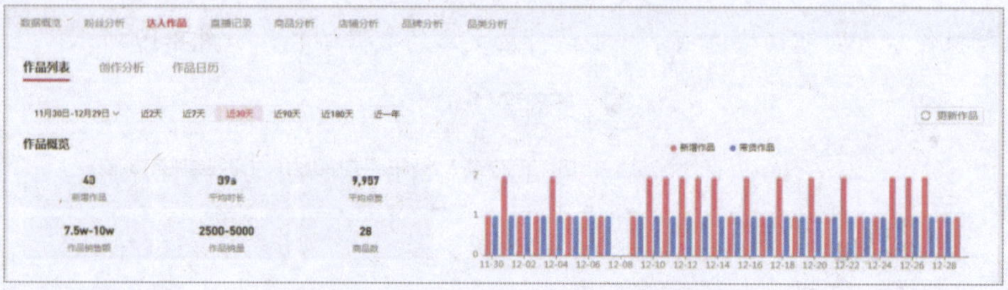

图 8-21　查看账号的“作品概览”信息

Step 03 除了“作品概览”之外，用户还可以在“作品列表”选项卡中，查看账号的“作品列表”信息，“作品列表”中会展示账号中每个已发布短视频的数据信息，如图 8-22 所示。

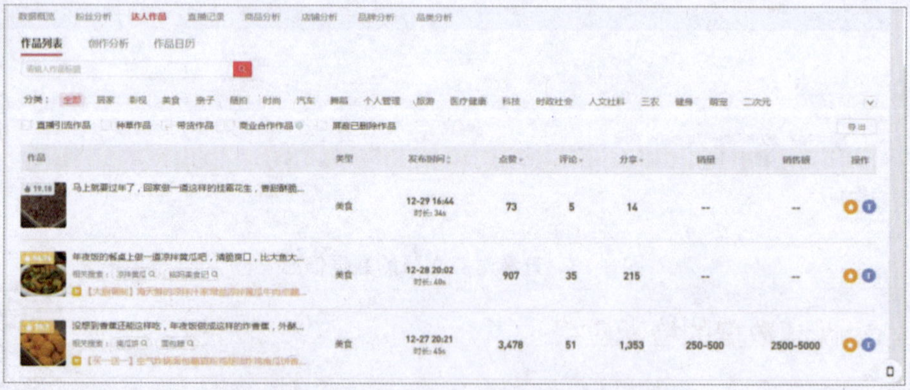

图 8-22　查看账号的“作品列表”信息

Step 04 单击“创作分析”按钮，切换至“创作分析”选项卡，即可查看账号短视频创作内容的数据概览信息，如图 8-23 所示。

Step 05 滚动鼠标滚轮，可以查看看账号的“近 10 个作品分析”“近 30 天组件作品分布”和“近 30 天作品时长分布”数据信息，如图 8-24 所示。

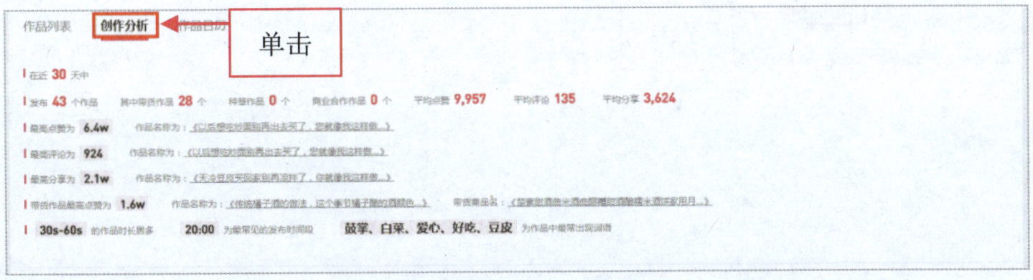

图 8-23　查看账号短视频创作内容的数据概览信息

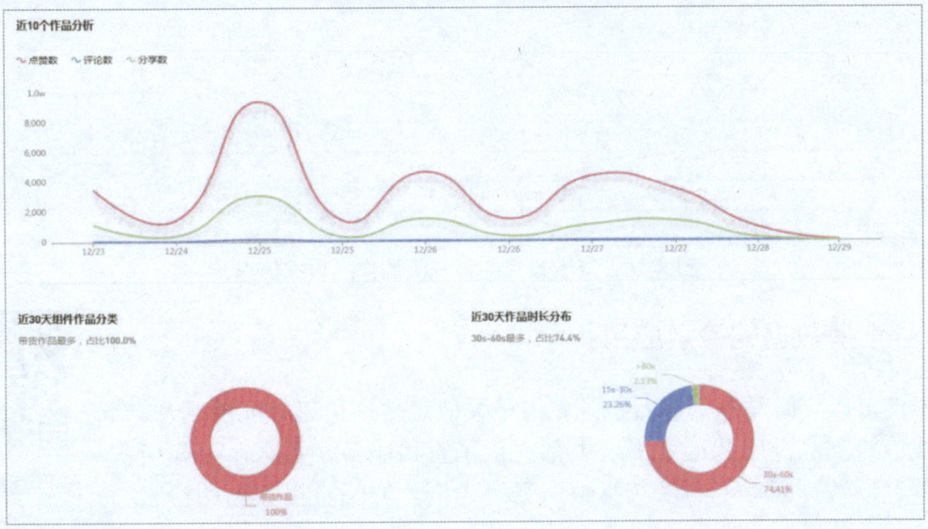

图 8-24　查看看账号的“近 10 个作品分析”“近 30 天组件作品分布”和“近 30 天作品时长分布”数据信息

Step 06 继续滚动鼠标滚轮，还可以查看账号的“近 30 天作品发布时间分布”和“作品评论分析”数据信息，如图 8-25 所示。

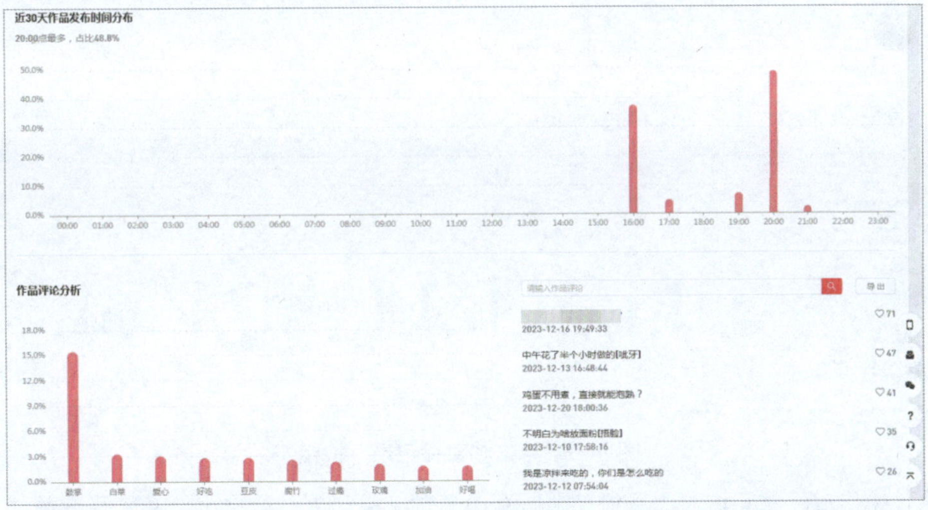

图 8-25　查看账号的“近 30 天作品发布时间分布”和“作品评论分析”数据信息

Step 07 另外，单击“作品日历”按钮，还可以切换至对应选项卡，查看某月内每一天的作品数据信息，如图 8-26 所示。

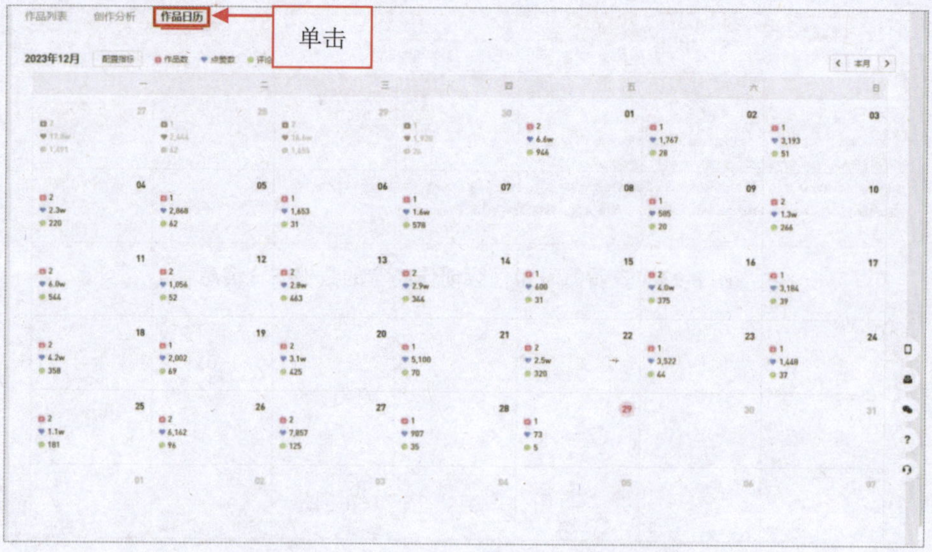

图 8-26　查看某月内每一天的作品数据信息

8.2.4　账号直播数据的检索应用

账号直播数据的检索应用

直播不仅可以实时与观众进行沟通，将相关信息传达给直播间的用户，还可以在线销售商品，因此很多平台中都提供了直播服务。那么，要如何查看账号的直播数据呢？下面以灰豚数据平台为例，介绍直播数据的检索方法。

Step 01 在灰豚数据平台中，通过关键词检索进入对应账号的“数据概览”页面，单击“直播记录”按钮，如图 8-27 所示，进行页面的切换。

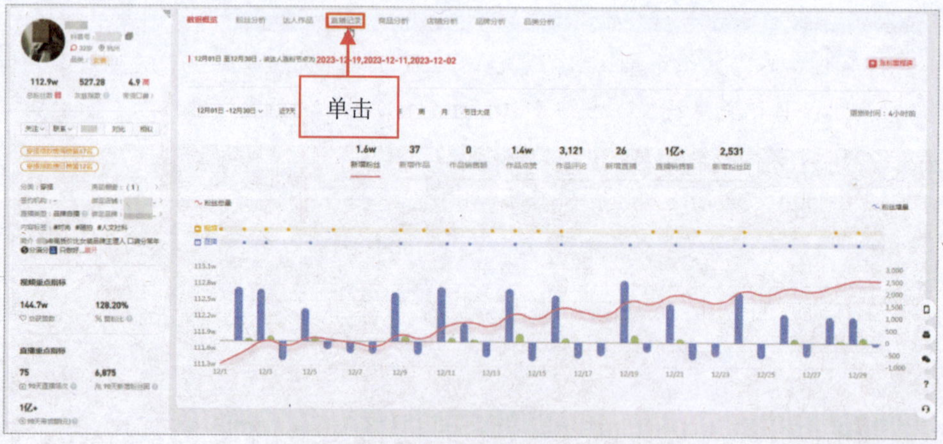

图 8-27　单击“直播记录”按钮

Step 02 执行操作后，即可进入“直播记录”页面的“直播列表”选项卡，查看账号的“直播概览”“流量来源”和“直播流量分析”的数据分析，如图 8-28 所示。

Step 03 滚动鼠标滚轮，用户还可以在“直播列表”选项卡的“直播记录”板块中，查看账号中每场直播的数据信息，如图 8-29 所示。

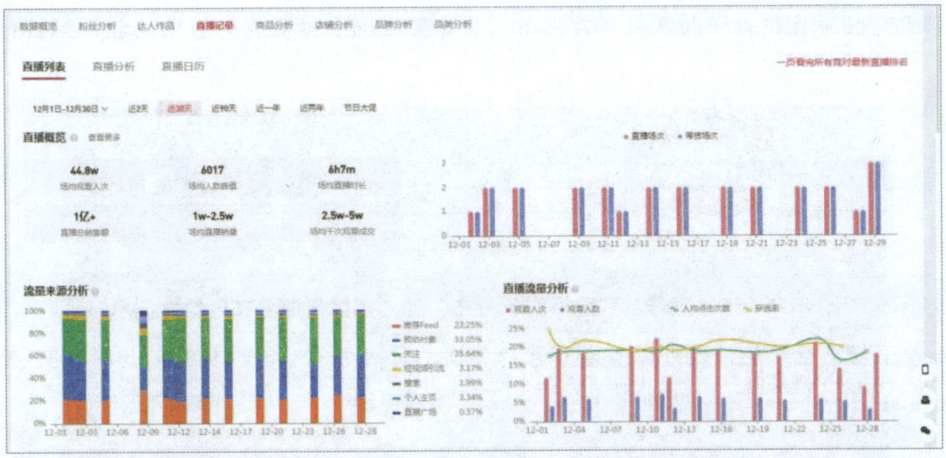

图 8-28　看账号的“直播概览”“流量来源”和“直播流量分析”的数据分析

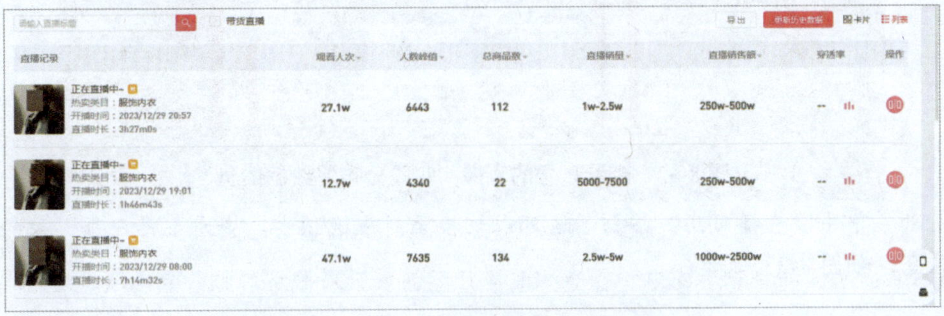

图 8-29　查看账号中每场直播的数据信息

Step 04 单击“直播分析”按钮，切换至对应选项卡，即可查看账号的“直播概览”数据信息，如图 8-30 所示。

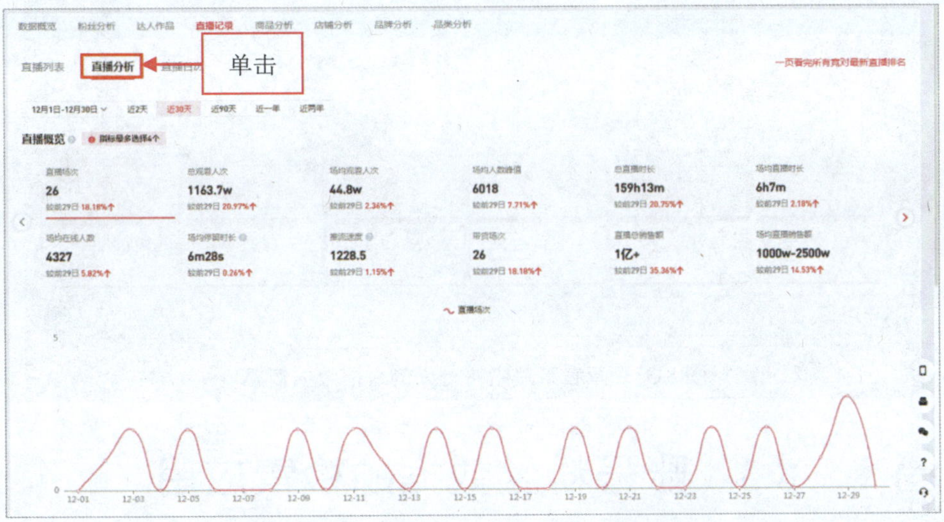

图 8-30　查看账号的“直播概览”数据信息

Step 05 滚动鼠标滚轮，可以查看账号的“直播时长分布”和“直播日期分布”数据信息，如图 8-31 所示。

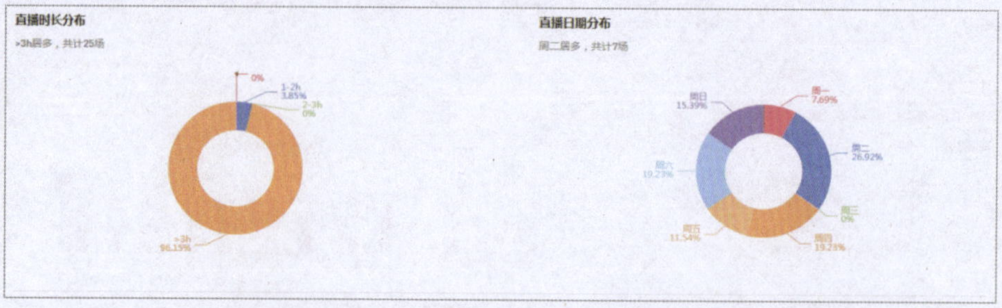

图 8-31　查看账号的“直播时长分布”和“直播日期分布”数据信息

Step 06 继续滚动鼠标滚轮，还可以查看账号的直播“时段分布”数据信息，如图 8-32 所示。

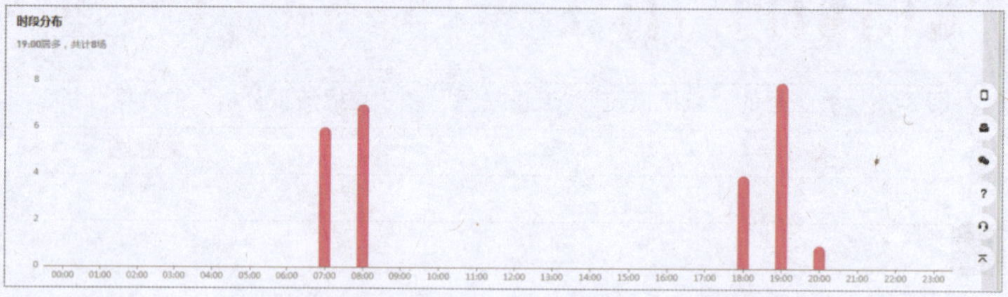

图 8-32　查看账号的直播“时段分布”数据信息

Step 07 另外，单击“直播日历”按钮，还可以切换至对应选项卡，查看某月内每一天的直播数据信息，如图 8-33 所示。

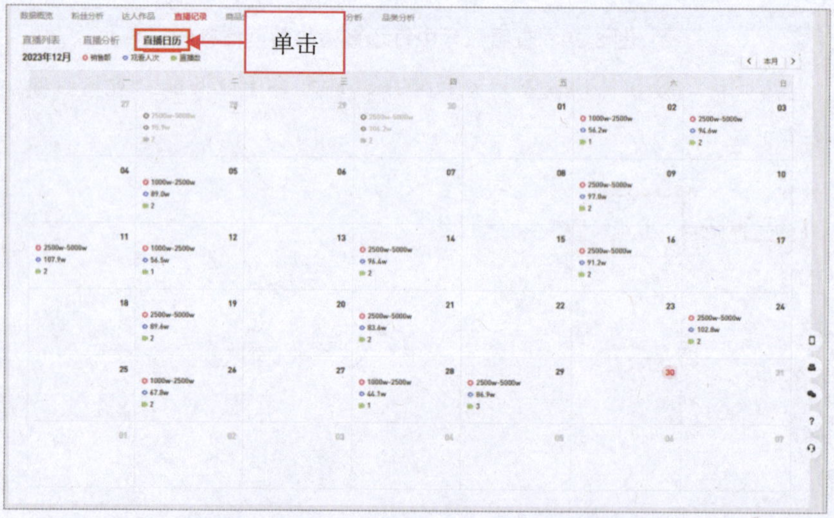

图 8-33　查看某月内每一天的直播数据信息

8.3　账号粉丝数据的检索应用

粉丝情况是判断账号运营效果的重要参考依据，在分析账号的粉丝情况时，可以借助信息检索，根据自身需要查看账号整体粉丝、直播粉丝、视频粉丝的画像情况，快速了解粉丝的构成情况及其相关的数据分析。

账号整体粉丝画像的检索应用

8.3.1　账号整体粉丝画像的检索应用

借助第三方数据分析平台，可以快速检索账号信息，并找到账号整体的粉丝画像（综合直播粉丝和视频粉丝的画像）情况。下面以灰豚数据平台为例，介绍账号整体粉丝画像的检索方法。

Step 01 在灰豚数据平台中，通过关键词检索进入对应账号的“数据概览”页面，单击“粉丝分析”按钮，切换至对应页面，即可在“粉丝列表画像”选项卡中，查看账号整体粉丝画像的数据信息。图 8-34 为账号整体粉丝画像的概览、“性别分布”和“年龄分布”数据信息。

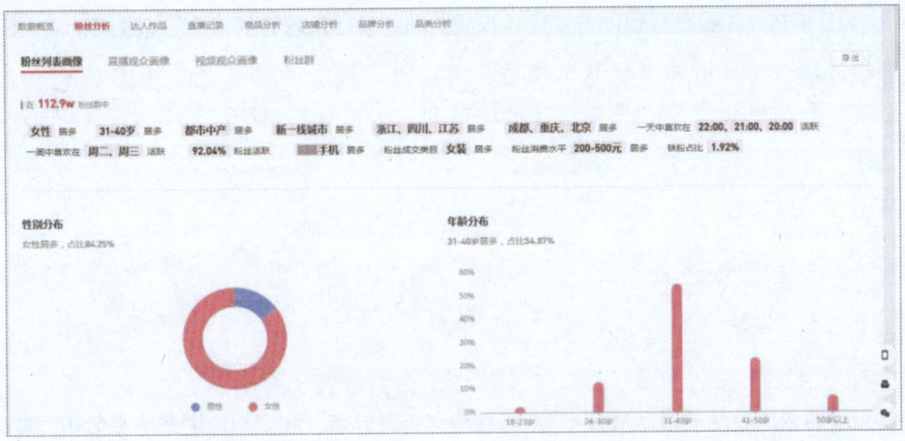

图 8-34　账号整体粉丝画像的概览、“性别分布”和“年龄分布”数据信息

Step 02 滚动鼠标滚轮，可以查看账号整体粉丝的“八大人群分布”“城市线分布”和“地域分布”数据信息，如图 8-35 所示。

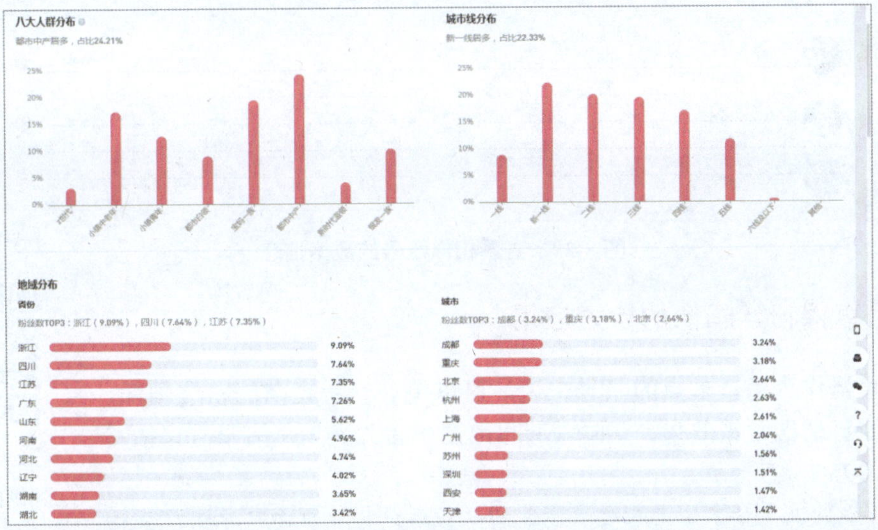

图 8-35　查看账号整体粉丝的“八大人群分布”“城市线分布”和“地域分布”数据信息

Step 03 在“地域分布”板块的下方，可以查看账号整体的“粉丝构成”和“粉丝活跃时间分布”数据信息，如图 8-36 所示。

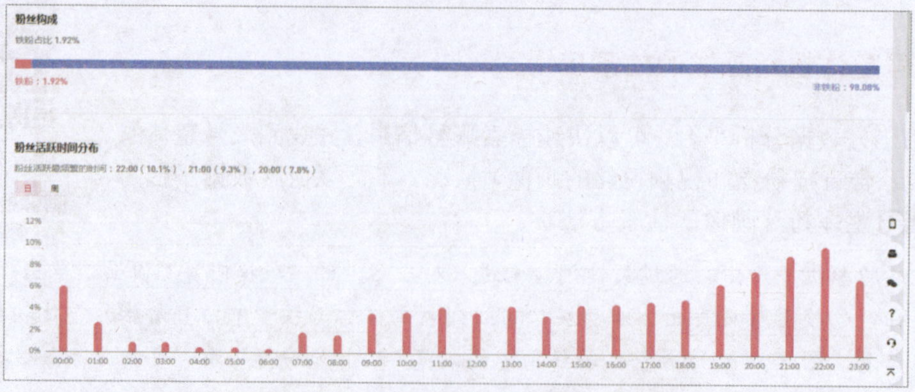

图 8-36　查看账号整体的“粉丝构成”和“粉丝活跃时间分布”数据信息

Step 04 在“粉丝活跃时间分布”板块的下方，可以查看账号的粉丝“活跃度分布”“粉丝成交类目分布”和“观众消费水平分布”数据信息，如图 8-37 所示。

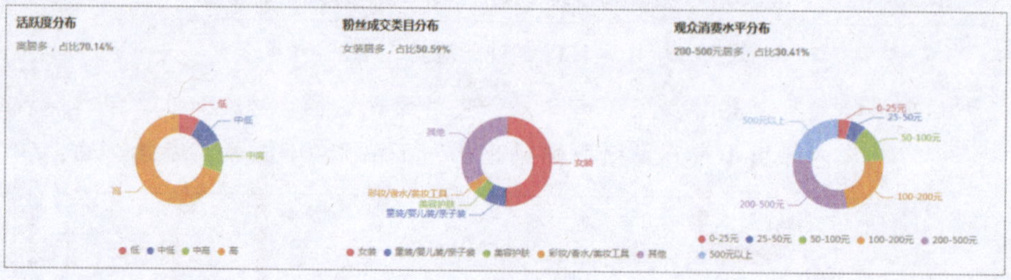

图 8-37　查看账号的粉丝“活跃度分布”“粉丝成交类目分布”和“观众消费水平分布”数据信息

Step 05 继续继续滚动鼠标滚轮，还可以在“相似达人”板块中，查看相似账号的数据信息，如图 8-38 所示。

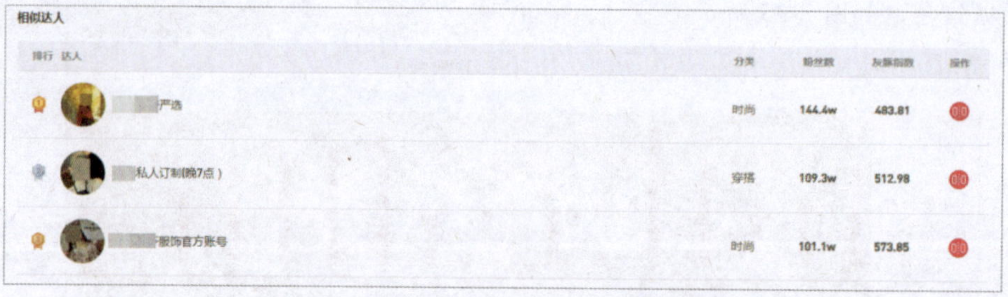

图 8-38　查看相似账号的数据信息

8.3.2　账号直播粉丝画像的检索应用

账号直播粉丝画像的检索应用

对于将直播作为运营重点的账号来说，可以单独查看直播的粉丝画像，针对性地判断直播的营销效果。下面以灰豚数据平台为例，介绍账号直播粉丝画像的检索方法。

Step 01 在灰豚数据平台中，进入对应账号的“粉丝分析”页面，单击“直播观众画像”按钮，切换至对应选项卡，即可在该选项卡中，查看账号直播粉丝画像的概览、“性别分布”和“年龄分布”数据信息，如图 8-39 所示。

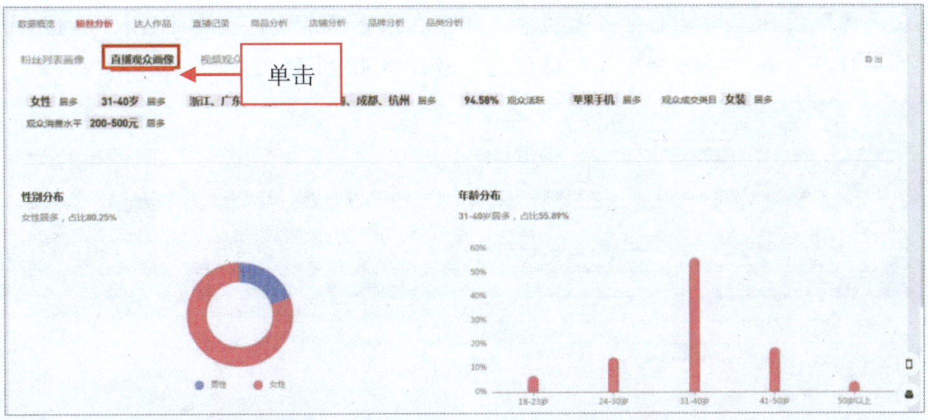

图 8-39　查看账号直播粉丝画像的概览、“性别分布”和“年龄分布”数据信息

Step 02 滚动鼠标滚轮，可以查看账号直播粉丝的“地域分布”数据信息，如图 8-40 所示。

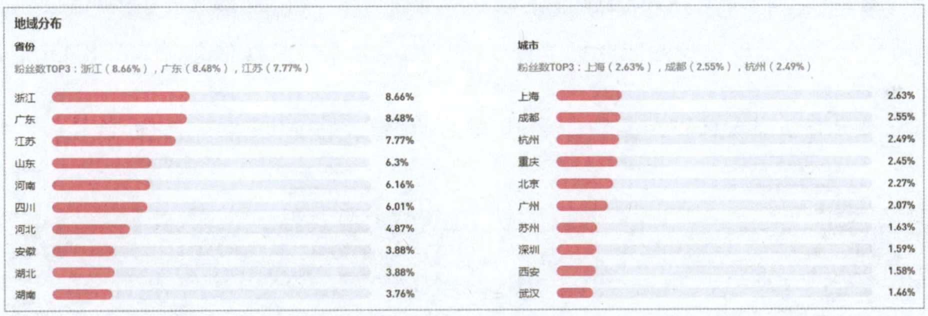

图 8-40　查看账号直播粉丝的“地域分布”数据信息

Step 03 继续滚动鼠标滚轮，还可以查看账号直播粉丝的“活跃度分布”“观众成交类目分布”和“观众消费水平分布”数据信息，如图 8-41 所示。

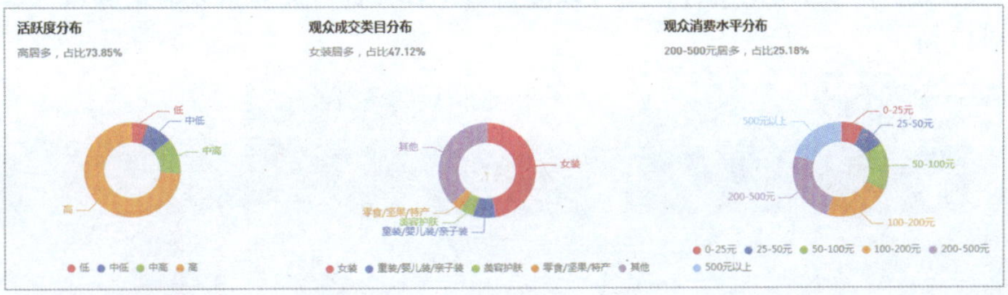

图 8-41　查看账号直播粉丝的“活跃度分布”“观众成交类目分布”和“观众消费水平分布”数据信息

8.3.3　账号视频粉丝画像的检索应用

账号视频粉丝画像的检索应用

对于将视频作为运营重点的账号来说，可以单独查看视频的粉丝画像，从而更好地判断视频的营销效果。下面以灰豚数据平台为例，介绍账号视频粉丝画像的检索方法。

Step 01 在灰豚数据平台中，进入对应账号的“粉丝分析”页面，单击“视频观众画像”按钮，切换至对应选项卡，即可在该选项卡中，查看账号视频粉丝画像的概览、“性别分布”和“年龄分布”数据信息，如图 8-42 所示。

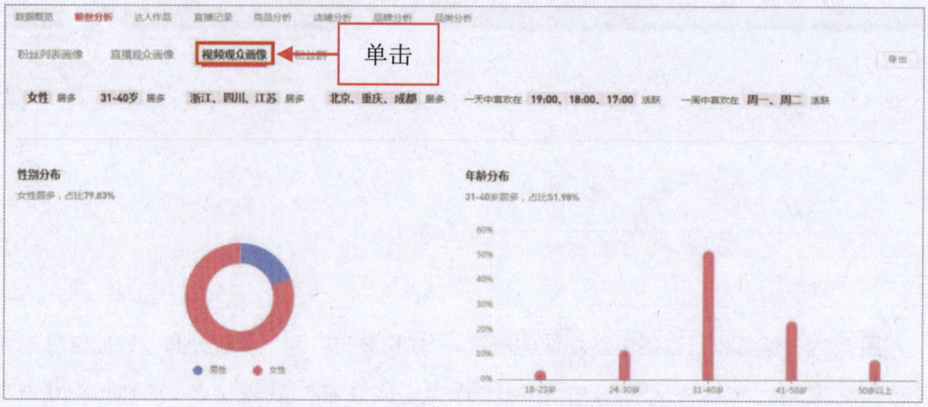

图 8-42　查看账号视频粉丝画像的概览、“性别分布”和“年龄分布”数据信息

Step02 滚动鼠标滚轮，可以查看账号视频粉丝的“地域分布”数据信息，如图 8-43 所示。

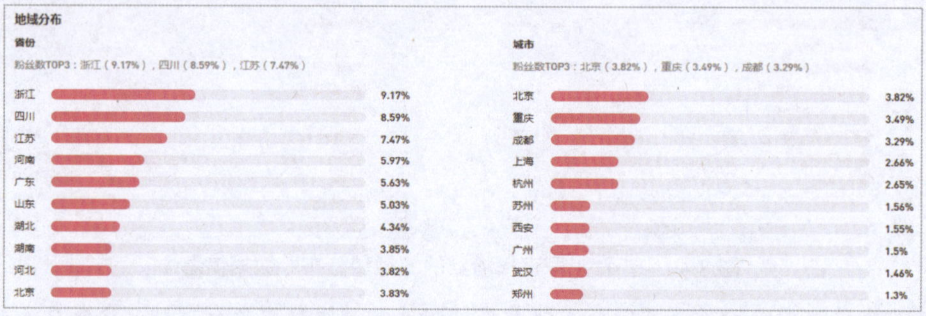

图 8-43　查看账号视频粉丝的“地域分布”数据信息

Step03 在“地域分布”板块的下方，还可以查看账号视频的“粉丝活跃时间分布”数据信息，如图 8-44 所示。

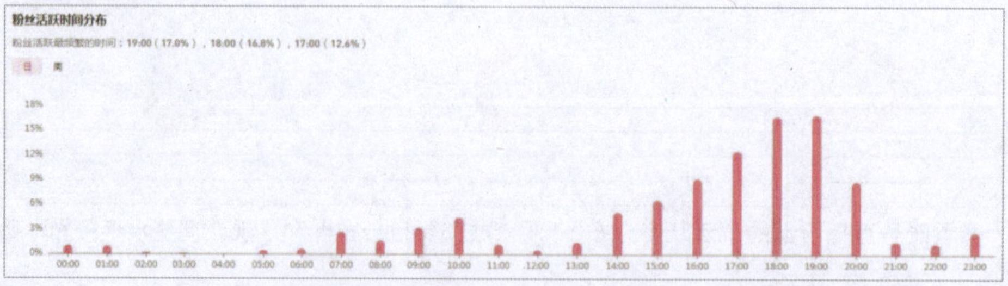

图 8-44　查看账号视频的“粉丝活跃时间分布”数据信息

8.4　账号销售数据的检索应用

很多以营利为目的而注册的账号都会通过销售来获得收益，对于这类账号的运营者来说，销售数据信息是必须要了解的。本节将讲解账号销售数据的信息检索应用，帮助读者更好地查找到所需的账号销售数据信息。

8.4.1　直播销售数据的检索应用

直播销售数据的检索应用

如果用户运营的账号中主要是通过直播销售商品，可以通过信息检索，重点查看直播的销售数据。下面以灰豚数据平台为例，介绍账号直播销售数据的检索方法。

Step 01 在灰豚数据平台中，通过关键词检索进入对应账号的“数据概览”页面，单击“商品分析”按钮，切换至对应页面，即可在“直播商品”选项卡中，查看账号直播的“商品分类”“品牌分类”和“价格分布”数据信息，如图 8-45 所示。

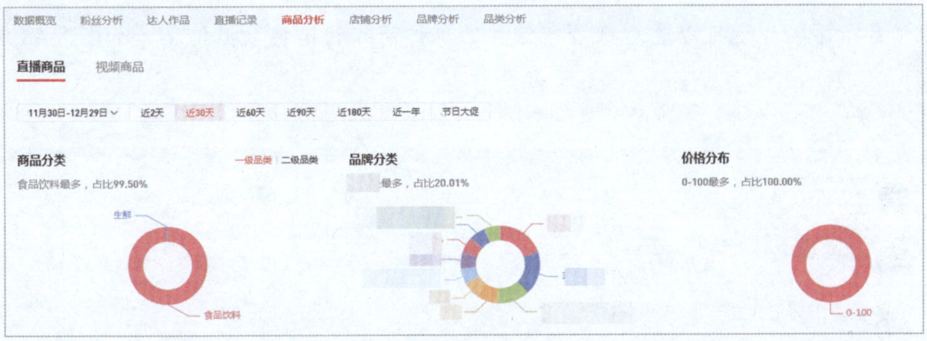

图 8-45　查看账号直播的“商品分类”“品牌分类”和“价格分布”数据信息

Step 02 滚动鼠标滚轮，还可以查看直播中销售的每种商品的销售数据信息，如图 8-46 所示。

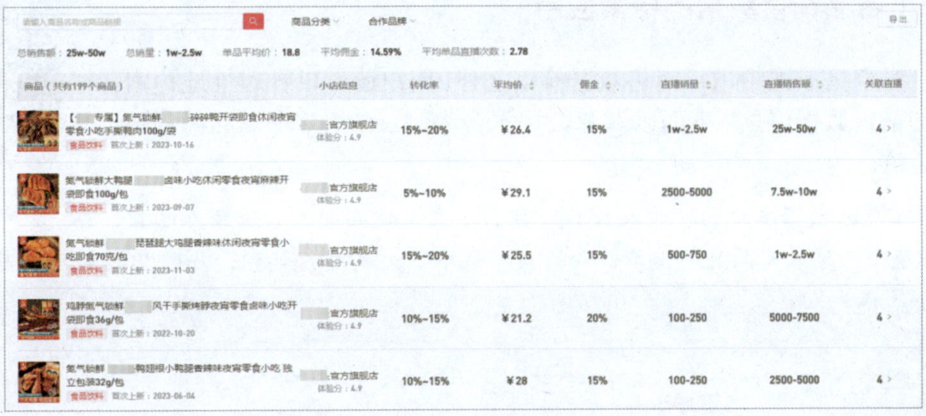

图 8-46　查看直播中销售的每种商品的销售数据信息

8.4.2　视频销售数据的检索应用

视频销售数据的检索应用

对于通过视频带货的运营者来说，可以借助信息检索快速查看账号的视频销售数据。下面以灰豚数据平台为例，介绍账号视频销售数据的检索方法。

Step 01 进入灰豚数据平台的“商品分析”页面，单击“视频商品”按钮，切换至对应选项卡，即可查看账号视频的“商品分类”“品牌分类”和“价格分布”数据信息，如图 8-47 所示。

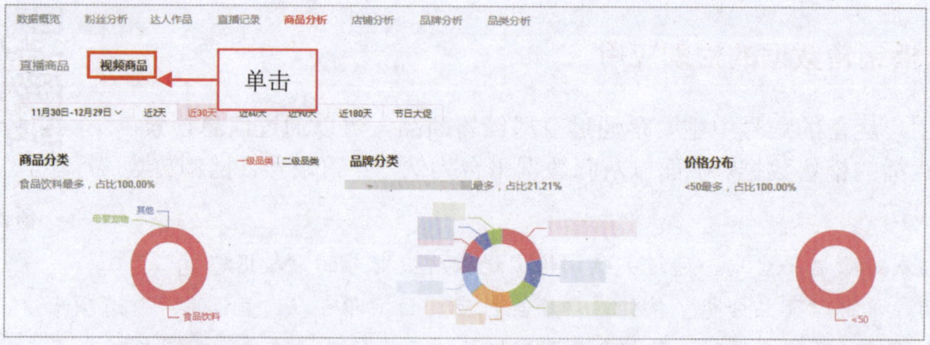

图 8-47　查看账号视频的“商品分类”“品牌分类”和“价格分布”数据信息

Step 02 滚动鼠标滚轮，还可以查看视频中销售的每种商品的销售数据信息，如图 8-48 所示。

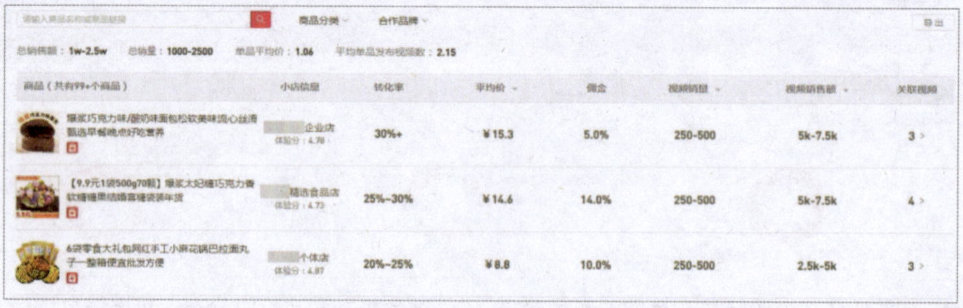

图 8-48　查看视频中销售的每种商品的销售数据信息

8.4.3　单个商品销售数据的检索应用

除了针对直播或视频进行销售数据检索之外，用户还可以针对性地检索单个商品的销售数据信息。下面以灰豚数据平台为例，介绍单个商品销售数据的检索方法。

单个商品销售数据的检索应用

Step 01 进入灰豚数据平台的“达人作品”页面，在“作品列表”选项卡的搜索框中，输入商品的关键词，如输入“纸巾”，单击按钮，如图 8-49 所示，进行商品的检索。

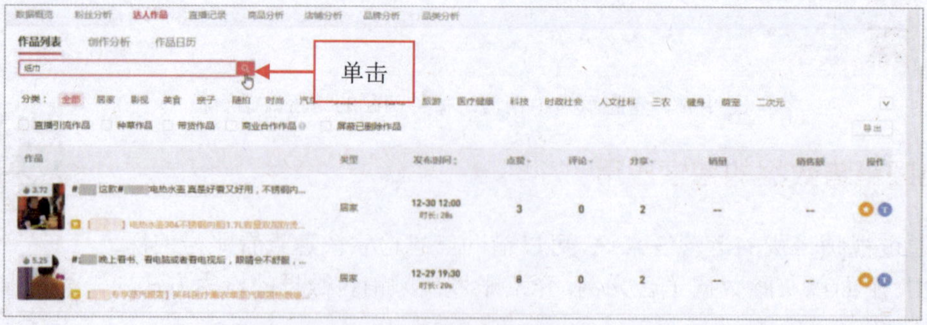

图 8-49　单击按钮（1）

Step 02 执行操作后，即可检索到该商品的带货视频，并查看每条带货视频的商品销售数据，如图 8-50 所示。

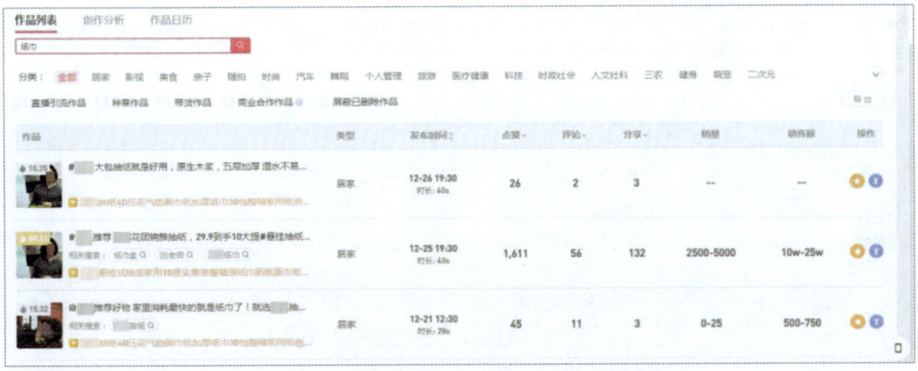

图 8-50 查看每条带货视频的商品销售数据

Step03 单击“直播记录”按钮，进入对应页面的“直播列表”选项卡，单击要查看销售数据的直播，如图 8-51 所示。

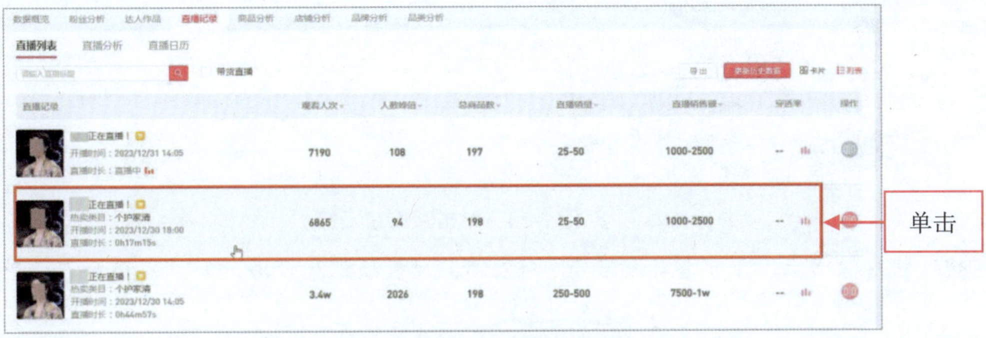

图 8-51 单击要查看销售数据的直播

Step04 执行操作后，进入对应直播的数据分析页面，在“商品列表”板块的搜索框中，输入商品的关键词，如输入“洗洁精”，单击🔍按钮，如图 8-52 所示。

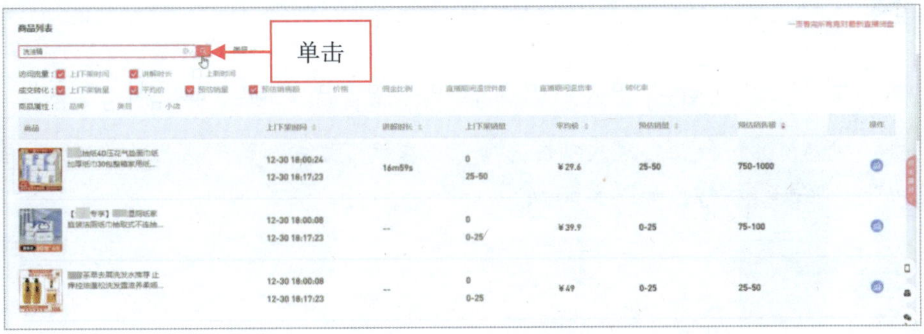

图 8-52 单击🔍按钮（2）

Step05 执行操作后，即可查看对应商品的数据，如图 8-53 所示。

Step06 单击“商品分析”按钮，进入对应页面，在“直播商品”选项卡的搜索框中，输入商品的关键词，如输入“棉柔巾”，单击🔍按钮，如图 8-54 所示。

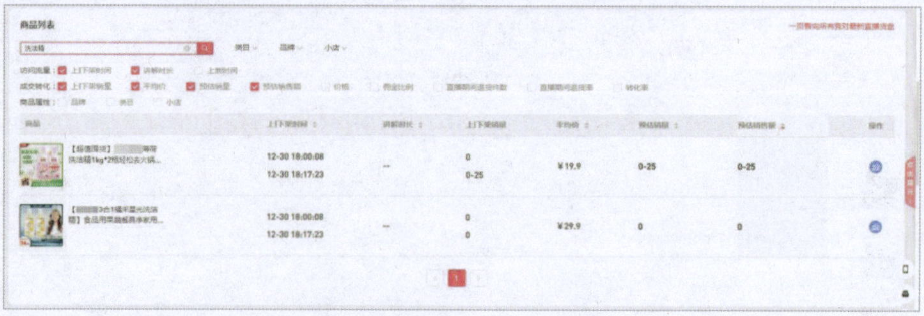

图 8-53　查看对应商品的数据

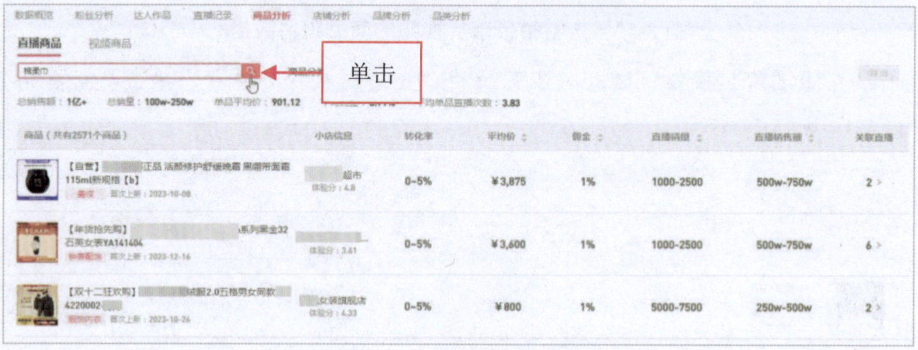

图 8-54　单击🔍按钮（3）

Step 07　执行操作后，即可查看该账号中对应商品的直播汇总数据，如图 8-55 所示。

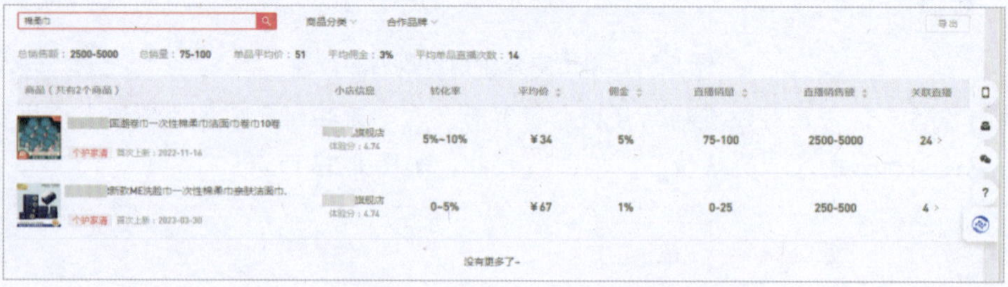

图 8-55　查看账号中对应商品的直播汇总数据

Step 08　单击"视频商品"按钮，进入对应选项卡，在搜索框中，输入商品的关键词，如输入"巧克力"，单击🔍按钮，如图 8-56 所示。

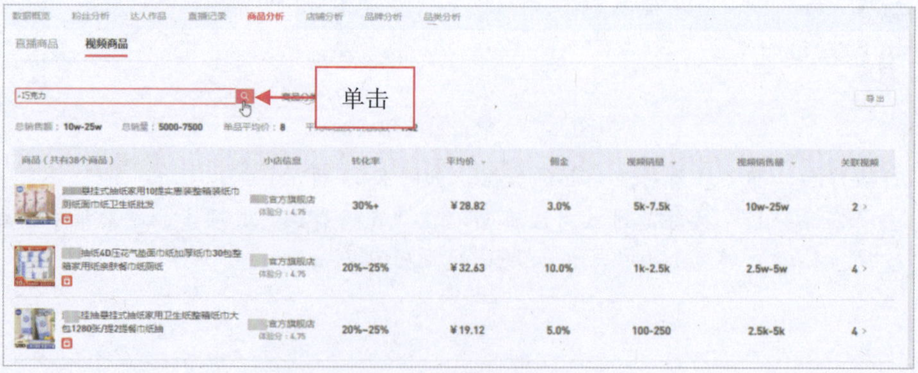

图 8-56　单击🔍按钮（4）

Step 09 执行操作后，即可查看该账号中对应商品的视频汇总数据，如图 8-57 所示。

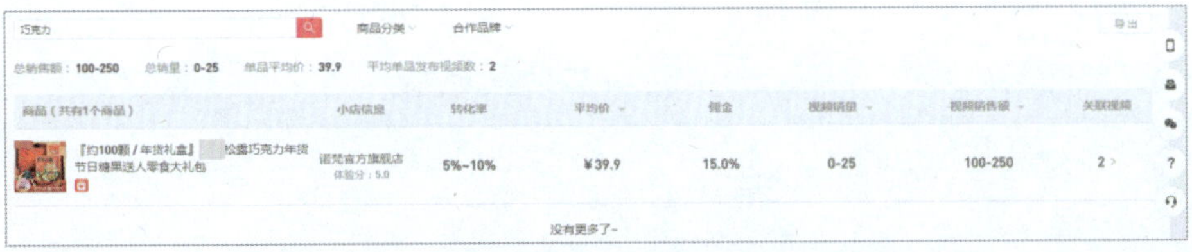

图 8-57　查看账号中对应商品的视频汇总数据

8.4.4　其他销售数据的检索应用

除了直播、视频和单个商品的销售数据之外，用户还可以借助灰豚数据平台查看其他的销售数据，如店铺、品牌和品类销售数据。下面将介绍这几种数据的检索应用技巧。

店铺销售数据的检索应用

1．店铺销售数据的检索应用

在灰豚数据平台中，通过关键词检索进入对应账号的“数据概览”页面，单击“店铺分析”按钮，即可在对应页面的“直播店铺”选项卡中，按店铺查看账号直播的销售数据。图 8-58 为某账号“直播店铺”数据信息的示例。

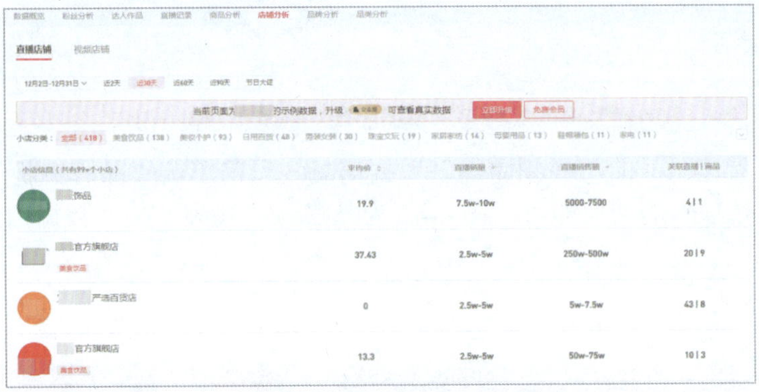

图 8-58　某账号“直播店铺”数据信息的示例

▶ 专家指点

在灰豚数据平台中，要想自由地查看店铺、品牌和品类销售数据，需要先购买会员。非会员的账号，只能查看平台给出的示例数据。

如果用户要查看该账号的“视频店铺”数据信息，只需单击“店铺分析”页面中的“视频店铺”按钮，进行选项卡的切换即可。图 8-59 为某账号“视频店铺”数据信息的示例。

2．品牌销售数据的检索应用

在灰豚数据平台中，通过关键词检索进入对应账号的“数据概览”页面，单击“品牌分析”按钮，即可在对应页面的“直播品牌”选项卡中，按品牌查看账号直播的销售数据。图 8-60 为某账号“直播品牌”数据信息的示例。

品牌销售数据的检索应用

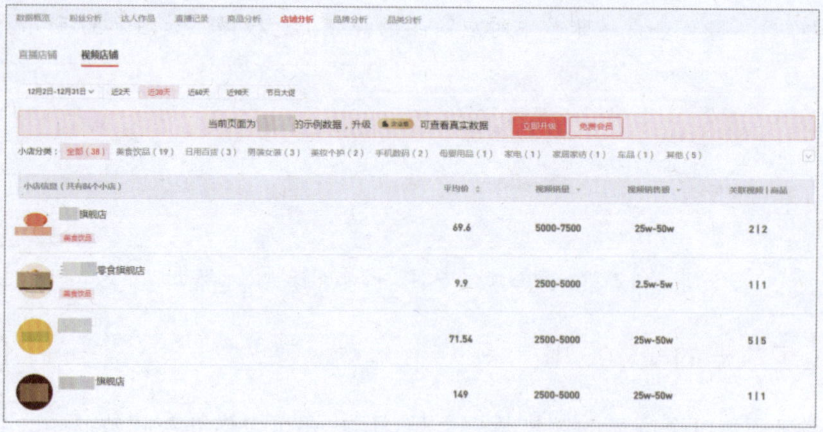

图 8-59　某账号“视频店铺”数据信息的示例

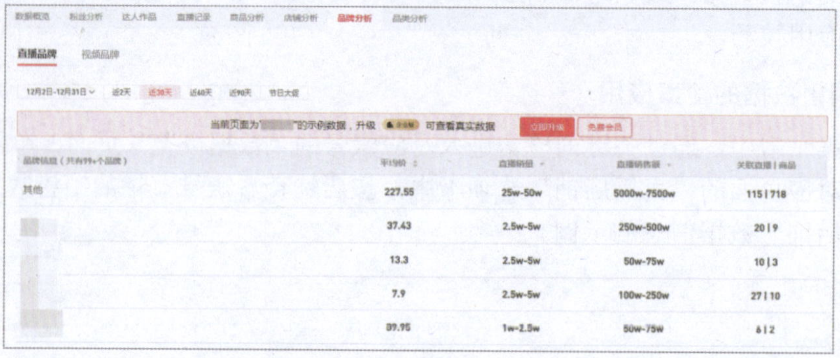

图 8-60　某账号“直播品牌”数据信息的示例

如果用户要查看该账号的“视频品牌”数据信息，只需单击“品牌分析”页面中的“视频品牌”按钮，进行选项卡的切换即可。图 8-61 为某账号“视频品牌”数据信息的示例。

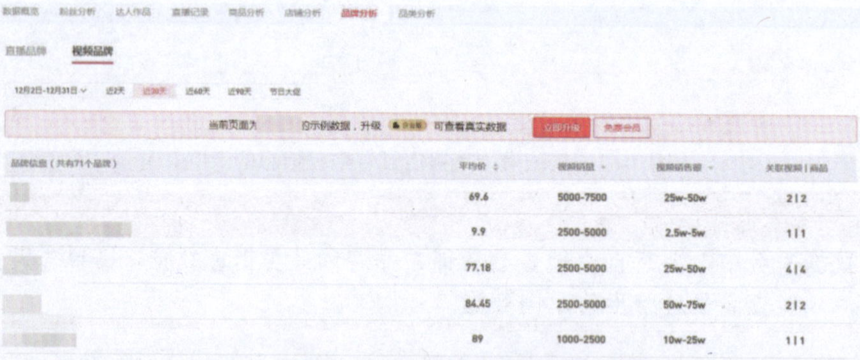

图 8-61　某账号“视频品牌”数据信息的示例

3．品类销售数据的检索应用

在灰豚数据平台中，通过关键词检索进入对应账号的“数据概览”页面，单击“品类分析”按钮，即可在对应页面的“直播品类”选项卡中，按品类查看账号直播的销售数据。图 8-62 为某账号“直播品类”数据信息的示例。

品类销售数据的检索应用

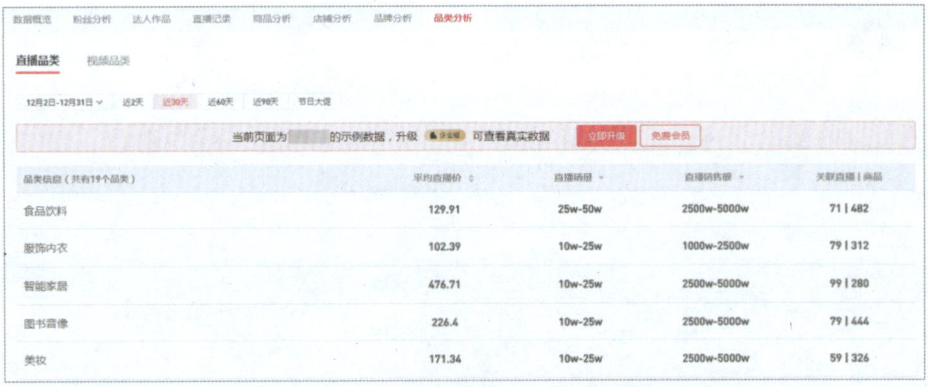

品类信息（共有19个品类）	平均直播价	直播销量	直播销售额	关联直播 | 商品
食品饮料	129.91	25w-50w	2500w-5000w	71 | 482
服饰内衣	102.39	10w-25w	1000w-2500w	79 | 312
智能家居	476.71	10w-25w	2500w-5000w	99 | 280
图书音像	226.4	10w-25w	2500w-5000w	79 | 444
美妆	171.34	10w-25w	2500w-5000w	59 | 326

图 8-62　某账号“直播品类”数据信息的示例

如果用户要查看该账号的“视频品类”数据信息，只需单击“品类分析”页面中的“视频品类”按钮，进行选项卡的切换即可。图 8-63 为某账号“视频品类”数据信息的示例。

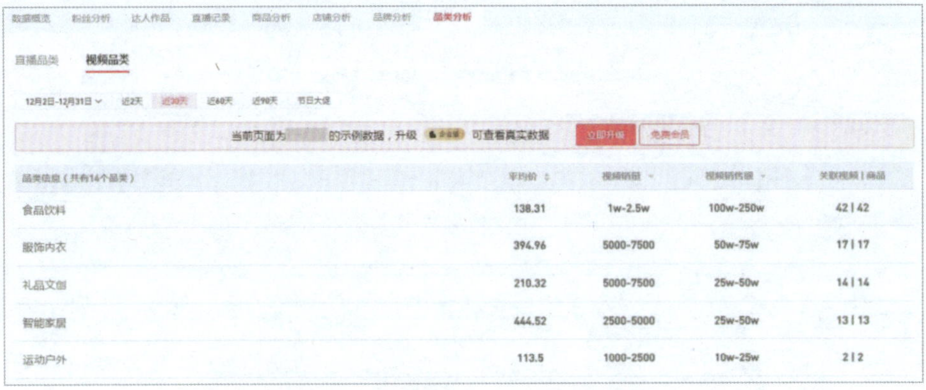

品类信息（共有14个品类）	平均价	视频销量	视频销售额	关联视频 | 商品
食品饮料	138.31	1w-2.5w	100w-250w	42 | 42
服饰内衣	394.96	5000-7500	50w-75w	17 | 17
礼品文创	210.32	5000-7500	25w-50w	14 | 14
智能家居	444.52	2500-5000	25w-50w	13 | 13
运动户外	113.5	1000-2500	10w-25w	2 | 2

图 8-63　某账号“视频品类”数据信息的示例

本章小结

本章主要介绍了信息检索在账号运营中的应用，包括账号基础信息、运营数据、粉丝数据和销售数据的信息检索应用。希望通过本章的学习，读者能够熟练使用信息检索查找相关信息，更好地运营自己的账号。

课后习题

课后习题 1　课后习题 2

鉴于本章知识的重要性，本节将通过课后习题，帮助读者进行简单的知识回顾和补充，以便读者更好地掌握所学知识。

1. 通过灰豚数据平台，查找“手机摄影构图大全”的“数据概览”信息，效果如图 8-64 所示。

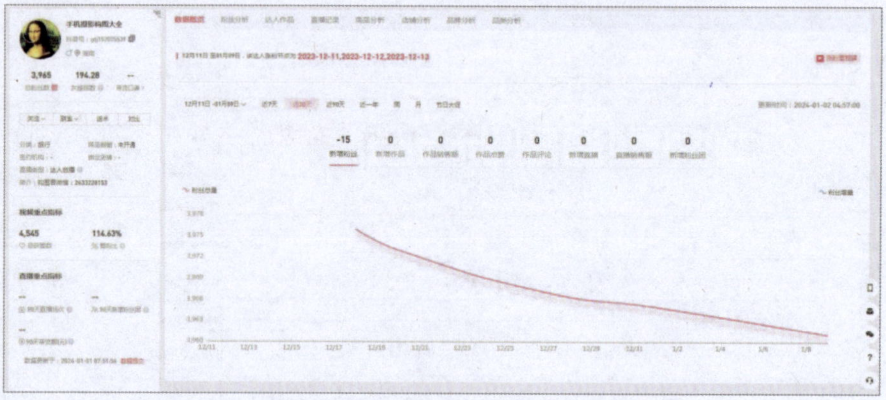

图 8-64　“手机摄影构图大全”的“数据概览”信息

2. 通过灰豚数据平台，查找“手机摄影构图大全”的账号整体粉丝画像信息，效果如图 8-65 所示。

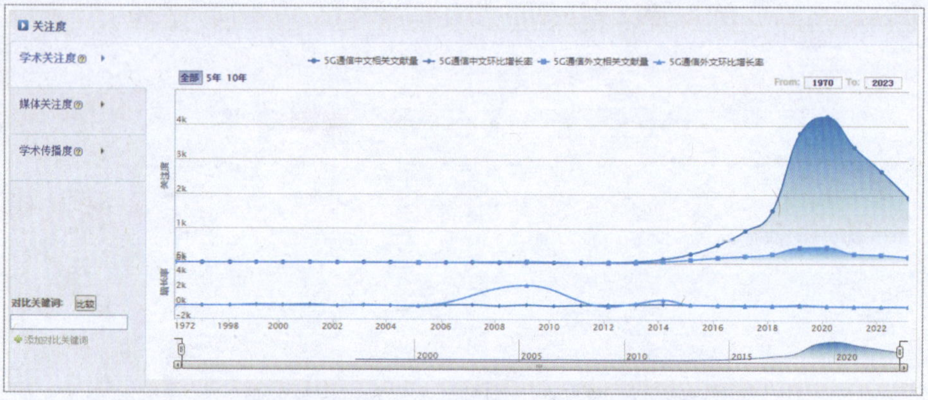

图 8-65　“手机摄影构图大全”的账号整体粉丝画像信息

第 9 章 信息检索在求职就业中的应用

9

求职就业是很多人毕业之后，都需要慎重对待的一个问题。无论是自主创业，还是通过求职获得想要的岗位，甚至是为了更好地完成工作，都需要事先做好一些准备。本章将主要介绍信息检索在求职就业（包括工作）中的应用，帮助读者找到更加满意的工作，更好地实现自身的价值。

本章重点

- 求职招聘的检索应用
- 创新创业的检索应用
- 日常工作的检索应用

思政目标

- 感受社会主义制度，让学生在求职就业中感受到国家提供的保障
- 树立崇高的社会理想，让学生在社会生活中贡献出自己的一份力量

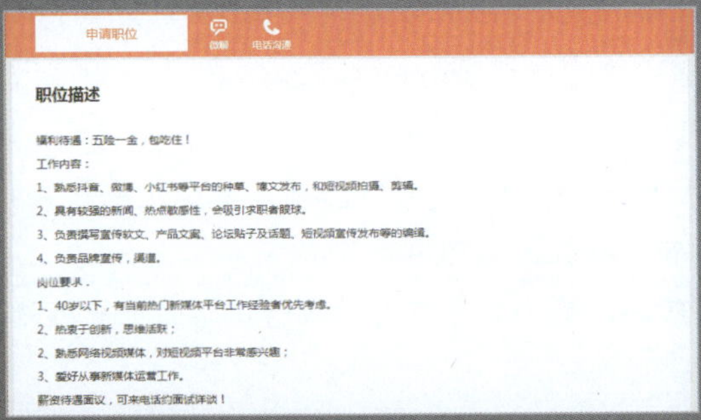

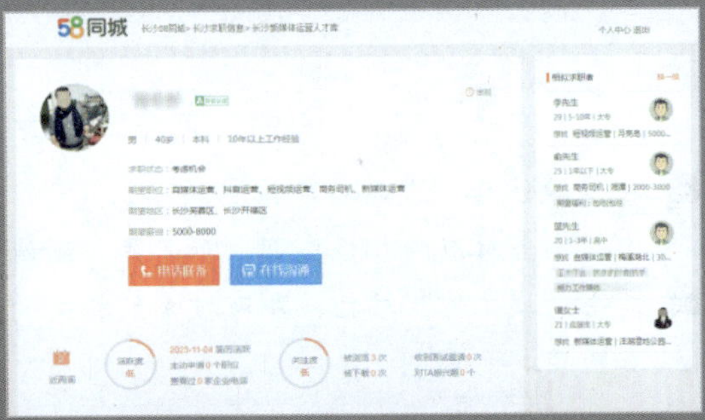

9.1 求职招聘的检索应用

对于个人来说，求职是获得工作的一个重要途径；而对于企业来说，要获得更多优秀的人才，就需要适时地进行招聘。其实无论是求职，还是招聘，都可以借助信息检索来解决。本节将介绍求职招聘中的信息检索技巧。

9.1.1 招聘信息的检索应用

招聘信息的检索应用

求职时，除了在网站上直接上传自己的简历之外，还可以通过招聘信息的检索找到合适的岗位，然后再与招聘人员进行沟通。下面以 58 同城平台为例，讲解招聘信息的检索技巧。

Step 01 进入 360 导航的默认页面，单击推荐网站板块中的“58 同城”按钮，如图 9-1 所示。

图 9-1 单击推荐网站板块中的“58 同城”按钮

Step 02 执行操作后，进入 58 同城的“首页”页面，单击“招聘”按钮，如图 9-2 所示，进行招聘页面的切换。

图 9-2 单击“招聘”按钮

Step 03 执行操作后，进入招聘信息的默认页面，单击“请选择职位类别”按钮，在弹出的列表框中，单击对应的职位类别，如单击“新媒体运营”按钮，如图 9-3 所示。

Step 04 单击“找工作”按钮，即可搜索到相关的招聘信息，单击想要查看的招聘信息的对应标题，如图 9-4 所示。

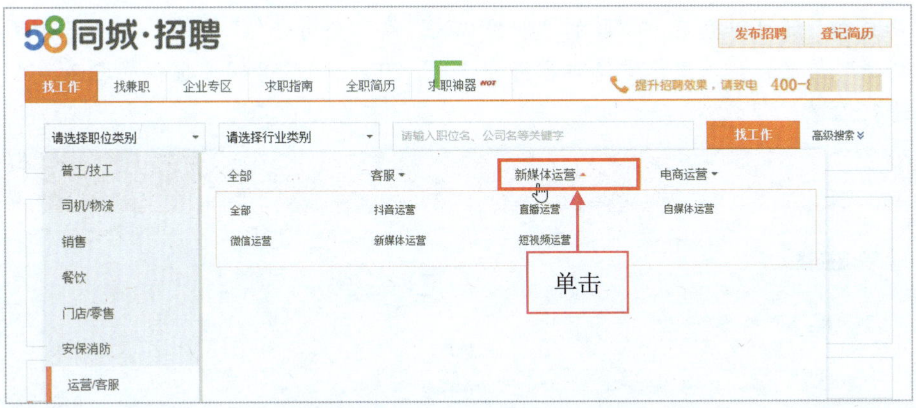

图 9-3　单击"新媒体运营"按钮

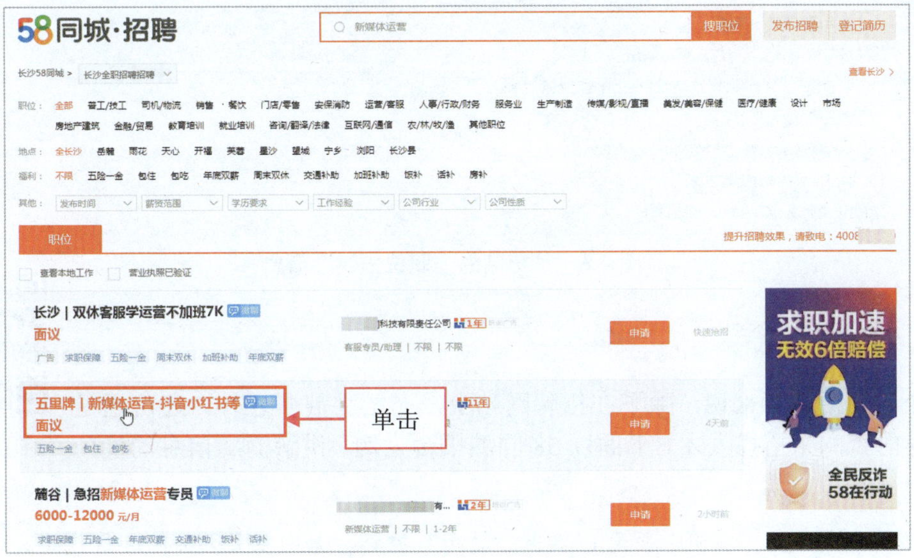

图 9-4　单击想要查看的招聘信息的对应标题

Step 05 执行操作后，即可跳转至对应页面，查看该招聘信息的基本内容，如图 9-5 所示。

图 9-5　查看招聘信息的基本内容

Step 06 滑动页面，还可以查看该招聘的“职位描述”和“公司介绍”信息。图 9-6 为某招聘的“职位描述”信息。如果用户觉得自己符合要求，可以通过 58 同城提供的联系方式，与招聘人员进行沟通。

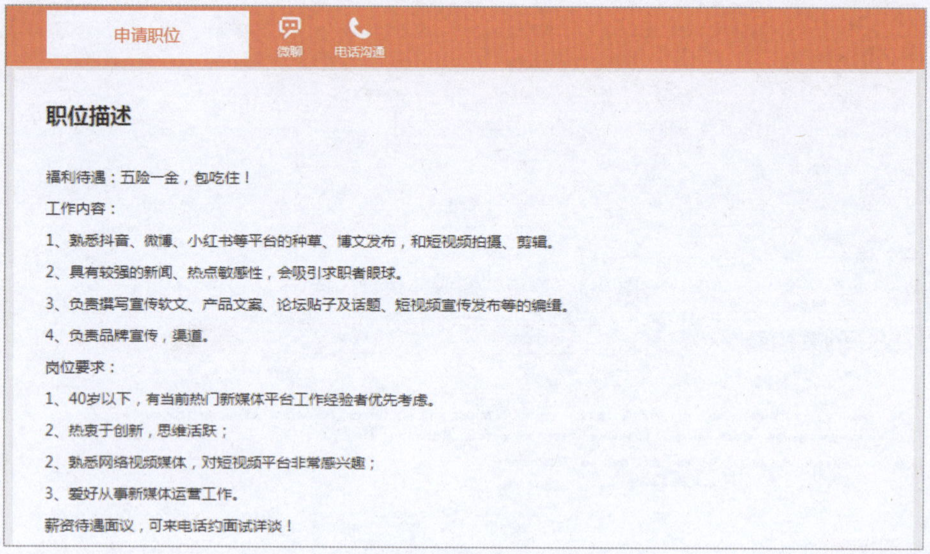

图 9-6　某招聘的“职位描述”信息

9.1.2　简历信息的检索应用

对于企业的招聘者来说，除了在招聘网站上发布招聘启事之外，还可通过简历信息的查阅来招揽人才。下面以 58 同城平台为例，讲解简历信息的检索技巧。

简历信息的检索应用

Step 01 进入 58 同城的“首页”页面，单击“简历”按钮，如图 9-7 所示，进行页面的切换。

图 9-7　单击“简历”按钮

Step 02 执行操作后，进入“人才库”页面，在页面上方设置检索信息，输入岗位名称，如输入“新媒体运营”，单击“搜索”按钮，即可进行简历信息的检索。单击想要查看的简历信息对应的链接，如图 9-8 所示。

Step 03 执行操作后，即可跳转至对应页面，查看该简历的基本信息，如图 9-9 所示。

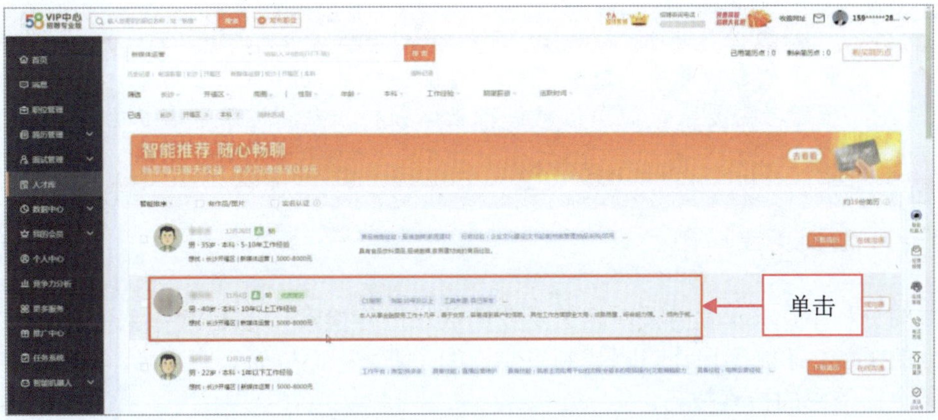

图 9-8　单击想要查看的简历信息对应的链接

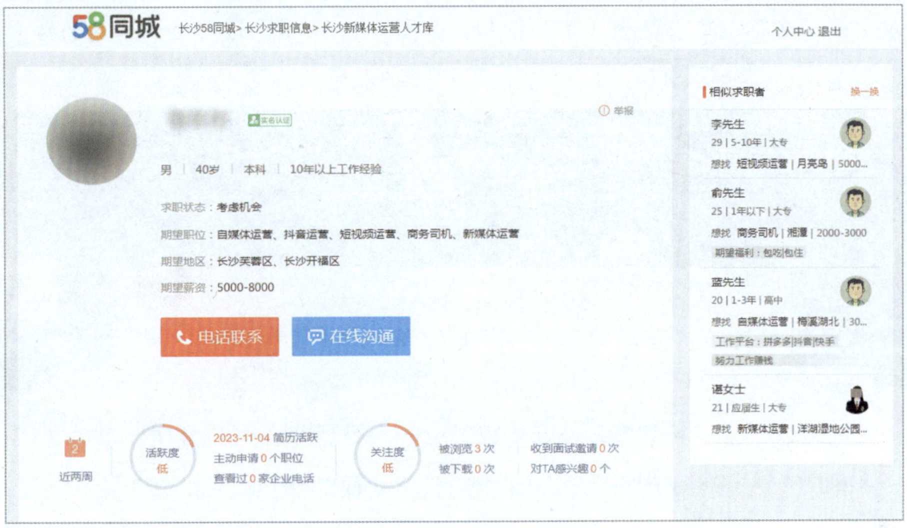

图 9-9　查看简历的基本信息

Step 04 滑动页面，还可以查看简历中的“职业优势”“工作经历”和“自我评价”等信息。图 9-10 为某简历中的“职业优势”信息。如果招聘者觉得该求职者比较符合自己的要求，可以通过 58 同城提供的联系方式与其进行沟通。

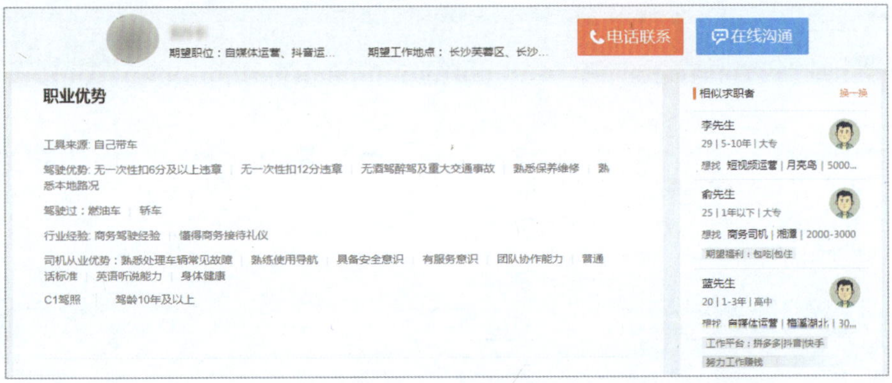

图 9-10　某简历中的“职业优势”信息

> ▶ 专家指点
>
> 有时候，求职者为了获得更多就业机会，可能会在期望的职位中填上一些自己不太适合的职位。对此，招聘者需要结合简历信息进行具体分析，判断该求职者是否真的满足企业的要求。

9.1.3 企业信息的检索应用

企业信息的检索应用

在求职的过程中，求职者需要对相关企业的信息进行检索，这样不仅能增加对企业的了解，还能确保让自己找到更靠谱的企业。下面以企查查平台为例，介绍企业信息的检索技巧。

Step 01 进入企查查平台的官网默认页面，在“查企业”选项卡的搜索框中，输入企业的名称，单击“查一下”按钮，如图 9-11 所示，进行企业信息的检索。

图 9-11 单击“查一下”按钮

Step 02 执行操作后，即可检索到相关的企业，并查看这些企业的基础信息。如果要查看企业的更多信息，可以单击对应企业的名称，如图 9-12 所示。

图 9-12 单击对应企业的名称

Step03 执行操作后，即可跳转至“企业主页”页面，查看该企业的相关信息，如图 9-13 所示。

图 9-13　查看企业的相关信息

Step04 滑动页面，还可以查看该企业的“基本信息”“法律诉讼”“经营风险”“经营信息”“企业发展”和“知识产权”内容。图 9-14 为某企业的“基本信息”。

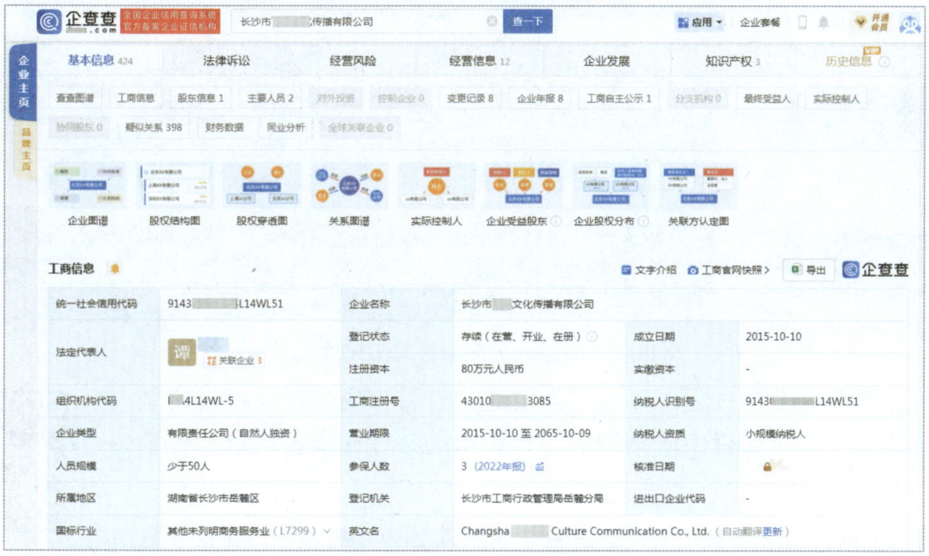

图 9-14　某企业的“基本信息”

9.2　创新创业的检索应用

信息检索为创新创业提供了全面而实时的信息支持，能帮助创业者更好地理解市场、竞争环境，优化业务模式，并制定更具竞争力的战略。本将主要介绍信息检索在创新创业中的应用技巧。

9.2.1　创新资源与项目的检索应用

在创新资源与项目的管理中，信息检索是一项关键的活动，它有助于创业者快速获取并利用相关资源，推动项目的进展。具体来说，创新资源与项目的常见检索应用如图 9-15 所示。

- 科技文献检索 → 通过检索学术论文、专利和技术报告，创业者可以了解相关领域的最新研究成果和技术进展，为项目提供理论和实践的支持
- 知识产权检索 → 在创新项目中，保护知识产权至关重要。信息检索用于查找相关的专利、商标和版权信息，确保创新成果在法律上得到保护
- 市场与行业报告 → 创新项目的成功往往与市场需求和行业趋势的契合程度有关。通过检索市场研究报告和行业分析，创业者可以更好地了解市场的需求、竞争状况和未来趋势
- 合作伙伴与专家 → 通过信息检索，创业者可以找到潜在的合作伙伴、专业领域的专家和具有相关经验的团队。这有助于建立强大的团队和合作网络
- 技术平台和工具 → 在创新项目中，选择适当的技术平台和工具至关重要。信息检索支持创业者找到最新的技术工具、开发平台和相关资源，以提高项目效率和质量
- 开源资源和社区 → 创业者可以通过信息检索找到开源项目、工具和相关社区。这为项目提供了免费可用的资源，并促进了开放式创新的思维

图 9-15　创新资源与项目的常见检索应用

在进行创新和创业的过程中，通常需要通过查看市场与行业报告信息来获得直观的认知。下面以中研网为例，介绍市场与行业报告信息的检索技巧。

创新资源与项目的检索应用

Step 01　进入中研网的官网默认页面，将检索字段设置为“报告”，在搜索框中输入市场与行业报告的相关关键词，如输入“餐饮行业分析”，单击🔍按钮，如图 9-16 所示，进行市场与行业报告信息的检索。

图 9-16　单击🔍按钮

Step 02 执行操作后，即可检索到与“餐饮行业分析”相关的报告，单击想要获取的报告信息对应的链接，如图 9-17 所示。

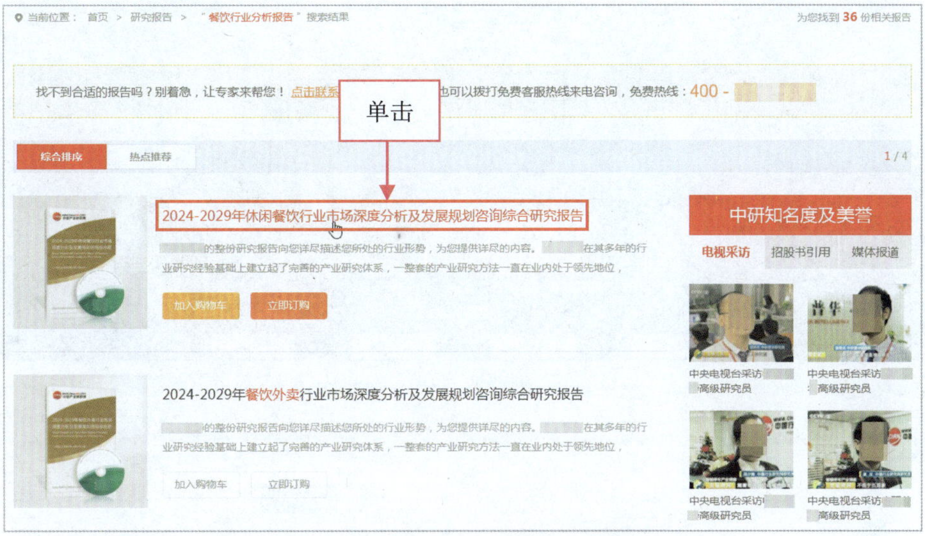

图 9-17　单击想要获取的报告信息对应的链接

Step 03 执行操作后，即可跳转至对应页面，查看该报告的基本信息，如图 9-18 所示。如果想查看该报告的具体内容，可以选择对应的版本进行购买。

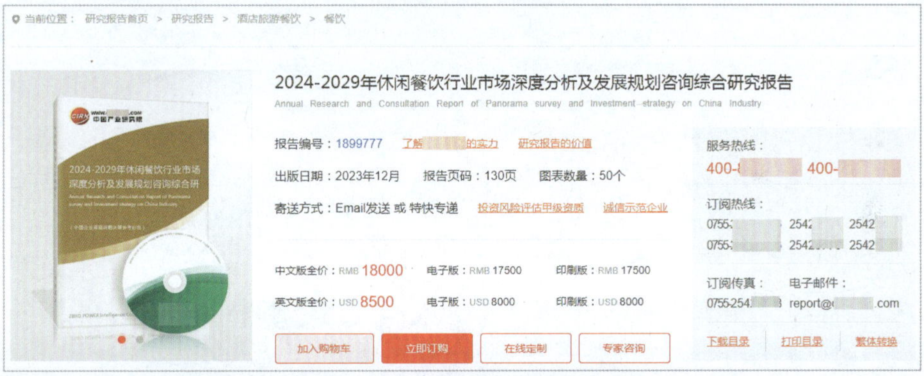

图 9-18　查看报告的基本信息

9.2.2　创新创业融资的检索应用

创新创业的过程中，可能需要获得一定的融资。下面以全国大学生创业服务网为例，介绍融资信息的检索技巧。

创新创业融资的检索应用

Step 01 进入全国大学生创业服务网的“首页”页面，单击“寻找融资”按钮，如图 9-19 所示。

Step 02 执行操作后，跳转至“投融资”页面，单击“投资领域”右侧的⌄按钮，如图 9-20 所示，将投资领域信息展开。

Step 03 执行操作后，在展开的投资领域信息中，单击创新创业所属的领域对应的按钮，如单击“金融业”按钮，如图 9-21 所示。

图 9-19　单击“寻找融资”按钮

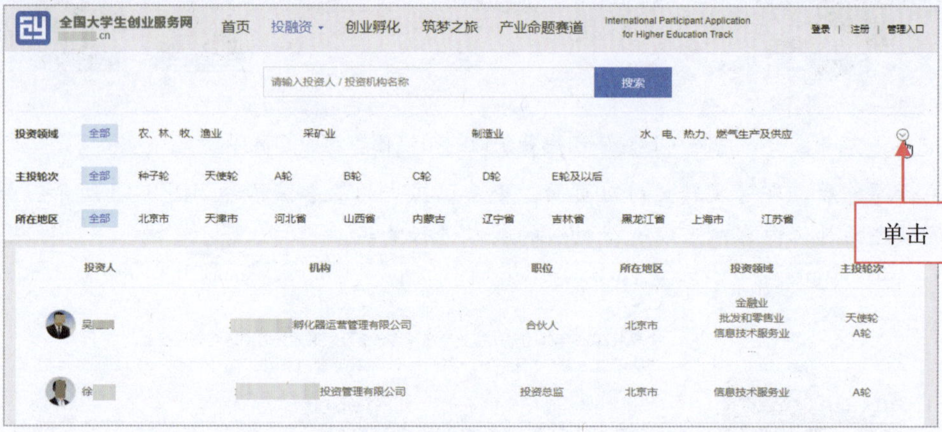

图 9-20　单击“投资领域”右侧的⌄按钮

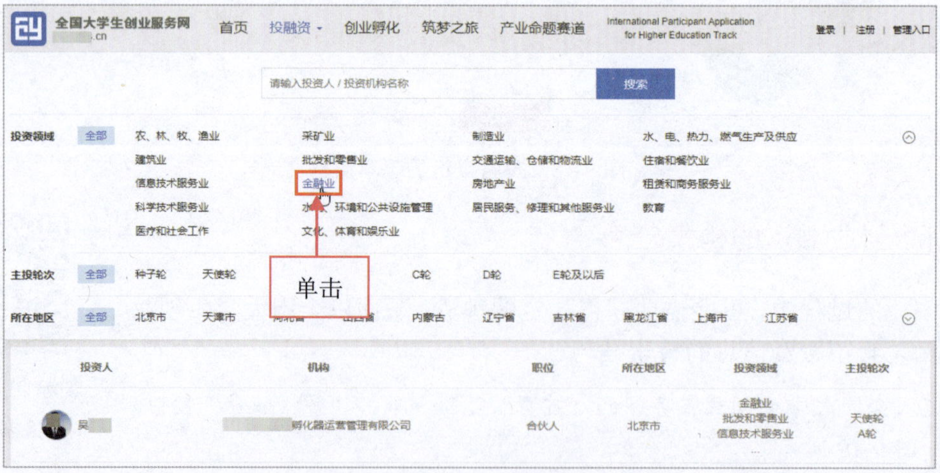

图 9-21　单击“金融业”按钮

Step 04 执行操作后，即可检索到“金融业“的投资人信息，单击需要查看的投资人的名字，图 9-22 所示。

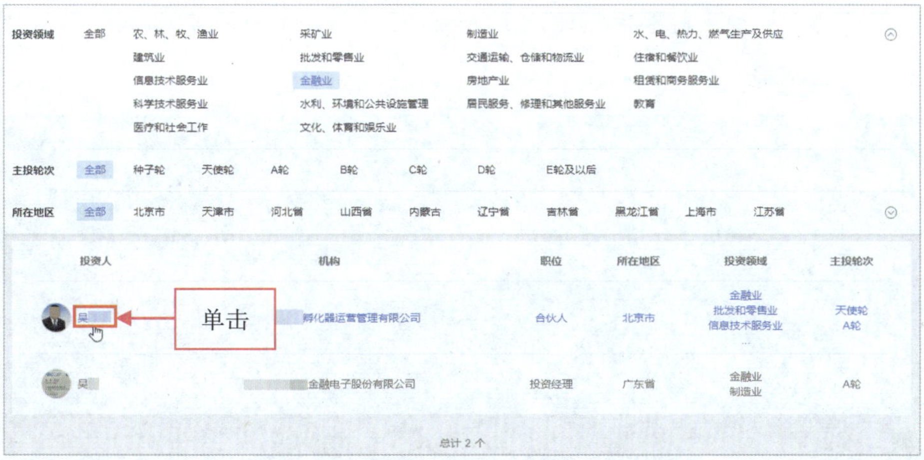

图 9-22　单击需要查看的投资人的名字

Step 05 执行操作后，即可跳转至对应页面，查看投资人的相关信息，如图 9-23 所示。

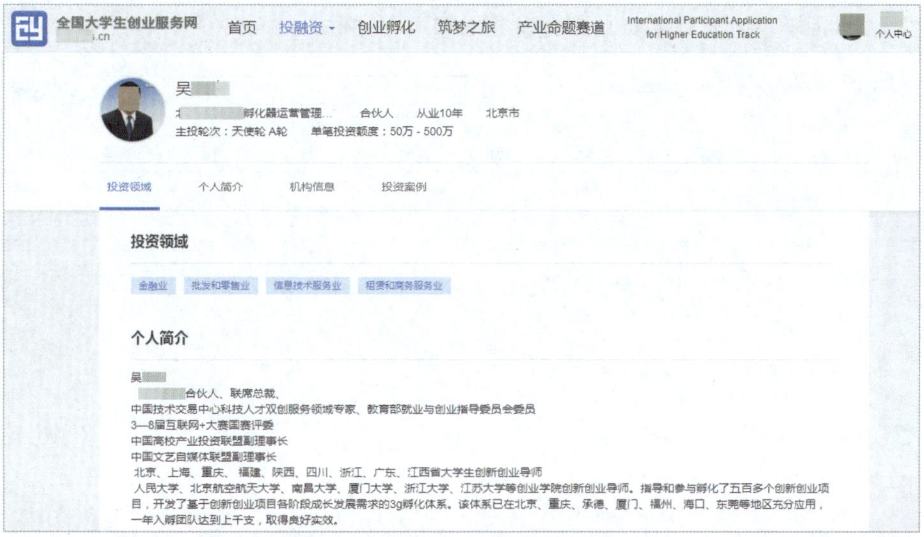

图 9-23　查看投资人的相关信息

> **▶ 专家指点**
>
> 全国大学生创业服务网中只提供了投资人的基本信息，没有提供联系方式。如果想与投资人取得联系，可以从网上查找投资人所属机构的联系方式，通过与所属机构沟通，获得投资人的联系方式。

9.2.3　创新创业政策的检索应用

创新创业政策的检索应用

在创新创业的过程中，检索和查看政策信息，有助于了解政府的扶持政策、行业规范和法规要求，更好地规划自己的创新创业战略，从而合理利用政府的支持和优惠政策，提升自身的竞争力。下面以大学生创新创业服务平台为例，介绍创新创业政策的检索技巧。

Step 01 进入大学生创新创业服务平台的“首页”页面，单击“双创政策”按钮，如图 9-24 所示。

图 9-24　单击“双创政策”按钮

Step 02 执行操作后，跳转至“双创政策”页面，对政策的检索信息进行设置，即可检索到相关的政策，单击要查看的政策对应的链接，如图 9-25 所示。

图 9-25　单击要查看的政策对应的链接

Step 03 执行操作后，进入对应政策的“正文”页面，如果要下载政策的对应文件，可以单击平台提供的链接，如图 9-26 所示。

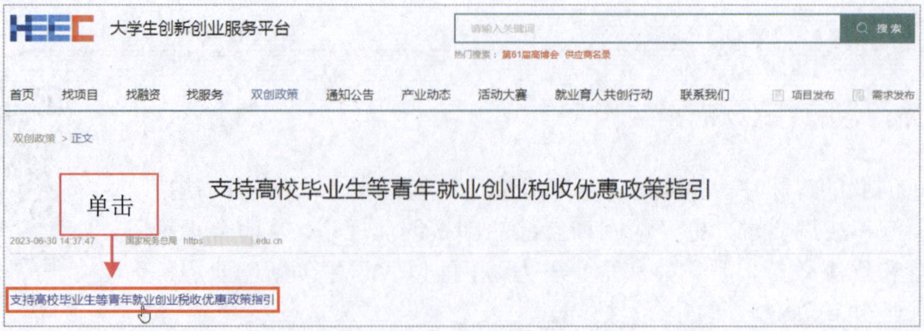

图 9-26　单击平台提供的链接

Step 04 执行操作后，会弹出“新建下载任务”对话框，在该对话框中设置下载信息，单击“下载”按钮，如图 9-27 所示，即可将政策文件下载至电脑中。政策文件下载完成后，只需通过电脑查看即可。

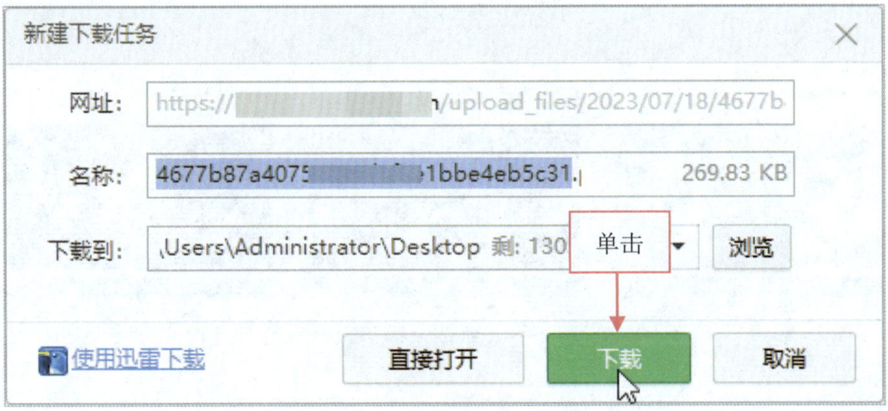

图 9-27　单击“下载”按钮

9.2.4　创新创业大赛的检索应用

为了让自己的创新创业被更多人看到、获得更多人的支持，可以参与相关的活动大赛。下面以大学生创新创业服务平台为例，介绍创新创业活动大赛的检索技巧。

创新创业大赛的检索应用

Step 01 进入大学生创新创业服务平台的“首页”页面，单击“活动大赛”按钮，如图 9-28 所示。

图 9-28　单击“活动大赛”按钮

Step 02 执行操作后，跳转至“活动大赛”页面，对活动大赛的检索信息进行设置，即可检索到相关的大赛，单击要查看的活动大赛信息对应的链接，如图 9-29 所示。

Step 03 执行操作后，即可进入对应活动大赛的“正文”页面，查看该活动大赛的具体信息，如图 9-30 所示。

图 9-29　单击要查看的大赛信息对应的链接

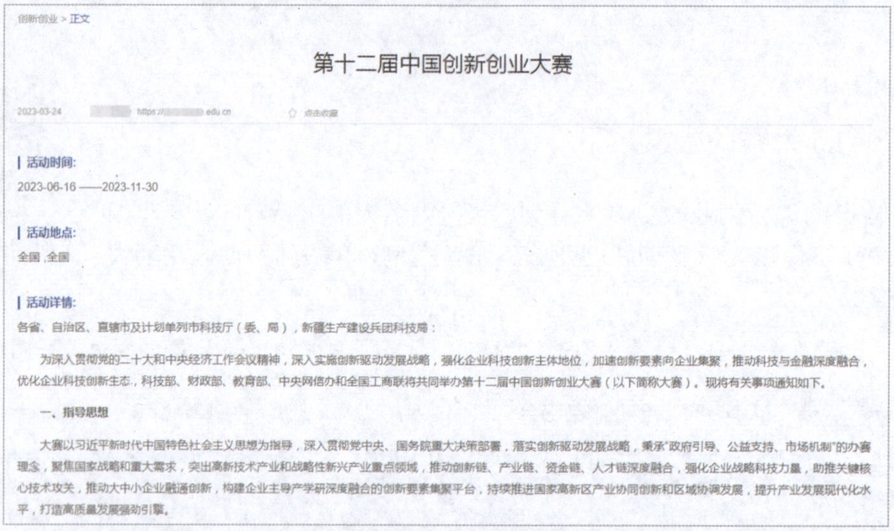

图 9-30　查看活动大赛的具体信息

▶ 专家指点

每个活动大赛都是有截止时间的，在查看活动大赛时，一定要看清楚时间，不要等所有的准备工作都做好了，才发现已经过了截止时间。

9.3　日常工作的检索应用

在日常工作中，信息检索是一项非常常见且重要的活动，它有助于从庞大的信息中迅速找到所需的资料，提高工作效率。本节将介绍日常工作的检索应用技巧。

9.3.1　范文模板的检索应用

在工作过程中，可能会遇到这种情况：要写一些文字内容，但是因为没有写过，不知道应该如何下笔。对于这种情况，可以通过信息检索到网上查找范文模板，然后借用范文模板进行写作。下面以范文网平台为例，介绍范文模板的检索技巧。

范文模板的检索应用

Step 01 进入范文网平台的默认页面，在搜索框中输入范文模板的检索词，如输入“优秀员工获奖感言”，单击“搜索文档”按钮，如图 9-31 所示，进行范文模板的检索。

图 9-31　单击“搜索文档”按钮

Step 02 执行操作后，即可检索到相关的范文信息，单击想要查看的范文信息对应的链接，如图 9-32 所示。

图 9-32　单击想要查看的范文信息对应的链接

Step 03 执行操作后，即可进入对应页面，查看该范文的具体内容，如图 9-33 所示。

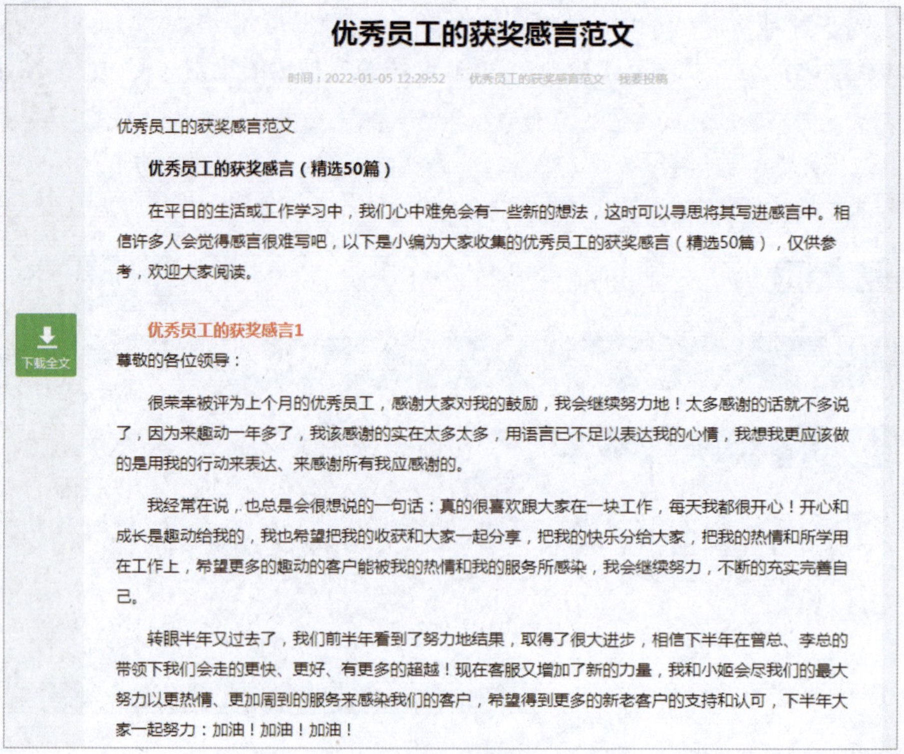

优秀员工的获奖感言范文

时间：2022-01-05 12:29:52　优秀员工的获奖感言范文　我要投稿

优秀员工的获奖感言范文

优秀员工的获奖感言（精选50篇）

在平日的生活或工作学习中，我们心中难免会有一些新的想法，这时可以寻思将其写进感言中。相信许多人会觉得感言很难写吧，以下是小编为大家收集的优秀员工的获奖感言（精选50篇），仅供参考，欢迎大家阅读。

下载全文

优秀员工的获奖感言1

尊敬的各位领导：

很荣幸被评为上个月的优秀员工，感谢大家对我的鼓励，我会继续努力地！太多感谢的话就不多说了，因为来趣动一年多了，我该感谢的实在太多太多，用语言已不足以表达我的心情，我想我更应该做的是用我的行动来表达、来感谢所有我应感谢的。

我经常在说，也总是会很想说的一句话：真的很喜欢跟大家在一块工作，每天我都很开心！开心和成长是趣动给我的，我也希望把我的收获和大家一起分享，把我的快乐分给大家，把我的热情和所学用在工作上，希望更多的趣动的客户能被我的热情和我的服务所感染，我会继续努力，不断的充实完善自己。

转眼半年又过去了，我们前半年看到了努力地结果，取得了很大进步，相信下半年在曾总、李总的带领下我们会走的更快、更好、有更多的超越！现在客服又增加了新的力量，我和小姬会尽我们的最大努力以更热情、更加周到的服务来感染我们的客户，希望得到更多的新老客户的支持和认可，下半年大家一起努力：加油！加油！加油！

图 9-33　查看范文的具体内容

9.3.2　新闻时事的检索应用

新闻时事的检索应用

新闻时事是指与当前社会相关的即时、实时的新闻和事件，对于很多人来说，了解新闻时事信息会更有利于工作的开展。下面以腾讯网平台为例，介绍新闻时事的检索技巧。

Step 01　进入腾讯网的官网默认页面，在搜索框中输入新闻时事的检索词，如输入“跨境电商”，单击按钮，如图 9-34 所示。

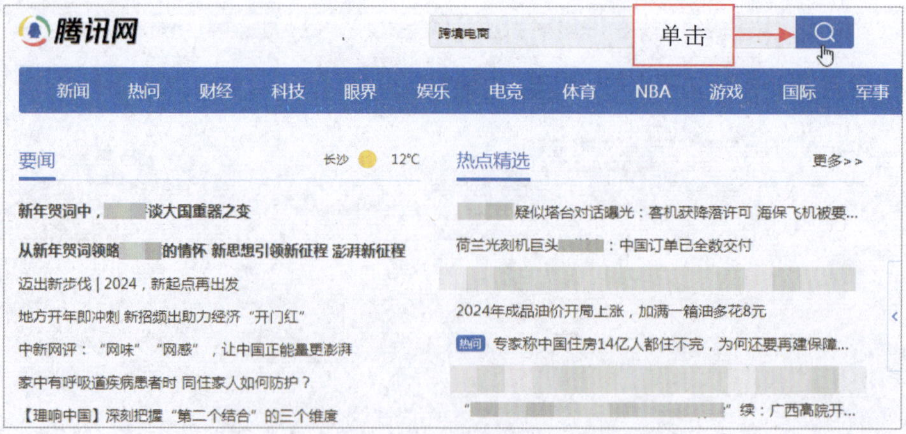

图 9-34　单击按钮

Step 02 执行操作后，即可检索到相关的新闻时事，单击想要查看的新闻时事对应的链接，如图 9-35 所示。

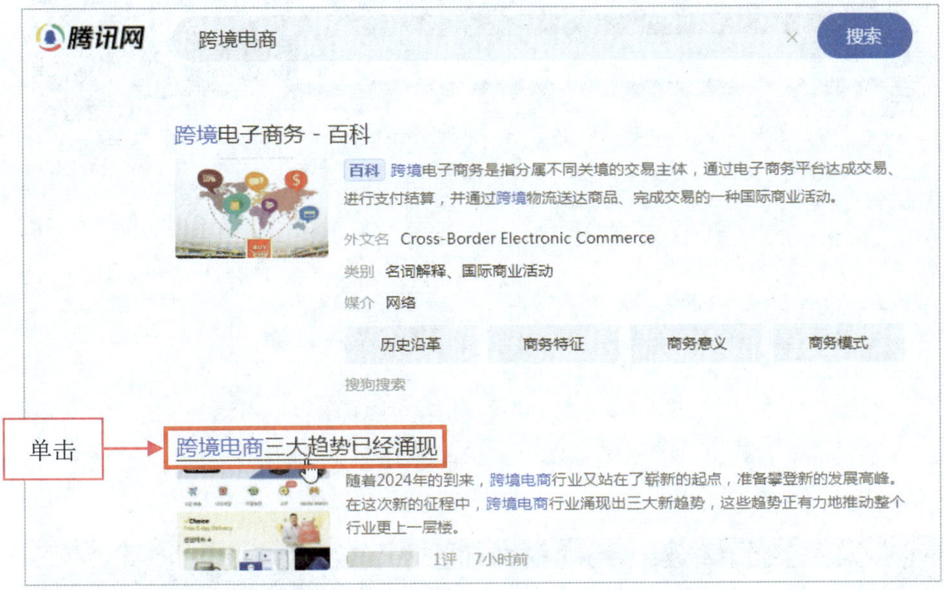

图 9-35　单击想要查看的新闻时事对应的链接

Step 03 执行操作后，即可进入对应页面，查看该新闻时事的具体内容，如图 9-36 所示。

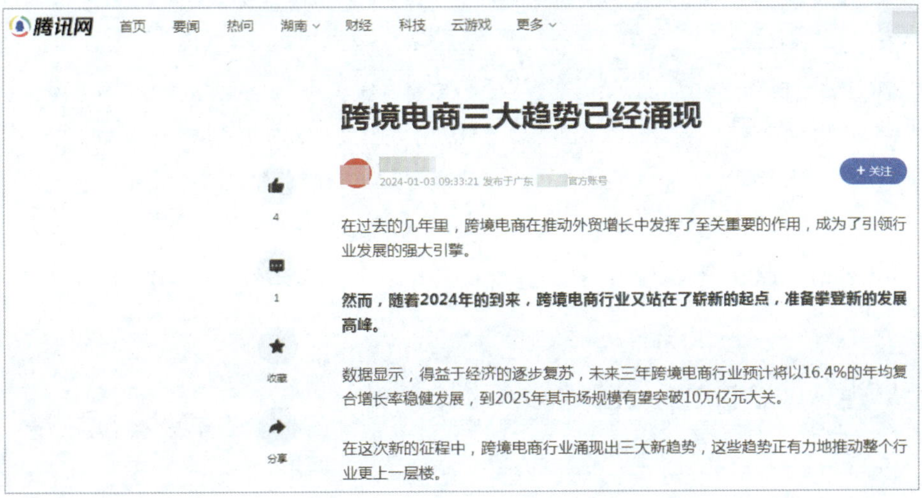

图 9-36　查看新闻时事的具体内容

9.3.3　法律法规的检索应用

在日常工作中，为了避免出现违法违规，可能需要查看法律法规信息。下面以国家法律法规数据库平台为例，介绍法律法规的检索技巧。

法律法规的检索应用

Step 01 进入国家法律法规数据库的官网默认页面，在搜索框中输入法律法规的检索词，如输入“食品安全”，单击“高级检索”按钮，在弹出的列表框中，选中“有效”复选框，单击“确定”按钮，如图 9-37 所示。

图 9-37 单击“确定”按钮

Step 02 执行操作后，即可检索到相关的法律法规，单击想要查看的法律法规对应的链接，如图 9-38 所示。

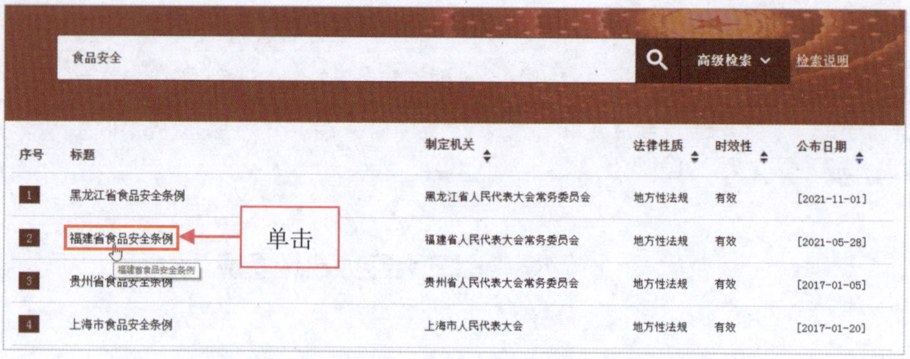

图 9-38 单击想要查看的法律法规对应的链接

Step 03 执行操作后，即可进入对应页面，查看该法律法规的具体内容，如图 9-39 所示。

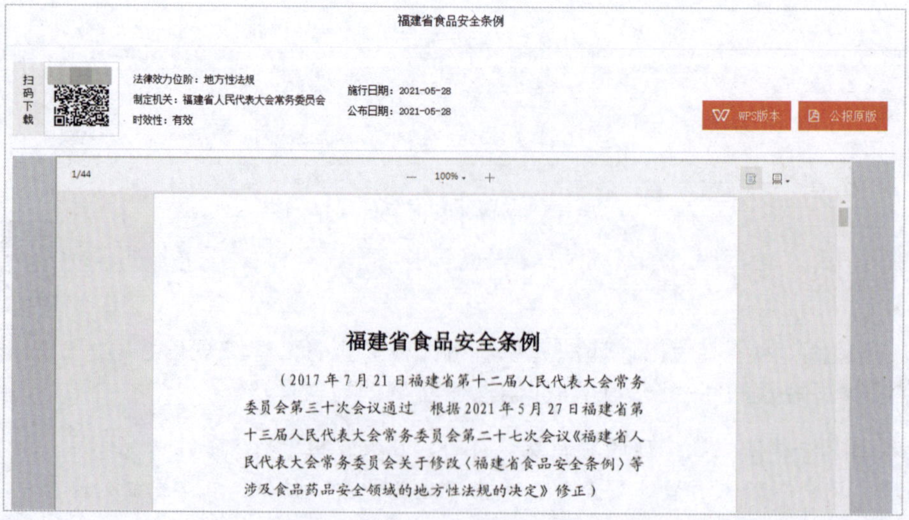

图 9-39 查看法律法规的具体内容

9.3.4　软件信息的检索应用

软件信息的检索应用

在日常工作中，通常需要使用一些软件，可以通过信息检索查看或安装相关的软件。下面以 360 安全管家为例，介绍软件信息的检索技巧。

Step 01 进入 360 安全管家的“宝库”页面，在搜索框中输入对应软件的检索词，如输入 WPS Office，单击 按钮，如图 9-40 所示，进行软件的检索。

图 9-40　单击 按钮

Step 02 执行操作后，即可检索到相关的软件，单击对应软件的名称，如图 9-41 所示。

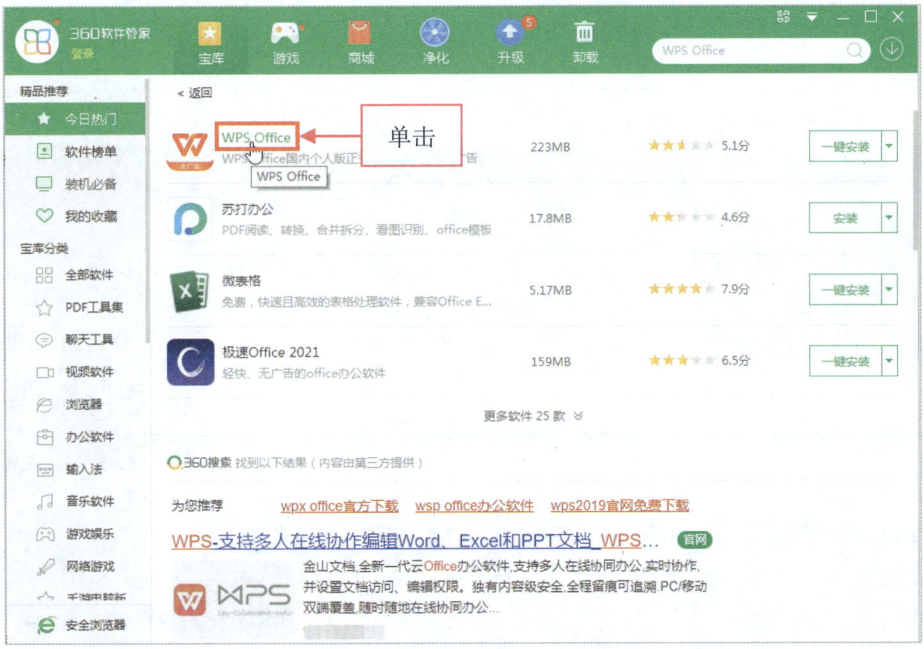

图 9-41　单击对应软件的名称

Step 03 执行操作后，即可进入对应页面，查看该软件的详情信息，如图 9-42 所示。如果要下载该软件，只需单击“一键安装”按钮，并根据提示进行操作即可。

图 9-42　查看该软件的详情信息

> **专家指点**
>
> 在工作中，对软件的使用端口可能有一定要求，有的软件需要下载在电脑上，有的软件则需要下载到手机上。通常来说，在电脑上可以通过专门的软件平台检索并下载软件；而在手机上则可以通过自带的应用商店或 App 商店检索并下载软件，只需根据自身需求进行操作即可。

本章小结

本章主要介绍了信息检索在求职就业中的应用，包括信息检索在求职招聘、创新创业和日常工作中的应用。希望通过本章的学习，读者能够熟练使用信息检索解决工作中遇到的问题，快速提升工作的效率。

课后习题

课后习题 1　　课后习题 2

鉴于本章知识的重要性，本节将通过课后习题，帮助读者进行简单的知识回顾和补充，以便读者更好地掌握所学知识。

1．通过 58 同城平台的信息检索，查看“电话客服”方面的简历，效果如图 9-43 所示。

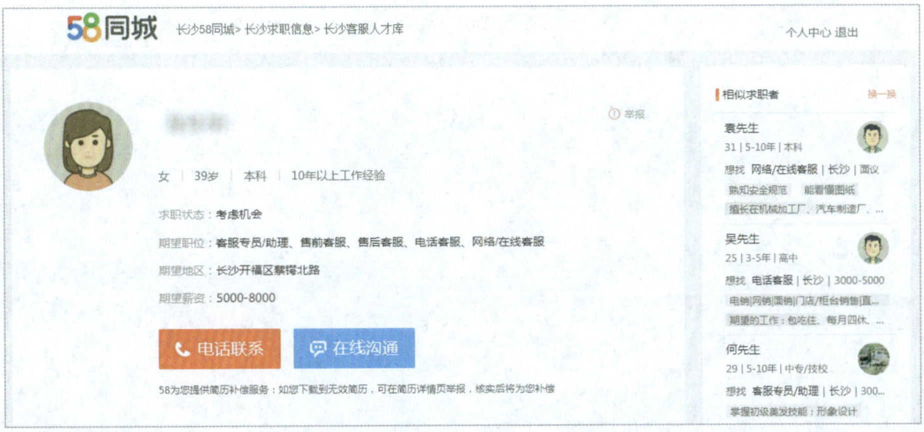

图 9-43　查看“电话客服”方面的简历

2．通过范文网平台的信息检索，查看“年会致辞”方面的范文模板，效果如图 9-44 所示。

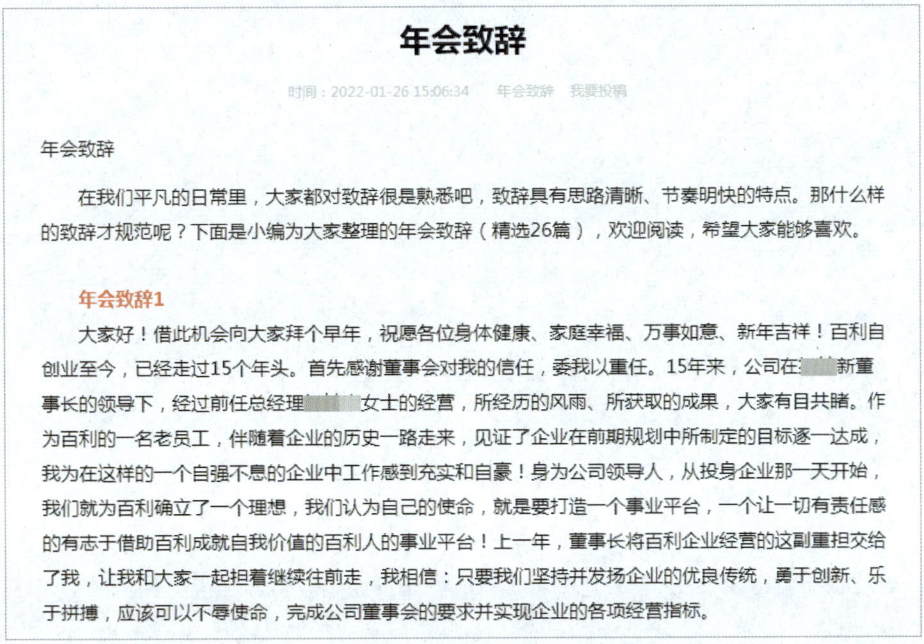

年会致辞

时间：2022-01-26 15:06:34　年会致辞　我要投稿

年会致辞

在我们平凡的日常里，大家都对致辞很是熟悉吧，致辞具有思路清晰、节奏明快的特点。那什么样的致辞才规范呢？下面是小编为大家整理的年会致辞（精选26篇），欢迎阅读，希望大家能够喜欢。

年会致辞1

大家好！借此机会向大家拜个早年，祝愿各位身体健康、家庭幸福、万事如意、新年吉祥！百利自创业至今，已经走过15个年头。首先感谢董事会对我的信任，委我以重任。15年来，公司在[illegible]新董事长的领导下，经过前任总经理[illegible]女士的经营，所经历的风雨、所获取的成果，大家有目共睹。作为百利的一名老员工，伴随着企业的历史一路走来，见证了企业在前期规划中所制定的目标逐一达成，我为在这样的一个自强不息的企业中工作感到充实和自豪！身为公司领导人，从投身企业那一天开始，我们就为百利确立了一个理想，我们认为自己的使命，就是要打造一个事业平台，一个让一切有责任感的有志于借助百利成就自我价值的百利人的事业平台！上一年，董事长将百利企业经营的这副重担交给了我，让我和大家一起担着继续往前走，我相信：只要我们坚持并发扬企业的优良传统，勇于创新、乐于拼搏，应该可以不辱使命，完成公司董事会的要求并实现企业的各项经营指标。

图 9-44　查看“年会致辞”方面的范文模板

第 10 章 信息检索在日常生活中的应用

10

信息检索在日常生活中有广泛的应用，通过各种渠道和技术，人们可以方便地获取所需的信息。本章将主要介绍信息检索在日常生活中的应用，帮助读者借助信息检索更好地进行生活，提高生活的质量。

本章重点

- 知识信息的检索应用
- 购物信息的检索应用
- 娱乐信息的检索应用

思政目标

- 促进学生的全面发展，让学生获得更多日常生活的技巧
- 引导学生正确做人做事，让勤奋学习成为学生的日常习惯

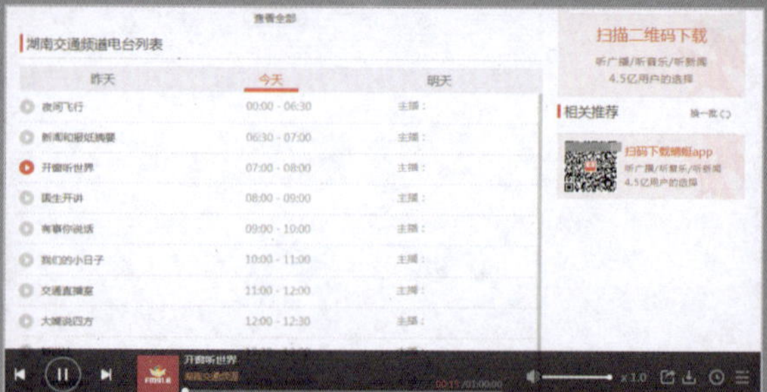

10.1　知识信息的检索应用

在日常生活中，为了快速解决某方面的问题，或者获得某些技巧，可能需要对知识方面的信息进行检索。本节将讲解知识信息的检索技巧。

10.1.1　网上课程的检索应用

网上课程的检索应用

当想在日常生活中培养某方面的兴趣时，可以通过信息检索，查看并学习网上的相关课程。下面以腾讯课堂平台为例，介绍网上课程的检索技巧。

Step 01 进入腾讯课堂平台的默认页面，在搜索框中输入课程检索词，如输入“手机摄影”，单击“搜索”按钮，如图 10-1 所示，进行课程信息的检索。

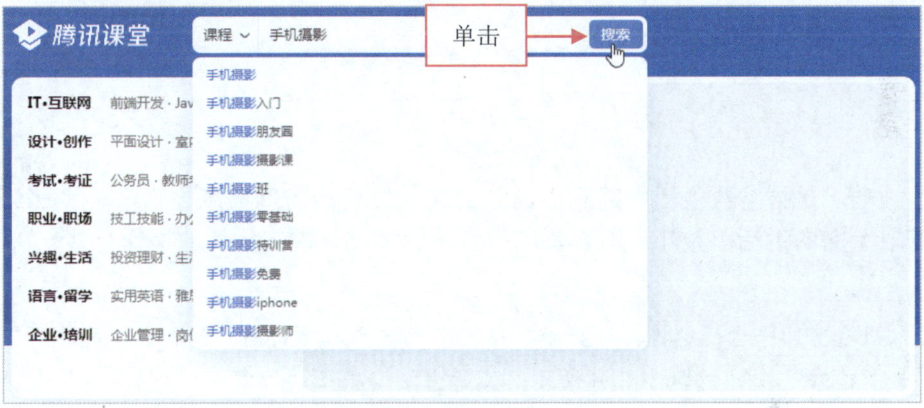

图 10-1　单击“搜索”按钮

Step 02 执行操作后，即可检索到与“手机摄影”相关的课程，单击需要查看的课程对应的标题，如图 10-2 所示。

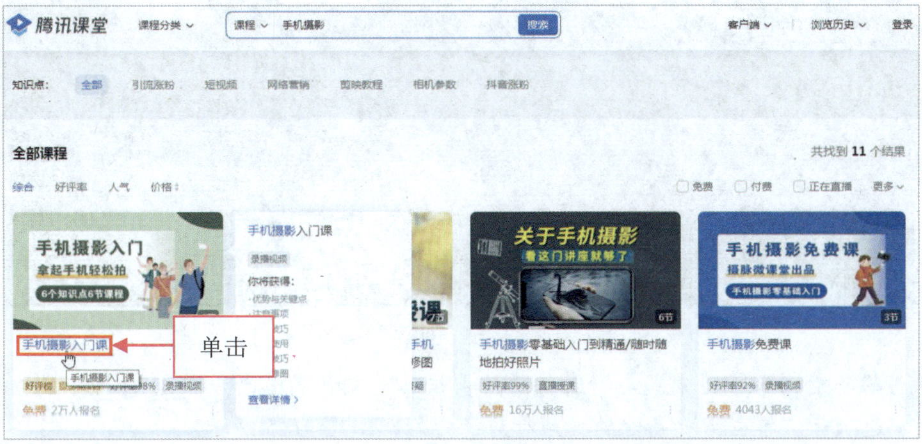

图 10-2　单击需要查看的课程对应的标题

Step 03 执行操作后，即可跳转至对应网页，查看该课程的具体内容，如图 10-3 所示。

图 10-3　查看课程的具体内容

10.1.2　生活小技巧的检索应用

生活小技巧的检索应用

生活小技巧，是指解决生活中遇到的问题的实用技巧。借助信息检索，可以快速获取所需的生活小技巧。本节就以抖音平台为例，讲解具体的操作技巧。

Step 01 进入抖音官网平台的“推荐“页面，在搜索框中输入检索词，如输入“厨房清洁小技巧”，单击“搜索”按钮，如图 10-4 所示，进行生活小技巧的检索。

图 10-4　单击“搜索”按钮

Step 02 执行操作后，即可检索到与“厨房清洁小技巧”相关的信息，单击“视频”按钮，切换至对应选项卡，单击需要查看的视频对应的标题，如图 10-5 所示。

Step 03 执行操作后，即可跳转至对应网页，查看该厨房清洁小技巧的具体内容，如图 10-6 所示。

图 10-5　单击需要查看的视频对应的标题

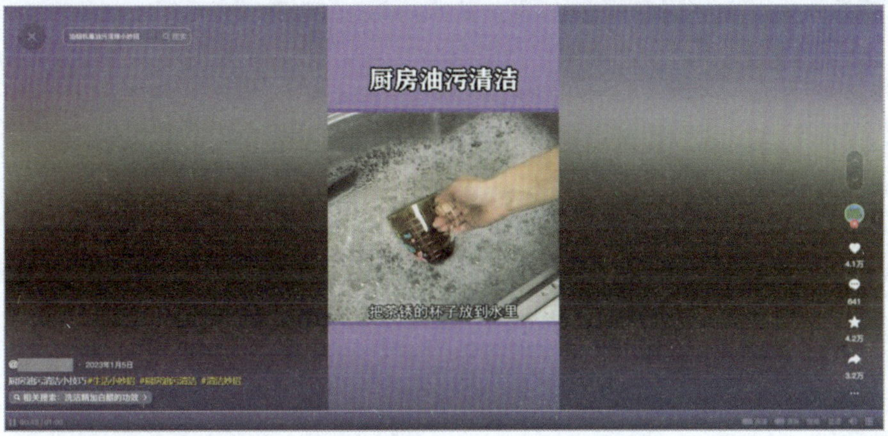

图 10-6　查看厨房清洁小技巧的具体内容

10.1.3　干货知识分享的检索应用

干货知识分享的检索应用

在生活中遇到难以解决的问题时，可以借助信息检索，查看他人分享的干货知识。下面以微信为例，讲解干货知识分享的检索技巧。

Step 01 进入微信的“搜一搜“界面，在搜索框中输入检索词，如输入“绿植养护干货知识分享”，切换至“文章”选项卡，单击“搜索”按钮，如图 10-7 所示，进行干货知识分享的检索。

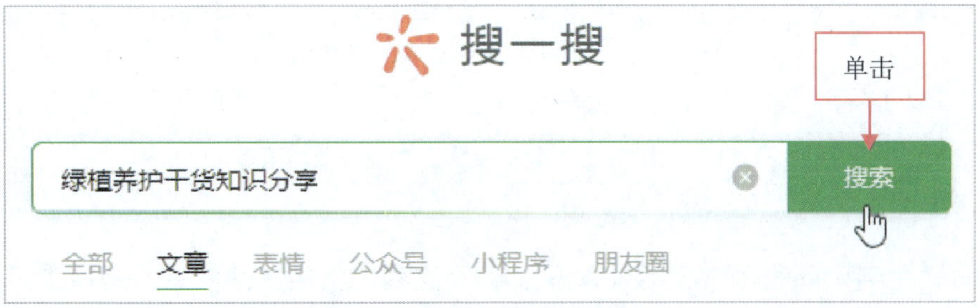

图 10-7　单击“搜索”按钮

Step 02 执行操作后，即可检索到与“绿植养护干货知识分享”相关的信息，单击需要查看的文章的对应标题，如图 10-8 所示。

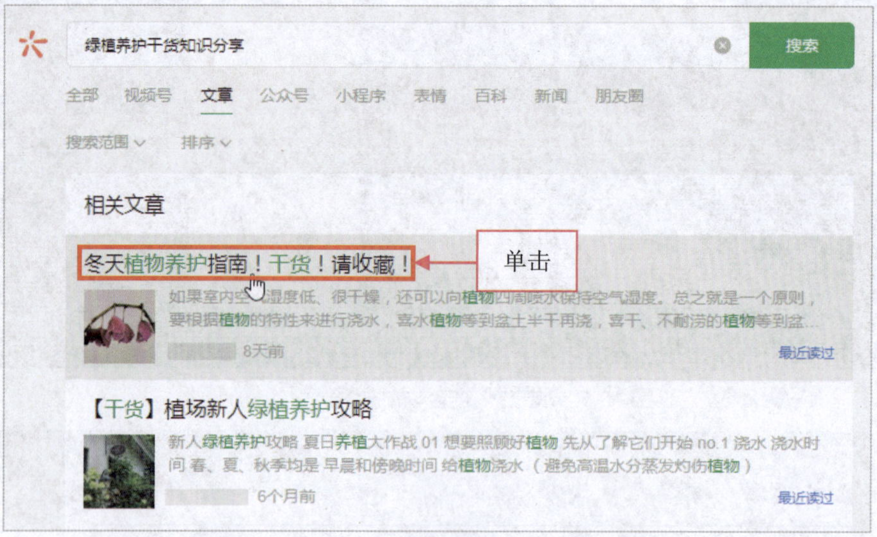

图 10-8 单击需要查看的文章的对应标题

Step 03 执行操作后，即可跳转至对应网页，查看该干货知识分享的具体内容，如图 10-9 所示。

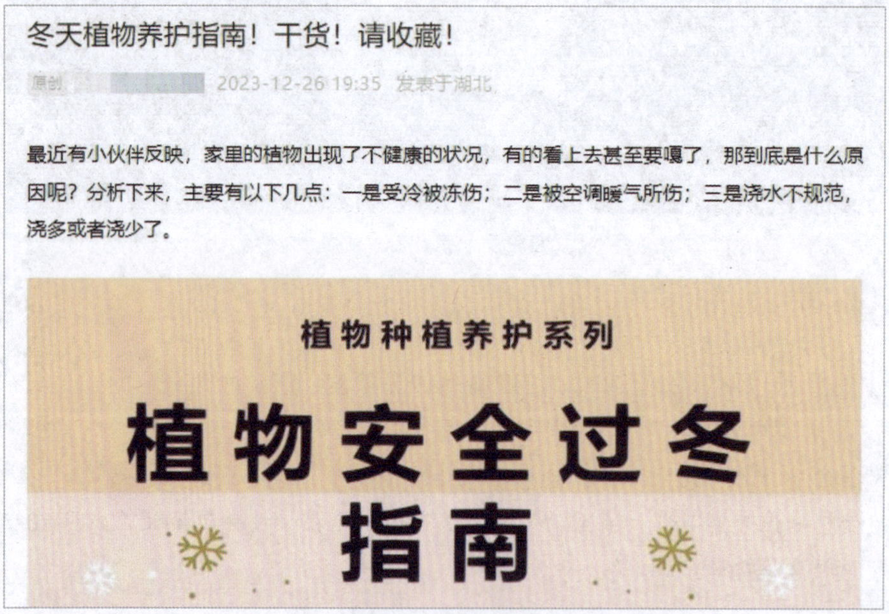

图 10-9 查看干货知识分享的具体内容

10.2 购物信息的检索应用

购物是日常生活中的一种常见活动，通过购物信息（包括评价信息）的检索，可以快速找到自己想买的商品。本节就来介绍购物信息的常见检索技巧。

10.2.1　传统购物信息的检索应用

传统购物信息的检索应用

淘宝、京东和拼多多等都是传统的购物平台，在这些平台上进行信息检索，可以快速找到相关商品和店铺的信息。下面以京东平台为例，讲解传统购物信息的检索技巧。

Step 01 进入京东平台的官网默认页面，在搜索框中输入检索词，如输入“男士羽绒服”，单击按钮，如图 10-10 所示，进行购物信息的检索。

图 10-10　查看课程的具体内容

Step 02 执行操作后，即可检索到与“男士羽绒服”相关的信息，单击想要查看的商品对应的标题，如图 10-11 所示。

图 10-11　单击想要查看的商品对应的标题

Step 03 执行操作后，即可跳转至商品详情页面，查看该商品的具体信息，如图 10-12 所示。如果想要购买该商品，可以先将其加入购物车，再去购物车中进行结算。

图 10-12　查看商品的具体信息

10.2.2　外卖信息的检索应用

近年来，外卖行业取得了快速发展，很多人开始点起了外卖。通过信息检索，可以快速查找外卖信息并下单进行购物。下面以饿了么 App 为例，讲解外卖信息的检索技巧。

外卖信息的检索应用

Step 01 进入饿了么 App 的“首页”界面，点击界面上方的搜索框，如图 10-13 所示。

Step 02 执行操作后，在搜索框中输入检索词，如输入“烧烤”，点击“搜索”按钮，如图 10-14 所示，进行信息的检索。

图 10-13　点击界面上方的搜索框

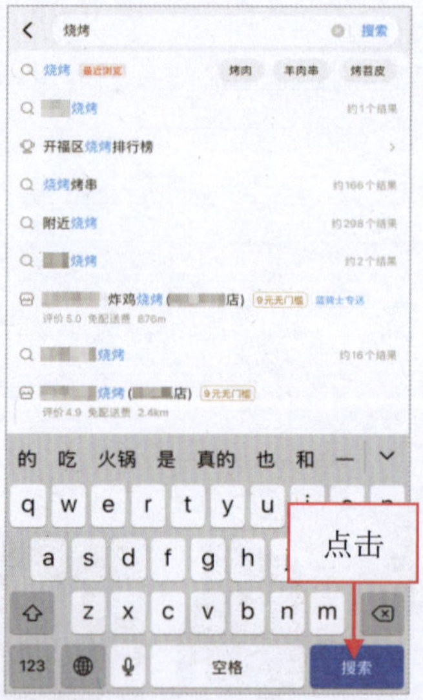

图 10-14　点击“搜索”按钮

Step 03 执行操作后，即可检索到相关的店铺，点击需要查看外卖信息的店铺（不要直接点击店铺中的商品），如图 10-15 所示，查看该店铺中的商品。

Step 04 执行操作后，即可进入对应店铺的默认界面，根据要购买的商品所属的类别，点击左侧的按钮，进行选项卡的切换，如点击“烧烤大串”按钮，如图 10-16 所示。

图 10-15　点击需要查看外卖信息的店铺

图 10-16　点击"烧烤大串"按钮

Step 05 执行操作后，即可切换至对应选项卡，点击需要查看信息的商品（不要直接点击购买的相关按钮），如图 10-17 所示。

Step 06 执行操作后，即可跳转至对应界面的"详情"选项卡，查看该商品的具体信息，如图 10-18 所示。如果想要购买该商品，可以先将其加入购物车，再去购物车中进行结算。

图 10-17　点击需要查看信息的商品

图 10-18　查看商品的具体信息

10.2.3　团购信息的检索应用

除了传统购物和外卖之外，近年来还兴起了另一种购物方式，那就是团购。所谓"团购"，就是将消费者联合起来，作为一个整体进行购物。下面以抖音 App 为例，介绍团购信息的检索技巧。

团购信息的检索应用

Step 01 进入抖音 App 的“首页”界面，点击界面上方的“团购”按钮，如图 10-19 所示，进行选项卡的切换。

Step 02 执行操作后，切换至“团购”选项卡，点击该选项卡中的搜索框，如图 10-20 所示。

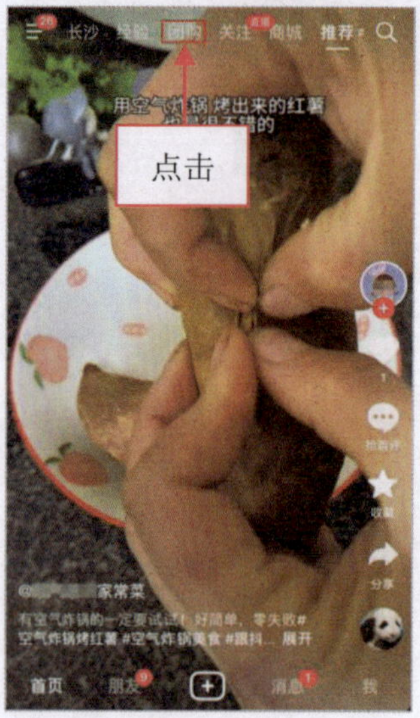

图 10-19　点击“团购”按钮

图 10-20　点击选项卡中的搜索框

Step 03 执行操作后，在搜索框中输入检索词，如输入“奶茶”，点击“搜索”按钮，如图 10-21 所示，进行团购商品的检索。

Step 04 执行操作后，即可检索到相关的外卖店铺，点击需要查看外卖信息的店铺（不要直接点击店铺中的商品），如图 10-22 所示，查看该店铺中的商品。

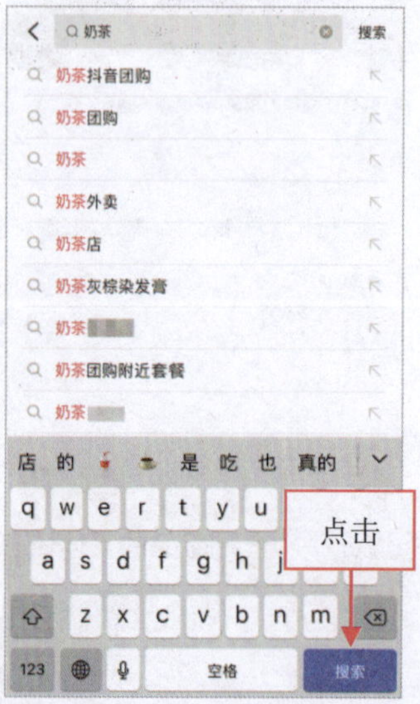

图 10-21　点击“搜索”按钮

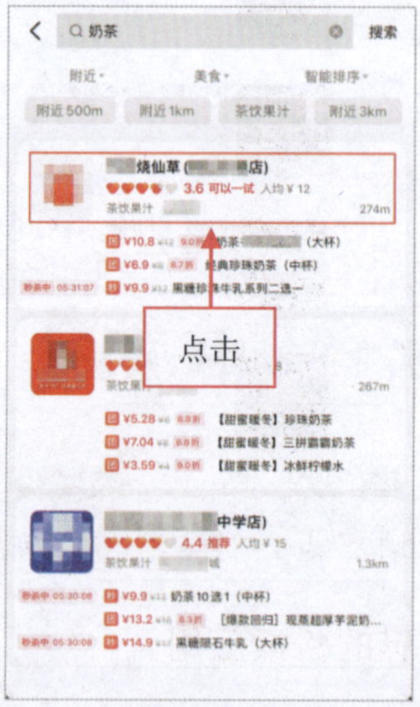

图 10-22　点击需要查看外卖信息的店铺

Step 05 执行操作后，即可进入对应外卖店铺，点击需要查看信息的团购商品，如图 10-23 所示。

Step 06 执行操作后，即可跳转至对应界面，查看该团购商品的具体信息，如图 10-24 所示。如果要购买该商品，只需点击“立即购买”按钮，并根据提示进行操作即可。

图 10-23　点击需要查看信息的团购商品　　图 10-24　查看团购商品的具体信息

10.2.4　商品评价信息的检索应用

商品评价信息的检索应用

为了慎重考虑，在购买某款商品时，除了商品的基本信息外，往往还会查看消费者对该商品的评价。下面以淘宝平台为例，介绍商品评价信息的检索技巧。

Step 01 在淘宝平台中进行信息检索，进入对应商品的详情页面，如图 10-25 所示，查看该商品的具体信息。

图 10-25　对应商品的详情页面

Step 02 滑动页面，进入“宝贝详情”选项卡，单击“宝贝评价”按钮，如图 10-26 所示，进行选项卡的切换。

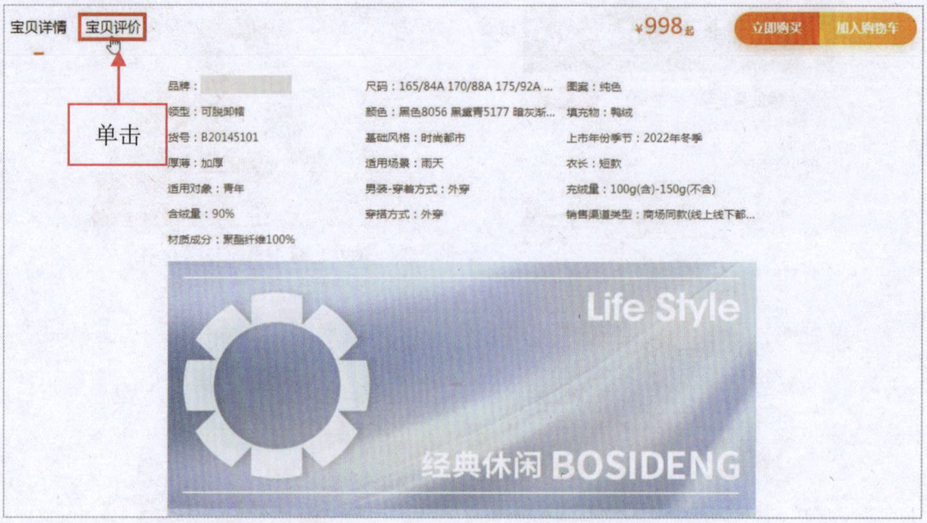

图 10-26　单击“宝贝评价”按钮

Step 03 执行操作后，即可切换至“宝贝评价”选项卡，查看消费者对该商品的评价，如图 10-27 所示。

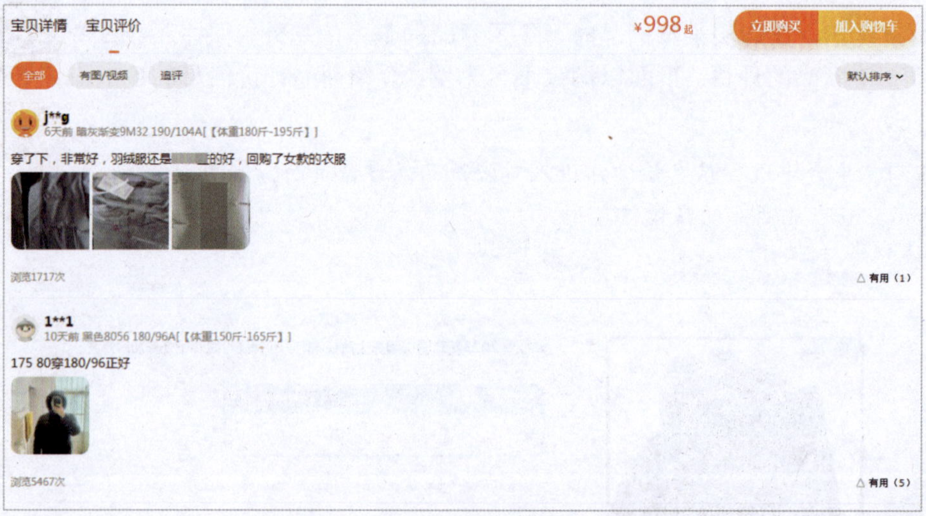

图 10-27　查看消费者对商品的评价

10.2.5　店铺评价信息的检索应用

店铺评价信息的检索应用

除了商品的评价之外，在购买商品时，还可以重点关注一下店铺的评价。那么，要如何检索店铺评价信息呢？下面以京东平台为例，讲解具体的操作技巧。

Step 01 在京东平台中进行信息检索，进入对应商品的详情页面，单击页面右上方的店铺名称，如图 10-28 所示，查看店铺的相关信息。

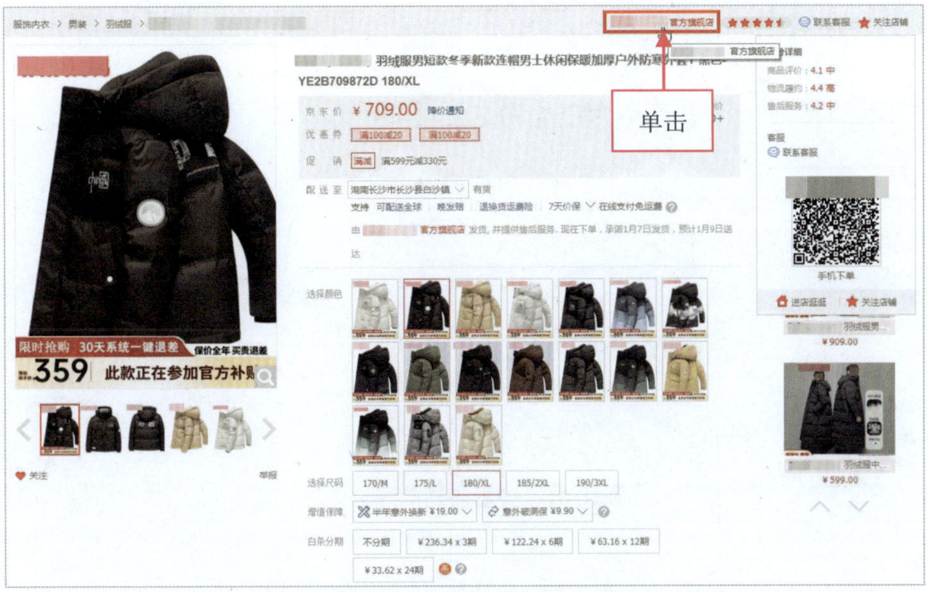

图 10-28　单击页面右上方的店铺名称

Step 02 执行操作后，进入店铺的"首页"页面，单击页面右上方店铺名称右侧的红星，如图 10-29 所示，查看店铺的评价信息。

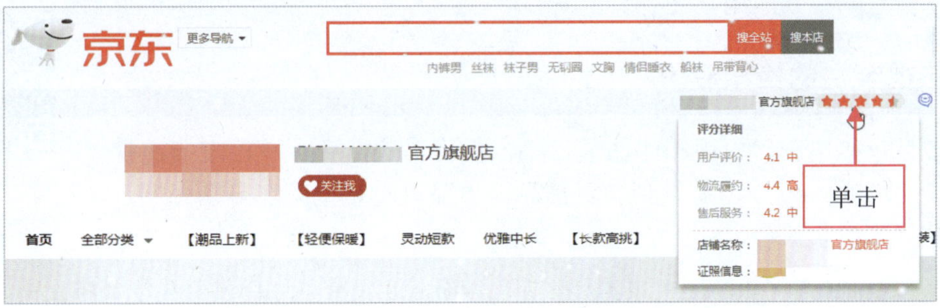

图 10-29　单击页面右上方店铺名称右侧的红星

Step 03 执行操作后，跳转至店铺评价信息的验证页面，根据提示在该页面中输入验证码，单击"确定"按钮，如图 10-30 所示，确认进行验证。

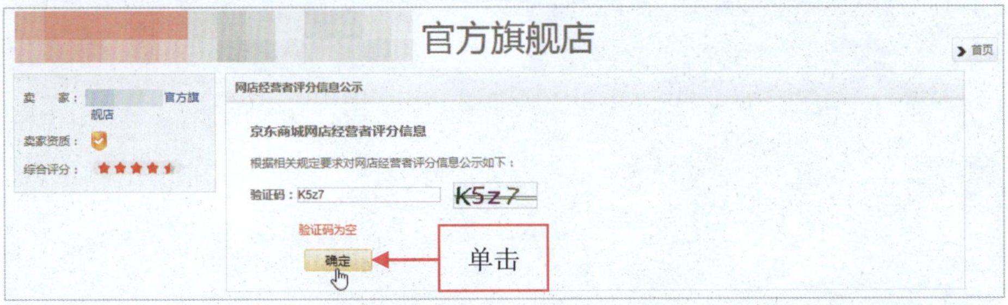

图 10-30　单击"确定"按钮

Step 04 执行操作后，即可跳转至对应页面，查看店铺的评价信息，如图 10-31 所示。可以根据店铺评价信息中的评分，判断该店铺是否值得信赖。如果店铺的评分比较低，或者店铺出现过违法违规，

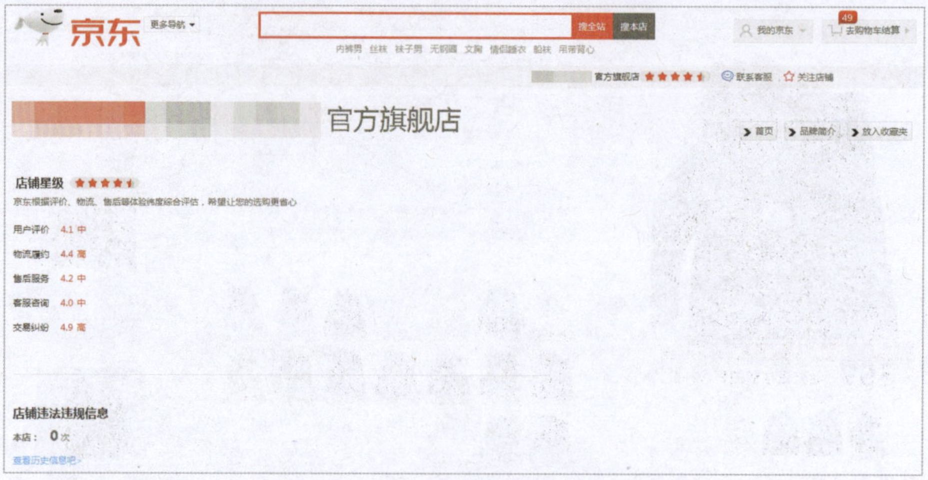

图 10-31　查看店铺的评价信息

10.3　娱乐信息的检索应用

为了丰富日常生活，可能需要查看各种娱乐信息，让自己获得身心的愉悦。本节将主要介绍常见娱乐信息的检索应用技巧。

10.3.1　影视节目的检索应用

影视节目的检索应用

影视节目包括电影、电视和综艺节目等，在日常生活中，可以直接在视频网站、客户端或 App 中检索影视节目信息。下面以腾讯视频客户端为例，介绍影视节目的检索技巧。

Step 01　打开腾讯视频客户端，进入其“首页”界面，在搜索框中输入影视节目的检索词，如输入“淘金记”，单击“全网搜”按钮，如图 10-32 所示，进行影视节目的检索。

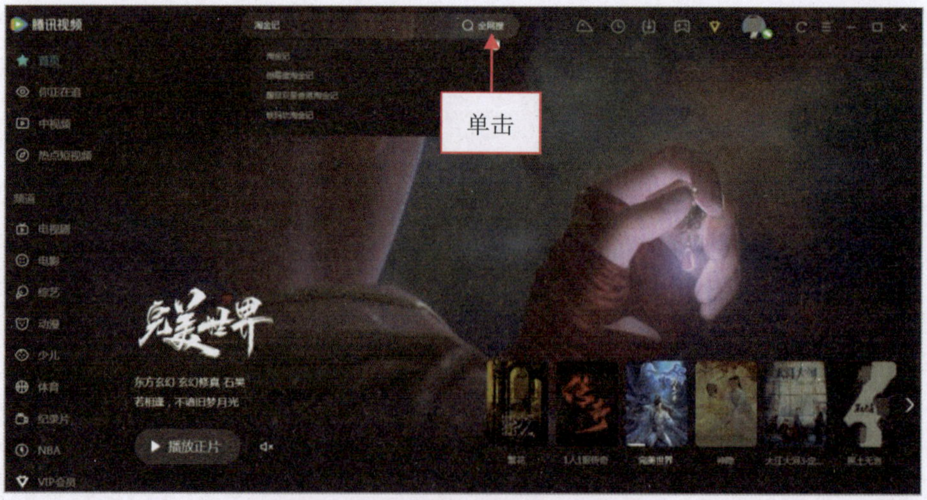

图 10-32　单击“全网搜”按钮

Step 02 执行操作后，即可检索到相关的影视节目，单击需要查看的影视节目中的“立即播放”按钮，如图 10-33 所示。

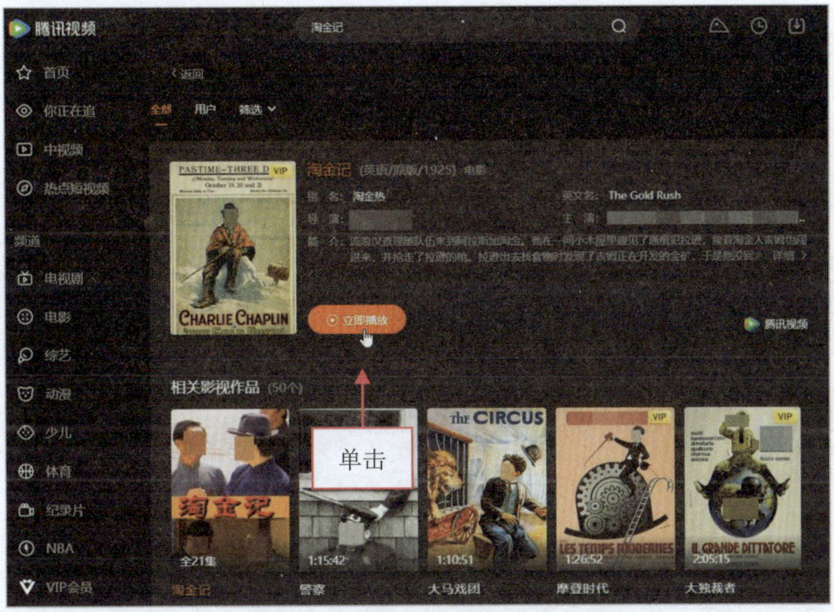

图 10-33　单击“立即播放”按钮

Step 03 执行操作后，即可跳转至腾讯视频的播放界面，查看对应影视节目的具体内容，如图 10-34 所示。

图 10-34　查看对应影视节目的具体内容

10.3.2　音乐歌曲的检索应用

收听音乐歌曲能够起到陶冶情操、愉悦身心的作用。当需要听某首歌曲时，可以直接前往专业的音乐平台，进行信息的检索。下面以 QQ 音乐平台为例，介绍音乐歌曲的检索技巧。

音乐歌曲的检索应用

Step 01 进入 QQ 音乐官网的“音乐馆”页面，在页面上方的搜索框中，输入音乐歌曲的检索词，如输入“青花瓷”，单击🔍按钮，如图 10-35 所示，进行音乐歌曲的检索。

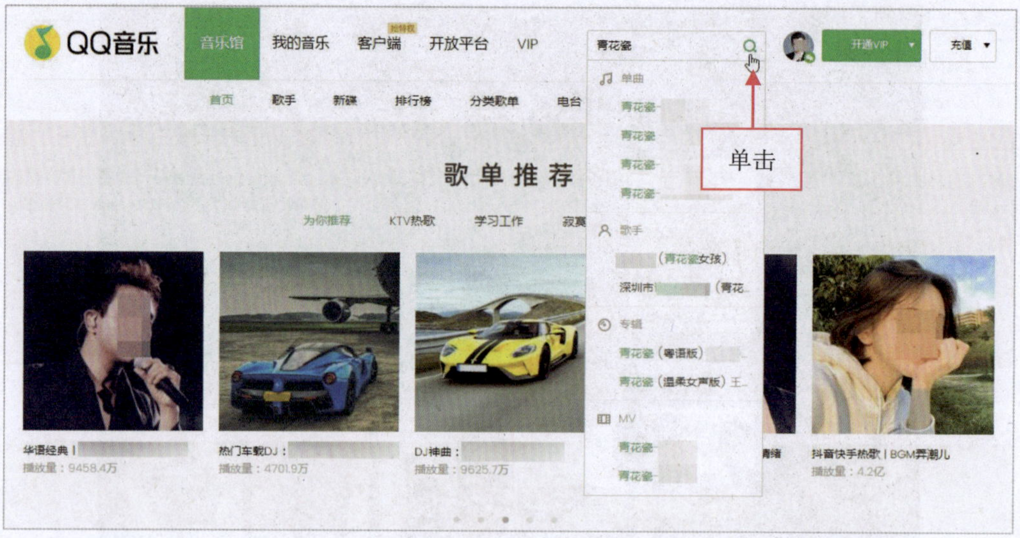

图 10-35　单击🔍按钮

Step 02 执行操作后，即可检索到相关的音乐歌曲，单击需要收听的音乐歌曲右侧的“播放”按钮▷，如图 10-36 所示。

图 10-36　单击“播放”按钮▷

Step 03 执行操作后，即可跳转至 QQ 音乐的播放页面，收听对应音乐歌曲的具体内容，如图 10-37 所示。

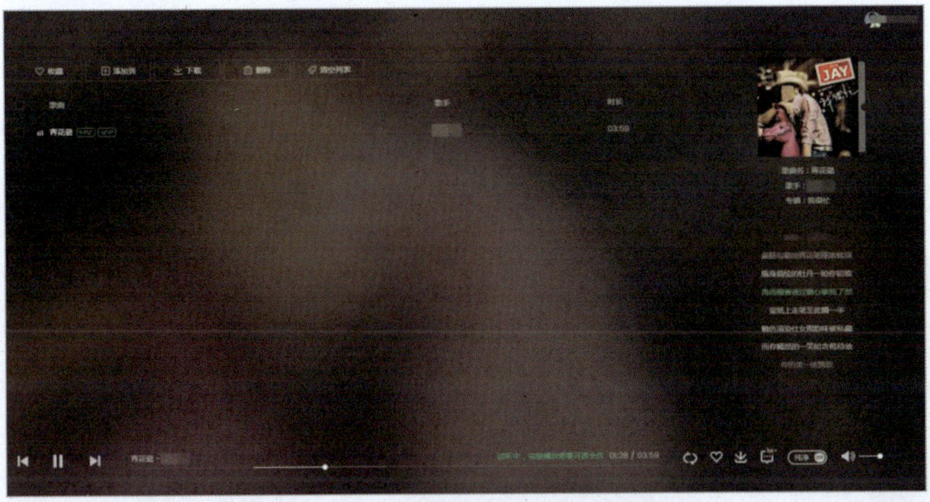

图 10-37　收听对应音乐歌曲的具体内容

10.3.3　有声小说的检索应用

有声小说的检索应用

有声小说是通过音频的方式展示小说的内容，很多人之所以喜欢听有声小说，主要因为有声小说只要听就可以了，不用分神去看。那么，要如何检索有声小说呢？下面以喜马拉雅 FM 平台为例，讲解具体的操作技巧。

Step 01 进入喜马拉雅 FM 官网的“发现”页面，在页面上方的搜索框中，输入有声小说的检索词，如输入“雪中悍刀行”，单击🔍按钮，如图 10-38 所示，进行有声小说的检索。

图 10-38　单击🔍按钮

Step 02 执行操作后，即可检索到相关的有声小说专辑，单击需要收听的有声小说的标题，如图 10-39 所示。

图 10-39 单击需要收听的有声小说的标题

Step 03 执行操作后，即可跳转至对应页面，查看该有声小说的相关信息。如果要收听该有声小说，只需单击▶按钮，如图 10-40 所示，即可按顺序播放有声小说的内容。

图 10-40 单击▶按钮

10.3.4 广播电台的检索应用

广播电台的检索应用

有的中老年人，可能养成了听广播电台的习惯。对于这些用户来说，可以直接通过特定平台检索广播电台，收听相关的电台节目。下面以蜻蜓 FM 平台为例，讲解广播电台的检索技巧。

Step 01 进入蜻蜓 FM 的官网默认页面，在页面上方的搜索框中，输入广播电台的检索词，如输入“湖南交通频道”，单击🔍按钮，如图 10-41 所示，进行广播电台的检索。

图 10-41　单击按钮

Step 02 执行操作后，即可检索到相关的广播电台频道，单击需要收听的广播电台的标题，如图 10-42 所示。

图 10-42　单击需要收听的广播电台的标题

Step 03 执行操作后，即可跳转至对应广播电台的详情页面，如果要查看该广播电台的某个节目，可以单击对应节目前方的按钮，如图 10-43 所示。

图 10-43　单击对应节目前方的按钮

Step 04 执行操作后，如果页面下方出现对应节目的播放信息，就说明该广播电台的节目播放成功了，如图 10-44 所示。

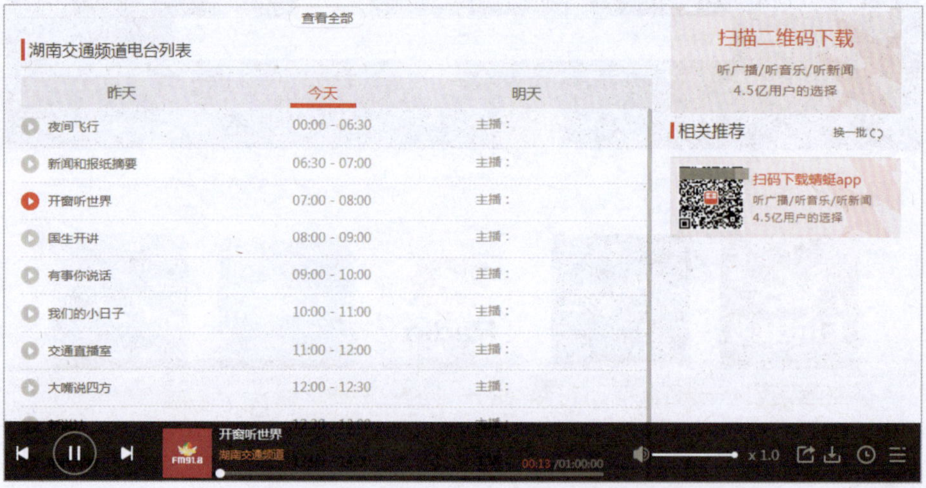

图 10-44　广播电台的节目播放成功

本章小结

本章主要介绍了信息检索在日常生活中的应用，包括知识信息、购物信息和娱乐信息的检索应用。希望通过本章的学习，读者能够熟练使用信息检索解决生活中遇到的各种问题，有效地提高生活的质量。

课后习题

课后习题 1　课后习题 2

鉴于本章知识的重要性，本节将通过课后习题，帮助读者进行简单的知识回顾和补充，以便读者更好地掌握所学知识。

1．通过信息检索，收听音乐歌曲《明天会更好》，效果如图 10-45 所示。

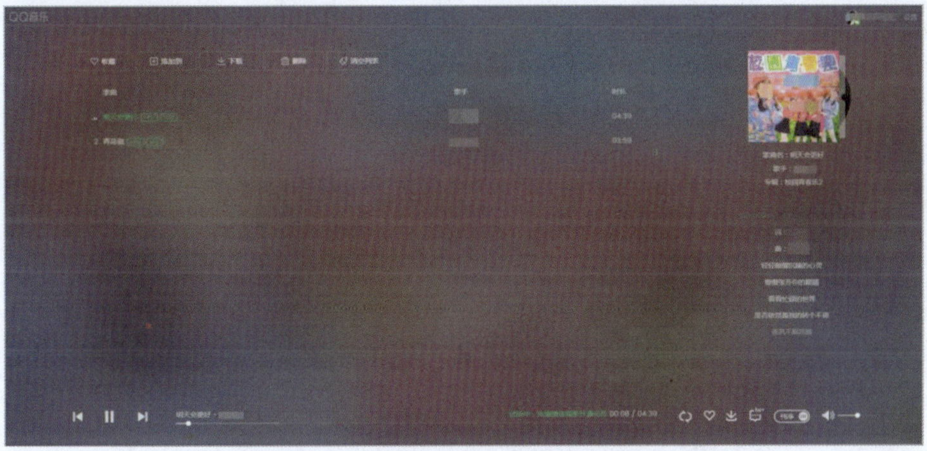

图 10-45　收听音乐歌曲《明天会更好》

2．通过信息检索，收听“湖南金鹰 955 电台”的节目，效果如图 10-46 所示。

图 10-46　收听“湖南金鹰 955 电台”的节目